历史与思想研究译丛 ┃ Studies on History and Thought

Luther the Reformer

改教家路德

[美] 詹姆斯·基特尔森 (James Kittelson) 著

李瑞萍 郑小梅 译

Luther the Reformer

中国社会科学出版社

图字 01-2008-5803

图书在版编目(CIP)数据

改教家路德 /（美）基特尔森（Kittelson,J.）著;李瑞萍,郑小梅译.—北京：中国社会科学出版社,2009.1(2017.8 重印)
（历史与思想研究译丛）
ISBN 978-7-5161-7490-6

Ⅰ.①改… Ⅱ.①基…②李…③郑… Ⅲ.马丁·路德(1483—1546)—传记 Ⅳ.B979.951.6

中国版本图书馆 CIP 数据核字(2008)第 206088 号

出 版 人	赵剑英
责任编辑	陈 彪
责任校对	刘 峣
责任印制	张雪娇

出版发行	中国社会科学出版社
社 址	北京鼓楼西大街甲 158 号
邮 编	100720
网 址	http://www.csspw.cn
发 行 部	010—84083685
门 市 部	010—84029450
经 销	新华书店及其他书店

印刷装订	北京明恒达印务有限公司
版 次	2009 年 1 月第 1 版
印 次	2017 年 8 月第 3 次印刷

开 本	640×960 1/16
印 张	18.5
插 页	2
字 数	290 千字
定 价	39.00 元

凡购买中国社会科学出版社图书,如有质量问题请与本社营销中心联系调换
电话：010—84083683

历史与思想研究译丛

主　编　章雪富
副主编　孙　毅　游冠辉

"历史与思想研究译丛"总序

本译丛选择现代西方学者的思想史研究经典为译介对象。迄今为止，国内译介西方学术著作主要有两类：一是西方思想的经典著作，例如柏拉图的《理想国》和亚里士多德的《形而上学》等等；二是现代西方思想家诠释西方思想史的著作，例如黑格尔的《哲学史讲演录》和罗素的《西方哲学史》等等。然而，国内学术界对基于专业专精于学术富有思想底蕴的学者型的阐释性著作却甚少重视，缺乏译介。这就忽视了西方思想史研究的重要一维，也无益于西方思想史的真实呈现。西方学术界的实际情况却是相反：学者们更重视富有启发性的专业研究著作。这些著作本着思想的历史作历史的发微，使思想史的客观、绵延和更新的真实脉络得到呈现。本译丛希望弥补这一空缺，挑选富有学术内涵、可读性强、关联性广、思想空间宏阔的学者型研究经典，以呈献于中国学术界。

本丛书以"历史与思想"为名，在于显明真实地把握思想脉络须基于历史的把捉方式，而不是着意于把一切思想史都诠释为当代史。唯有真实地接近思想的历史，才可能真实地接近历史鲜活的涌动。

本丛书选译的著作以两次地中海文明为基本视野。基于地中海的宽度，希腊、罗马和犹太基督教传统多维交融、冲突转化、洗尽民族的有限性，终能呈现其普世价值。公元 1 世纪至 6 世纪是第一次地中海文明的发力时期，公元 14 世纪开始的文艺复兴运动则是西方文明的第二次发力。这两次文明的发生、成熟以及充分展示，显示了希腊、罗马和基督教所贡献的不同向度，体现了西方思想传统的复杂、厚实、张力和反思力。本丛书所选的著作均以地中海为区域文明的眼光，作者们以整体的历史意识来显示不同时期思想的活力。所选的著作以此为着眼点，呈现社会历史、宗教、哲学和生活方式的内在交融，从而把思想还原为历史的生活方式。

主编　章雪富

2008 年 12 月 16 日

目录

第五部分　成熟的路德

"在多数大型图书馆里，除了有关拿撒勒人耶稣的著作之外，马丁·路德的著作及有关他的作品占据了最多的书架空间。"[1]这句话出自1982年——即马丁·路德诞生五百周年的前一年——的一本路德传。接下来的1983年又涌现出大量展览、评论、演讲、庆祝活动、文章以及更多的新书。在自觉以马克思主义为意识形态的德意志民主共和国，对马丁·路德诞辰的关注甚至超过了对卡尔·马克思逝世100周年的纪念。这显出了改教家路德历久不衰的重要性。

对这位非凡人物的特别关注可以追溯到大约五百年之前。甚至在他自己那个时代，路德就是一个"媒体人物"，是西方历史三千年来的第一人。"我们成了一道奇观"，他曾经这样论到自己及其同仁。有人称他和他的跟随者为"顺服的反叛者"。还有人称他为七头魔。不过至少他最亲密的一个同事坚持认为他是一个先知——可能甚至就是以利亚，是上帝亲自差来的。一如现在，他在当时就是一个有争议的人物。

就路德的问题，人们依然发现自己在表明立场。无论他本人事实上说过什么，或者做过什么，人人均可从其浩瀚著作（现代四开本超过100卷册）的大量内容中受益。因此，各色各样的知名人士，从16、17世纪的正统派及敬虔的路德宗神学家到卫斯理兄弟、法兰西斯·培根（Francis Bacon）、亨德尔（Handel）、巴赫（Bach），包括约瑟夫·戈贝尔（Josef Goebbels）这样鼓吹纳粹的人士以及在法西斯主义手下遇难的朋霍费尔（Dietrich Bonhoeffer）等，都称他是自己人。

持续不断纪念路德的活动，事实上可以说就是20世纪所谓的"路德复兴",有关他的著作充塞着世界各地的学术图书馆。结果,路德已是如此广为人知,以至于读者会很正常地质疑:为什么还需要再有一部他的传记?

本书的主要目的是向非路德研究专家且无意陷于专业争论中的读者讲述马丁·路德的故事。该书尝试撷取学术讨论的研究成果,让普通读者受益。

坊间已经有专门针对此类读者的马丁·路德传记问世。其中最著名的是罗伦·培登(Roland Bainton)写的《这是我的立场》(*Here I Stand*)一书[2],该书深受读者喜爱已有三十多年之久。但这本书本身就使我们有理由再写一部路德的传记。

首先,在过去几十年来,有关路德的研究取得了很大的进步。培登教授对路德年轻时代的关切及信念所持的洞见虽然仍令人惊叹,但在他写《这是我的立场》一书时,近来论路德早期成长的大量著述甚少问世。[3]如今,一代人的研究使我们有可能超越培登教授才华横溢的猜想,并以极大的准确性追溯路德这位改教家的产生。

与此同时,研究宗教改革的历史学家们一直以来所做的,远远不止在一块一块地拼贴马丁·路德年轻时的全貌。学者们也不再满足于研究正式的路德神学,而开始探究他受教于其中的神学和宗教传统,当时真实的宗教习俗以及 16 世纪的日常生活状况等。他们甚至将现代心理学的深刻见解应用于自己的研究工作中。因此,我们现在有可能向普通读者更加清晰地展现这个人及其人生历程的图景。

此外,培登在 20 世纪 40 年代末撰写他的传记时,普世运动还处在初级
11 阶段。因此,他及同时代的绝大多数作者研究路德时都喜欢偏袒路德。他们觉得自己有义务去强调他对他们所认为真信仰的忠实守卫,也觉得有义务去为他的所作所为进行辩护。相比之下,近来英国天主教学者约翰·托德(John Todd)写了一部路德早年的传记,得出了和新教徒培登十分相似的结论。巴黎的丹尼尔·奥利弗(Daniel Olivier)神父近期的两部作品也是如此。[4]

之前路德传记的另一个局限在于,没有一部传记叙述他整个的人生历程。绝大多数作品,如培登、托德、鲁普(E. G. Rupp)、马丁·布莱希特(Martin Brecht)以及海因里希·伯马(Heinrich Boehmer)的著作(列举的只是少数几例)[5],关注点和洞见都集中在路德的——引用一个常见的副标

题——"宗教改革之路"上。但他们这样做,实际上使得路德的人生历程终止于1521年的沃尔姆斯(Worms)大冲突,或者农民战争、与伊拉斯谟之辩、他在1525年的婚姻,再或1530年的奥格斯堡会议。

有些传记作家在附录部分简要介绍了路德后来的公共和个人生活。成熟时期的路德被普遍忽视,乃至有几个学者开始单单专注于他生平的这个阶段。甚至路德的"中年时期"(1521—1531)也鲜为人知,以致已故的资深路德学家海因里希·博恩卡姆(Heinrich Bornkamm)用整卷书(他离世后出版)专门介绍路德的中年。此外,海勒(H. G. Haile)和爱德华(Mark U. Edward)近期的杰出研究也试图将路德生命中的最后十年展示在读者面前。[6]但不幸的是,这种分阶段论述路德生平的做法给人留下了这样的印象:这位改教家只有短暂的一生,或者把它分割成两个,甚至可能三个截然不同的人生阶段。

事实上,马丁·路德拥有的是具有多面性的一生,它不仅因其成就也因其借以展开的内在逻辑而引人注目。本传记尝试在一本书中向当今时代的读者展现他的一生。在这个过程中,本书尽量使用学者对路德的最新研究成果,并以适度等量的篇幅来论述他的整个生平。首要的是,本书立求尽可能忠实地向读者展现他的全貌。

传记——或任何历史作品——不仅仅是关于叙述对象的"事实"汇总。至少,作者挑选陈述这信息,是为了借古说今。另外,这类解读较简单地判定路德戴的是一项白帽子还是黑帽子要微妙得多。这需要精确地描述他的 12 生平,密切地关注他的性情,对他所处的世界以及这些不同因素之间的关系有一个清晰的认识。

近来,由于对这些问题不够敏感,出现了一些古怪的研究结果。绝大多数学者(特别是许多科班出身的路德专家)几乎将他描述为一个浮在空中对他生活的时代毫不关心的神学头脑。许多著述对他生平的介绍截止到1521年或1525年,之所以如此,部分原因就在于他们几乎只关注他的神学。因为到1521年或1525年,他的神学发展从根本上说已经完成,所以他们如此介绍路德的生平,仿佛他的一生到此已结束。在少数纯教义的研究,如哥哈德·艾伯林(Gerhard Ebeling)或保罗·阿尔托依兹(Paul Althaus)的著作中[7],路德似乎是生活在纯思想国度里脱离现实的超凡天才。

同时,颇具影响力的少数学者将心理学,有时甚至是心理分析的深刻见解应用在自己的研究中,努力想穿透路德的宗教信仰和神学思想,进入他的人格结构中。其中以埃里克·埃里克森(Erik Erikson)的作品最为著名。埃里克·埃里克森在路德身上发现了一种现代儿童常患的"认同危机"。剧作家约翰·奥斯本(John Osborne)根据埃里克森的思想,将1525年的路德描述为像麦克白一样因一场他自己发动的革命而陷入犹豫和痛苦中的人物。[8]我们必须承认,这些进路有助于路德被迥然不同于他生活时代的世界所理解,但也容易将这位改教家的行为与具体关切贬谪为他心理状态的产物。一位历史人物消失了,路德不过成了一个古怪的精神变态者。

另一派学者的研究成果在很大程度上同样暗示他的心灵遭到了扭曲,但却采取了不同的进路。这些历史学家基本上放弃了对个体的研究,却寻求对西方历史中社会、经济、人口统计、思想、神学以及政治等方面的长期发展动向有所发现。有些人甚至提出,历史掌控在自然规则或客观进程的手中,在很大程度上,个人在其中不过扮演着一个不由自主的角色。

13 较早的马克思主义者的研究成果就是使用这种假设的最明显的例子。[9]在他们那里,路德的重要性在于他为预备无产阶级革命道路发挥了重要作用。其他的例子包括诸如费尔南·布劳代尔(Fernand Braudel)和菲利浦·阿利埃斯(Philippe Ariès)等社会历史学家的研究成果。像耶罗斯拉夫·帕利坎(Jaroslav Pelikan)这样教理史家最近的研究成果,由于其在介绍路德方面的影响力,也值得在此一提。[10]综合起来,这些研究成果的优点是,它们使人们头一次看到,路德在很大程度上受到了他所处时代的经济、社会、宗教、政治以及神学环境的影响。同样,它们对森林的过分关注使它们忽略了其中的那棵巨橡。路德被视为不过是调查研究中那段普通历史时期的一个要素而已。它们认为,他是被客观历史变化的潮流淹没了。

看待路德的这三种方法均具有极大的局限性。第一种方法忽视了路德的人性,使他变成了一个神学体系。第二种方法回避了他是一个神学家和牧师的事实,将他描述为一个受到社会或精神刺激的人。第三种方法则全然无视他的重要性。这三种方法均没有正视他全人的实际。

路德的一生呈现出两个特点,为其作传的人必须都描述到。首先,这个人拥有超越其自身时代并在今天仍具吸引力的公众生涯。其次,路德是具平常人性的一个人;他是生活在一个特定时期、特定地点的人。

在这些方面,路德是传记作家在事实上可以书写的历史第一人。一方面,有关他的公众生涯,虽然需要不断澄清,但我们已经获悉大量信息。另一方面,即使仅仅因为他喜欢写自己、谈自己,也让我们对他的个性有所了解。他的著作、行为,甚至桌边的谈话(如他的学生所记录的)都表现出他对自己、对他在历史上的重要地位有深切的意识。因此,关于路德,我们有可能仔细考察这个人及使他闻名遐迩的改教生涯。这样研究他的整个一生表明,路德其人及其生涯是互为诠释的。本书的核心观点是,这位伟人事实上是可以理解的,因此,他也应该被理解。

再 版 序

　　1986 年末本书首次面世后，评论家都很友善。他们甚至赞许地将这本书与培登的《这是我的立场》相比较。《这是我的立场》使超过一代的学者和大众认识了拉丁基督教及西方历史上的这位巨人。事实上，马丁·路德首次栩栩如生地出现在我的面前，是我读培登的书的时候。许多人把我写的这本书与培登的大作相提并论，我视之为极大的褒奖。

　　这些专业及大众期刊的早期读者的批评更为重要，也是一种友善。他们有些不满，甚至直言不讳地提出批评，但我必须表明，对于他们的微词，有一点我仍然决不后悔。一位英国的评论家说这本书具有"很重的美国味"。对于他的反感，我唯一的回应也很简短，那就是："的确如此。"

　　但是，有一件事更具挑战性，因为这件事关乎的，与其说是在解读某个重要事件时犯了错误，不如说是忽视了某些细微差别。没有哪位评论家或通信者提起这一难题，但特别在过去的五年间，我比以往更加确信，这个问题，虽然在最初的版本中已经表达得非常充分，但是仍然有些混乱。现在来看，这个问题仍然是个显见的小问题——至少相对而言如此，而且事实上它似乎没有给任何人带来困扰。这个问题当然没有重要到只是为了将这一箭更加精准地射在靶心便需要重新编排整卷书的程度。因此，当时奥格斯堡图书及城堡出版社（Augsburg Books and Fortress Press）的总经理罗伊·A·哈里斯维尔三世（Roy A. Harrisville III）同意该书再版时在简短的前言部分做必要的调整即可。

　　读者在接下来的几页中会比较频繁地读到 theodidacti 这个词。按照字意，它的意思是"被上帝教导的人"，很有可能，这个词概括表达了《耶利米书》31：33—34 的内容："我要将我的律法放在他们里面，写在他们心上……

我要赦免他们的罪孽,不再记念他们的罪恶。"到了本书的末尾,这个词也用来总结贯穿路德一生的主题,使路德的一生成为有条理的、统一的整体。因此,他作为一个 *theodidacti*,一个被上帝所教导的人出现,反过来又竭力培育并支持 *theodidacti*,即那些成为被上帝所教导且这样活着的人。在这个意义上,路德是拉丁基督教历史上诸如希波的奥古斯丁(Augustine of Hippo)以及托马斯·阿奎那(Thomas Aquinas)等许多先辈的直系后嗣,他也寻求上帝的教导然后再教导人。就这样,他的修道岁月以及准备圣经讲稿的工作也塑造教导了他,然后他再教导别人。他既教导那些在课堂上听他讲课,或是事实上亲临听他布道的人,也教导许多未在场的人。

这种介绍不仅具有条理性,便于记忆,而且合理而精准,符合路德一生的节律。然而,这样做也遗漏了一些本可以描述得更加深刻的细微之处。这些缺失可能会在以下方面误导某些思维敏捷的读者。"被上帝所教导"自然而然会令人想到一个十分正当的问题:"教导什么?"一个适当的回答——甚至在路德离世前他的许多跟随者中,就有人这样回答——是教导各样"**关于上帝的真理**"。

至此,爱提问、爱思考的读者可能完全误入歧途。如果仅就其含义而言,信心可能被归纳为知识——在一个人拥有关于上帝的所有正确命题的意义上。这也将信心自身从对单单出于上帝的恩典的宣告变成了教师和学生都可以做的一种善工。甚至上下文的语境也促成了对路德的这些误解。他既是一位神学生,也是一位神学教师,因此神学信念在本书中,正如在路德的生活和时代中一样,必然发挥着主要作用。最后,读者被引导——无意地,甚至不知不觉地——将得救的信心与持守正确的神学教义等同起来,或者说,如主日学班上一位爱思考的老妇人曾经表述的,"越来越相信你知道是不可能的事"。信心从对上帝恩典的信靠,沦为相信某些最深奥、最难懂的那类神学教义是正确的而其他教义是错误的。而对路德来说,信心在事实上既是信靠,同时也是相信。

纠正这一情形的唯一方法,就是——单单为了这些目的的缘故——将路德的意图与他使用的方法分开。本书就其所及,论到路德如何实现他的意图,是精准的。一旦二者区别开来——再次,只为解释的缘故——本书的描述就会变得清晰起来,路德的成长与发展甚至会呈现出更伟大的生命光彩。

本故事从头到尾,路德的目标始终如一。先是为他自己,然后也为他人;先是作为私人的个体和一个学生,然后也作为积极实践的圣经神学家,

他就 *de cura animarum*，或"灵魂关怀"（the care of souls）的主题，费尽了心思。路德寻觅自身灵魂得救确据的痛苦历程，大量出现在书本、电影、话剧，甚至最近的歌剧里。如读者将会看到的，与他交往最密切的人中，有些就是他个人的牧者，就是那些以关爱路德灵魂为己任的人。他们的工作不会因路德著名的重新发现福音而终止，因为他是需要不断得到确据，相信在基督里上帝已经救他脱离"罪、死亡与魔鬼"（他惯用的表达）的人之一。

对灵魂不止息的关怀事实上是路德的神学以及由此展开的宗教改革的动力。甚至在他忙着处理最有争议且最复杂的神学问题的过程中，这一点也很显见，就如在 1525 年他为了回应著名的人文主义学者伊拉斯谟的《论意志的自由》（*On the Freedom of the Will*）而写的《论意志的捆绑》（*On the Bondage of the Will*）一书中看到的那样。他们的交锋在别处有极为详细的阐述。在这里，引用路德本人在其文章结尾部分插入的评论就足矣：

> 我坦白承认，就我个人而言，即或可能，我也不愿被赐予"自由的意志"，或者任何靠我一己之力能以寻求得救之物……因为，即使没有威胁、危险或者邪恶的存在，我仍将不得不努力争取，却没有成功的保证，我仍将不得不白费力气。即便我的生活、劳力贯穿整个永世，仅就必须劳作多少才可讨上帝喜悦，我的良心也将永远无法获得确凿的安息。无论我做什么，我所做的能讨上帝的喜悦，还是他还要求别的，这些喋喋不休的疑虑仍将存在。所有试图凭行为称义的人，他们的经历同样证明了这一点。许多年来，我已深深领教了这一点，这给我带来了极大的伤害。

因此，对灵魂的关怀（如今被温和地称作教牧关怀，多带着心理学而非属灵的方法及目标去寻求）迫使他不厌其烦地表达，这甚至见之于他人生巅峰时期最激烈的和最复杂的神学争论中。

然而，真正的教导本身给人带来安慰，因此，他生活和工作的这两个方面最终必须重组起来。因此，在本书中读到 *theodidacti*（被上帝所教导）时，读者要留意，也要记得 *cura animarum*（对灵魂的关怀）。

致　谢

任何这类的作品都是集体努力的成果。首先,我必须感谢发现、编辑、挖掘资源的历代学者们。虽然只是在参考书目部分中提到了他们的名字,但是在本书中,他们会看到自己的研究成果。

有两位学者证明学术和友谊可以携手同行。哥本哈根大学教会史研究院的雷夫·格雷恩(Leif Grane)教授与斯坦福大学历史学教授路易斯·W·司匹兹(Lewis W. Spitz)博士勘正了全书的错误并提出了大量有益的建议。

学生们也作出了贡献。大部分是在我的课堂上,他们的提问让我知道了路德博士身上令人难解或尤其令人感兴趣的是什么。有两个学生,提供了特别的帮助。先是罗伯特·巴龙(Robert Barone)辛苦地核对了所有的注释,后是肯·苏尔(Ken Schurb)以可谓无情却是善意的谨慎帮我完善了这一部分。对于苏尔先生,可以把路德自己的赞美送给他,"历史学家是最有用的人,对他们的爱戴、赞美和感谢,永远都不够。"

玛格利特·安、伊丽莎白·安、艾米·玛丽·基特尔松也参与其中。玛格利特是我的凯蒂,正如路德一样,"我不会用她来换威尼斯和整个法兰西,因为上帝将她赐给了我,也将我赐给了她。"她也不只一次阅读了这许多的文稿,就仍然需要进一步改进的地方,她所提出的意见通常都是正确的。莎 白和艾米到楼下的探望,对一个有时感到被文字处理工作束缚住的父亲来说,真是一件乐事!

我也要感谢奥格斯堡出版社的编辑们,他们用自己的电话回复我的电话查询,鼓励我继续这项我本无意承接的项目。他们编辑我的文章,提供了许多有价值的建议。

最后,我要向俄亥俄州州立大学中世纪及文艺复兴研究中心、历史系、汤普森图书馆以及人文学院表示感谢,感谢这些机构十分慷慨的支持。

我向你们所有人致谢。并声明,你们不需要为本书中可能出现的任何错误或不足之处负责。

  下面是马丁·路德一生主要事件及他主要著作的时间表。重要政治事件以黑体标出。

1483 年 11 月 10 日	出生于艾斯莱本。
1484 年	举家迁往曼斯菲尔德;汉斯·路德在铜矿找到一份工作。
1492 年	在曼斯菲尔德拉丁学校上学。
1497 年	在马格德堡拉丁学校上学。
1498 年	在埃森那赫圣乔治学校上学,结识了莎比一家。
1501 年	进入爱尔福特大学。
1502 年 9 月	获得文学学士学位。
1505 年 1 月	获得文学硕士学位。
5 月	开始学习法律。
7 月	雷击事件,向上帝起誓,进入爱尔福特的奥古斯丁修道院。
1507 年 5 月	被按立,主持首次弥撒。
1508 年冬季	在维腾堡讲了一个学期的道德哲学。
1509 年 3 月	获得圣经学士学位与神学硕士学位。
1510 年 11 月	奉恪守教规派奥古斯丁修会的差派前往罗马。
1511 年 4 月	从罗马返回,被流放到维腾堡。
1512 年 10 月	在维腾堡大学被提升为神学博士。
1513 年秋季	开始讲《诗篇》。

1515 年春季		开始讲《罗马书》。
1516 年秋季		开始讲《加拉太书》。
1517 年秋季		开始讲《希伯来书》。
	10 月 31 日	贴出《九十五条论纲》。
1518 年 4 月 26 日		海德堡辩论会。
	7 月	塞尔维斯特·普列利亚驳《九十五条论纲》的《对话》面世。
	8 月 7 日	被教皇利奥十世传唤到罗马。
	8 月	**与教皇特使枢机主教卡耶坦在奥格斯堡帝国会议上进行会谈。**
	8 月 31 日	路德答复普列利亚。
	10 月 12—14 日	与枢机主教卡耶坦在奥格斯堡面谈。
	11 月 28 日	向教会公会议上诉。
	12 月 18 日	选侯腓特烈拒绝将路德送往罗马。
23	1519 年 1 月	**卡尔·冯·米尔蒂茨受遣前往选侯智者腓特烈处。**
	1 月 12 日	**罗马帝国皇帝马克西米利安一世去世。**
	6 月 28 日	**西班牙的查理一世当选为罗马帝国皇帝,称查理五世。**
	7 月 4—14 日	与因戈尔施塔特的约翰·艾克在莱比锡进行辩论。
	夏末	约翰·胡斯的跟随者向路德示好。
1520 年 1 月		胡腾(Hutten)和西金根(Sickingen)提出要给予路德武装援助。
	6 月 11 日	《论罗马教权》(*On the Papacy at Rome*)发表。
	6 月 15 日	教皇发布"主啊,求你起来"(*Exsurge Domine*)通谕,限令路德在六十天内投降。
	8 月	发表《致德意志基督教贵族书》(*Address to the Christian Nobility*)。
	10 月	发表《教会被掳巴比伦》(*The Babylonian Captivity of the Church*)。
	11 月	出版《基督徒的自由》(*On the Freedom of a Christian*)。
1521 年 1 月 27 日		**沃尔姆斯帝国会议(Diet of Worms)开始。**

3 月 6 日	收到沃尔姆斯会议的邀请。
4 月 16—18 日	**路德在沃尔姆斯会议上接受两次听讯。**
5 月初	抵达瓦特堡(Wartburg);发表《尊主颂注释》(*Commentary on the Magnificat*)。
6 月 1 日	发表《论忏悔礼:教皇是否有权要求它》(*On Confession:Whether the Pope Has the Authority to Require It*)。
6 月 20 日	发表《驳拉托姆斯》(*Against Latomus*)。
11 月	发表《论私人弥撒的废除》(*On the Abolition of Private Masses*);《论修士誓言》(*On Monastic Vows*)。
12 月	开始翻译新约圣经。
12 月 3—4 日	访问维腾堡。 24
12 月 15 日	《警诫全体基督徒反对煽动暴乱书》
1522—1524 年	**纽伦堡帝国会议;3 月 6 日法令延期执行《沃尔姆斯法令》。**
1522—1523 年	阿德里安六世任期。
1522 年 3 月 6 日	返回维腾堡,四旬斋第一个主日的讲道。
3 月	《基督来临解》。
9 月	德语新约出版。
1523 年 3 月	《论世俗权柄》。
9 月	**克莱门七世开始任职。**
1524 年 2 月	《关于建立学校致德国市政当局》。
8 月	与卡尔施塔特交流圣餐礼观点。
9 月	伊拉斯谟在《论意志的自由》中攻击路德。
11 月	《致斯特拉斯堡基督徒的信——反对狂热精神》。
1525 年 1 月	《反对天上的先知》。
3 月	**《士瓦本农民十二条款》。**
4 月 19 日	《和平的劝诫》。
5 月 5 日	**智者腓特烈选侯去世**;《斥亦盗亦凶的农民暴众》。 25
6 月 13 日	与卡瑟琳·冯·伯拉结婚。
12 月	《论意志的捆绑》。

1526 年(年初)	《德意志弥撒与公共崇拜秩序》。
仲夏	**施佩耶尔会议;王侯拒绝执行《沃尔姆斯法令》。**
1527 年 4 月	《基督的话:"这是我的身体",是否依旧稳立驳斥狂热派》。
8 月	与萨克森约翰选侯协商视察教会事情;身体疾病和精神以及属灵的低落;创作《上主是我坚固保障》。
3 月	发表视察条款。
12 月	亲自担任教会视察员。
1529 年 1 月	决定撰写《小教理问答》和《大教理问答》。
4 月 19 日	**施佩耶尔会议上新教领主的反抗。**
10 月 1 日—4 日	与圣餐之争中的反对者举行马尔堡会谈。
1530 年 4 月—8 月	奥格斯堡会议期间居住在科堡。
5 月中旬	《致奥格斯堡的神职人员》。
夏天	**奥格斯堡会议。**
6 月 25 日	**梅兰希顿的《奥格斯堡信条》递交奥格斯堡会议。**
8 月 15 日	《论送子女入学之责任的讲章》。
10 月	**在托尔高同意反抗,如果天主教军队攻击新教王侯和城市。**
12 月	施马加登会议开始,为建立反对天主教领主和皇帝的捍卫联盟奠定基础。
1531 年	学生们开始在餐桌上记录路德的谈话。
3 月	抱怨疾病和软弱。
4 月	《对亲爱的德意志同胞的警告》。
5 月	《反对德雷斯顿的行刺者》;《〈加拉太书〉注释》。
1532 年 1 月	《关于秘密渗透的传道人》。
5 月	**关于在帝国内维持宗教和平的条件的谈判。**
7 月 23 日	抗议派贵族同意在将要举行的教会公会议之前宗教容忍的前提下提供支援反对土耳其人。
1534 年	发表整本德语圣经。
1535 年 11 月	**教皇使节彼得罗·保罗·韦尔杰里奥来访,邀请路德参加将要在曼图亚举行的公会议;会见韦尔**

26

杰里奥。

1536 年 5 月	与德国南部城市代表们签订《维腾堡和约》。
1537 年 2 月	施马加登会议;《施马加登条款》;路德差点去世。 27
4 月 20 日	曼图亚公会议休会,随后取消。
1538 年 3 月	《驳守安息日派书》。
6 月 10 日	费迪南国王和几个其他的天主教王侯签订《纽伦堡条约》,以此建议一个与施马加登联盟相抗衡的势力。
1539 年 4 月 17 日	萨克森的乔治公爵去世。
4 月 19 日	费迪南国王和施马加登联盟签订《法兰克福休战书》。
12 月	黑塞的菲利普重婚。
1540 年 6 月/7 月	哈格瑙会谈。
9 月 27 日	教皇保罗三世认可耶稣会。
11 月 25 日	沃尔姆斯会谈。
1541 年 3 月	《反对汉斯·沃斯特》。
4 月 5 日	雷根斯堡会议开幕,一个天主教和新教神学家们的会议同时举行。
1542 年 6 月/8 月	黑塞的菲利普和萨克森的约翰·腓特烈进攻并且让布伦瑞克的亨利公爵入狱。
1543 年 1 月	《驳犹太人及其谎言》。
1544 年 6 月 10 日	皇帝查理五世向新教领主在施佩耶尔贵族会议中做出更大让步,以此获得反对法国的法兰西斯一世国王。
1545 年 3 月	《反魔鬼创建之罗马教廷》。
9 月 24 日	梅因兹的阿尔伯特主教去世。
12 月 13 日	特兰托会议开幕。
1546 年 2 月 18 日	路德去世。
1547 年 4 月	查理五世在米尔伯格战役中战胜施马加登联盟。

第一部分

年轻时代思想之形成

1

农 民 之 子

马丁·路德离世时，消息传遍了讲拉丁语的基督教世界。很快罗马就有谣传，说守在路德床边的人看见魔鬼从他体内飞了出来。较为善意的人则称，看见他和以利亚在一起，还看见了以色列的战车。

相比之下，路德的出生却微不足道，以至于他和朋友们后来还争论他到底生于哪一年。[1]另外，他出身于农民家庭，甚至成年后还常常称自己是一个农民。没有人指望农民会有什么大作为。在 15 世纪晚期，德国东北部地区的农民通常都耕种着一小块地。他们时刻准备反抗地主，保护自己的权益。但是即便如此，他们也都非常保守，不过要求回到所谓"旧法律"的治下而已。眼下的一小块耕地便是他们所有的一切，他们的视界鲜能超越这些。

汉斯·路德

马丁·路德的父亲汉斯·路德（Hans Luder，该姓氏方言的发音）曾经是一个农民，但为时并不长。地方继承法规定家族的土地全部由最小的儿子继承，因此汉斯在他的二儿子马丁出生之前，就被迫离开了自己的家乡莫赫拉（Möhra）。只是 1483 年 11 月 10 日马丁来到世上时，汉斯在艾斯莱本（Eisleben）如何谋生，却无人知晓。

不管人们对汉斯·路德还有什么其他评价,这位年轻的父亲与丈夫,是一个忠诚、正直的人,相信他会把事情做到自己认为最好的程度。所以他会按照当时的教规行事。就在那天早晨,他带着自己刚出生的儿子到圣彼得教堂受洗。那天可能很冷,还下着雨。在那个时代,幼儿的死亡率高达60%以上,人人都担心没有领受洗礼的孩子离世后上不了天堂,所以他这样做是最明智的选择。在孩子举行洗礼仪式的那一天,汉斯·路德还遵循了另一个习俗。因为那天是圣马丁节,他便给孩子取名为马丁。

餐桌旁的德国农家夫妇

在二儿子出生前后的几个月,汉斯·路德必定感到非常绝望。父亲的离世除了给他留下一个越来越庞大的家庭和一项艰难的选择之外,便再没有别的。他可以选择在弟弟的地里干活,或者选择离开。他选择了离开,开始闯荡世界。但是,在汉斯一家旅程的第一站艾斯莱本,命运女神并没有向他微笑。在小马丁一岁之前,汉斯一家收拾起为数不多的家当,举家迁往曼斯菲尔德(Mansfeld)小镇。那里距离群山约十英里之遥。他们可能带着全部家当,不是肩背,就是拉着车,步行前往那里。汉斯当时在找工作。当他们抵达曼斯菲尔德时,他找到了一份工作,成了一名铜矿工人。

在15世纪的德国,铜矿工人的生活较当代煤矿的工作条件要恶劣得多。山崩、塌方、地下矿井渗水等,不断威胁着矿工们的生命安全。另外,矿工们完全依靠畜力,特别是人力劳作。他们需要一位守护神,这也不足为奇;他们需要她。那些幸存下来的人,许多人终其一生都是普通的劳工。但是,汉斯·路德却摆脱了这样的命运。在七年之内,他已经成立了自己的公司,经营铜矿生意。不久之后,他便成了曼斯菲尔德市议会的议员。马丁·路德出生以后不到二十五年,汉斯就和自己的合伙人拥有了至少六个矿井和两个炼铜的熔炉。汉斯·路德是一个意志坚定的人。

在早年生活清苦的日子中,汉斯·路德的孩子们学会了节衣缩食。路德记得,因为从厨房的餐桌上拿了一颗坚果,双手被母亲打得几乎出血。他还记得母亲与镇上的其他女人一起到树林里拾柴的事。孩子们接受的教导

汉斯与玛格利特·路德［克拉纳赫（Cranach）绘制］

是：这个家庭所做的每件事都必须既体面又有成效。曾经有一次，路德因恶作剧被父亲狠揍一顿，致使他心里极度怨恨。最后，汉斯不得不找他和解。路德的家庭既严厉又有慈爱，也是一个对孩子期望极高的家庭。他们要出类拔萃，要做正确的事。这个家庭的未来要安全无忧。

艰 苦 岁 月

34

在 16 世纪早期，很难有任何安全感。路德生活的时代，生计之艰难，生活在现代世界的人们几乎无法理解。当然，这些年，历史学家也称之为文艺复兴时期，路德与马基雅维利（Machiavelli）、米开朗基罗（Michelangelo）、拉斐尔（Raphael）、伊拉斯谟（Erasmus）以及托马斯·莫尔（Thomas More）等许多非常优秀的人物都是同代人。哥白尼论太阳系的革命性著作在路德离世前已经发表。路德在语法学校学习期间，哥伦布（Christopher Columbus）已经起航，路德知道他发现了新世界。他曾评论说，如果欧洲人不对福音做出回应，那么他们可能错过福音，福音就会到新世界的人那里。

路德生活在一个激动人心的时代。直至今日，16 世纪的人们所取得的辉煌成就以及文艺复兴时期宫廷里的豪华生活，仍能激发人们丰富的想象力。但是，这些情景也会遮蔽当时普通人日常生活的情形。路德生活在一个艰难的时代。举例来说，在佛罗伦萨文艺复兴的鼎盛时期，有 61% 的婴儿不是死在母腹中，便是死在出生后六个月内。至少路德有一个弟弟就是这样夭折的。路德的母亲玛格利特（Margaretta）相信，孩子的死是隔壁的女人造成的，她相信那个女人是一个女巫。

那些年也是瘟疫肆虐欧洲的日子。德国西南部的阿尔萨斯（Alsace）就说明了疾病蔓延乡野的情景。在斯特拉斯堡（Strasbourg）城，那里正常情况下曾有 25,000 居民，却有16,000人在一年内因瘟疫死去。在这个大城市的周边地区，有 300 个乡村沦为荒野，直到两个世纪以后，全部耕地才恢复到正常水平。

瘟疫并不是欧洲人遭遇的唯一一种新流行的、令人恐慌的疾病。那些年间，梅毒（德国人称之为"法国病"）也侵入了这片土地，折磨着欧洲的情侣们。还有一种疾病，人们一致给它命名为"英国出汗病"（English Sweats）。这种病的特征是发高烧，会永久地破坏患者的神经系统，在他们身上留下长长的疤痕。

35　　约一个世纪过后，英国哲学家托马斯·霍布斯（Thomas Hobbes）恰当地描述路德时代的生活"肮脏、野蛮、缺乏"。即便那些身体强壮足以胜过疾病威胁的人们，通常情况下也不过能挣扎着找到足够的食物而已。交通很不便，因此每个地区必须自给自足。当粮食的产量不能满足地方的需要时，远离主要水路的地区就会特别无助。局部的干旱、十分多雨的春季，或是早来的霜降，都会使谷物的价格比上一年上涨超过 150%。

说闲话的仆人受罚（"剪舌头"）或其他行为不规的仆人受罚的情景图
（注意图右的仆人用匕首捅了他主人的腿）

投机商，其中包括大教会和修道院的领袖，因此能够赚取巨额的利润。而普通百姓却只能受苦。许多曾经有工作的人，被迫乞讨维生。在每个乡村、每个城市的街道上，都可以看到他们的身影。纯粹乞讨维生的人数目如此之大，以致莱茵河西岸的当局每年需要集结力量，把这些不受欢迎的人围起来，赶到河东岸去。而在莱茵河的另一边，由乞讨的、无家可归的、瘸腿的、精神失常的以及智障的人组成的人流，会遭遇另一派贵族，他们带着大军押着这些人走过黑森林，进入德国的中部。但是，被社会遗弃的人们，常年流动不断。一年过后，当局又得开始新一轮的清理活动。

在一个方面，世纪之交的生活情景必须用更为阴暗的色彩来描绘。艰难的不仅是岁月，人们生活其中的世界使人心也变得刚硬。许多人有极强的暴力倾向。德国的农民可不是只在土地上温和劳作的人。他们很快便使用斗争的权力，这样持续不断又过了150年。他们遭遇不平，或是想到有不平时，并不寻求法庭的帮助，而是用自己的拳头、刀棍来解决问题。

虽然像路德家这样热爱和平、受人敬重的家庭不可能参与诸如此类随意的暴力事件，但是他们却不能完全不受其影响。汉斯·路德有一个同名的弟弟，他一定让汉斯一家常常感到头痛难堪。小汉斯——人们这样称呼他——在曼斯菲尔德生活了十四年。在这段时期，他因侵犯与殴打他人受到十一次指控。曼斯菲尔德的人们比较幸运，小汉斯多次受到公正的审判。在16世纪早期，法律触及的范围还不是很广，通常情况下并不能将罪犯从守法的公民中间赶出去。后来路德的一个追随者回忆说，在弗莱堡（Freiburg）上大学时，他的第一位教授就被一个游荡的士兵当街打死了。没有记载表明杀人者担负了罪责。

父亲的抱负

考虑到这种可怕的环境，汉斯·路德取得的成就越发显著。正如路德清楚地记得，父亲定意让每个孩子都成功，因此对他们严厉有加。然而，当事态出乎意料之时，他也能承受。他没有像其他家庭那样，让儿子子承父业，而是把马丁送到镇上去读书。有八年之久，马丁几乎天天都在学校。1497年，父亲把他送到马格德堡（Magdeburg）。一年之后把他送往埃森那赫。1501年，又从那里把他送到了爱尔福特大学（University of Erfurt）。后来路德说，他的父亲确实"对我满怀期望"[2]。汉斯自己很有抱负，对儿子也同样如此。

37　　　　与对自己的家庭所持的积极态度比起来,路德回顾他早期接受的教育时,只有厌恶之情。16世纪的学校校长绝不以尽最大的努力、最富创意地尽职为己任。路德上学时还不足五岁。学校的目的就是强迫学生读、写拉丁文,为他们日后的学习做预备。鹿特丹的伊拉斯谟等伟大教育家一致谴责路德的老师们,认为他们采用的是"野蛮"的教学方法。强迫或奚落是他们使用的主要技巧。任何孩子只要被发现讲德语,就会挨打。表现最差的学生在早上要戴"傻瓜帽",在整个下午都会被人称为笨蛋。然后,一周的过失加起来,每个孩子回到家,还会再挨一顿打,这样才算完。

路德在埃森那赫上学时住过的房屋,建于15世纪。

这种情形之下,孩子们明确知道的,就是想避免受责打和戴"傻瓜帽"。但是学校的课程索然无味,孩子们甚至没有兴致去达到这一小小的目标。音乐是路德喜欢的科目,最终他成了一个技艺精湛的表演者和作曲家。但是,即便是音乐的教学,孩子们也无法享受,更别提自我表达了。他们学习音乐,是因为他们必须在教会的唱诗班唱诗。

在学校的大部分时间都用在拉丁语上,可这些可怜的初学者只有一个初级读本和一些需要背诵的单词表。为了完成这一任务,他们还记住了主祷文、十诫和使徒信经。当他们学了足够多的拉丁语时,就被允许进到二班学习。在那里他们开始享受背诵词形变化与动词变形的乐趣。老师的戒尺也跟随着他们。只一个早晨,路德因为没有掌握拉丁语语法表的内容,就被杖笞了十五下。

1497 年路德 13 岁时，他的拉丁语已经学得很好，足以送到学校去。他的第一站可能是马格德堡。他在一所共同生活弟兄会（Brethren of the Common Life）办的学校学习生活，共同生活弟兄会是敬虔平信徒组成的团体。路德离开了预备班，如今他虽然不再受到责打，但是他绝没有过娇生惯养的生活。在课余时间，他参加儿童唱诗班，和同学们一起上街唱诗。这是现代颂歌队的前身。但是，这些孩子们一整年在街上唱诗；他们与圣诞狂欢者完全不同，他们是乞丐，可以熟练地用这种方式求得一些饮食。 38

埃 森 那 赫

一年后，路德被送到了埃森那赫，这时环境有了一些变化。在那里，有母亲家的亲戚可以照顾他，但是他们自己也很贫寒，甚至无法给他提供借住的地方。因此，他的日常生活或多或少还维持原样，至少在一段时期内是这样。他继续在儿童唱诗班唱诗，他几乎没有什么零花钱。在这方面，他和班里的大多数同学没有什么差别。但是，在埃森那赫期间，路德显然给一位名叫莎比的商户家的女主人留下了非常深刻的印象。这位夫人安排他住在自己的一个亲戚那里，并负责给他和另一个人提供饮食。路德可能需要给他 39 们的孩子当家教，但在 1498 年后，他的生活无疑好过了一些。

在埃森那赫三年的成长对路德将来的发展也具有极大的意义。他找到了一位使他的思想变得敏锐，同时也能激发他想象力的老师。这位老师就是学校的校长，名叫约翰·特雷伯纽斯（John Trebonius）。路德后来称他为天才。无疑，特雷伯纽斯给这所学校营造了与曼斯菲尔德的学校迥然不同的校风。在那里，路德和一个名叫威冈德·格尔登努普夫（Wiegand Geldennupf）的教师也结下了毕生的友谊。这些人不只是权威人物，他们不仅教学生们背诵拉丁单词，教他们名词、代词、形容词的变格以及动词的变位，还教他们更多的东西。在拉丁语学校的学习接近尾声时，路德已经能够演讲、写诗、写论文。他还能阅读一些古代作家的作品，因此得以进入伊索（Aesop）、特伦斯（Terence）和维吉尔（Virgil）的世界。这些学习必定让他感到非常快乐，日后他将《伊索寓言》翻译成德文并坚决主张人人都必须学习古典文学和历史，就表明了这一点。

特雷伯纽斯和格尔登努普夫看到了路德的才能。推荐这位年轻人——

当时他年仅 17 岁——到大学继续学习的,无疑就是他们。不过是什么原因使得汉斯·路德决定赞成这一计划,我们不得而知。像他这样的身份,送孩子去上大学,在当时很不寻常。但是,他很清楚地认识到,即使对普通人来说,大学教育也会给他打开在教会、法律部门或医院工作的门路。虽然他自己的生意只能维持不赔本,他还是送儿子去爱尔福特大学上学。

除了才智聪慧,接受过正规教育之外,路德与 16 世纪之交进入青年时代的其他德国孩子相比,并没有明显的差别。路德的宗教生活也没有什么特别之处。固然,路德一家在宗教实践方面甚是勤勉。但是,他们看上去始终都在不折不扣地遵照习俗行事。事实上,汉斯·路德就是 1497 年为曼斯菲尔德的圣乔治教堂寻求特殊赎罪券的市民之一。就他在镇上的地位,此举可以视为他在履行宗教职责,差不多也可以视为他在履行常规的市民职责。小路德在儿童唱诗班服侍,也上街唱诗。但是,其他学生也一样。在路德人生的早年,宗教是他经历的一部分,但没有证据表明他曾经深入思考过宗教,或者试图理解过宗教。

但是,路德在唱诗班可能较为勤奋,和其他孩子相比,他较有音乐天分。因为,正是这方面,使他首先受到了埃森那赫莎比家族的关注。莎比家族非常敬虔,路德和他们的关系很密切。这个家族的父亲花很多时间来推动离镇上不远的圣法兰西斯修道院的工作。事实上,他花的时间如此之多,以至路德后来称他是修士们的"仆人和奴隶"。[3] 无疑,寄宿于莎比家的人也学着勤勉于宗教实践,接触了大量修道主义的思想。但是,在中世纪晚期,基督徒特别渴慕神职服侍,也没有任何特别之处。神职服侍被视为善工,不过是人人都应该去做的事。

追寻属灵的安全感

在 16 世纪,人们的宗教实践很像他们生活其中的世界。他们挣扎着想得到属灵的安全感,正如日常生活中,他们挣扎着想在物质上获得安全感一样。得救是要去赚取的,因此他们的宗教是行为的宗教。

这是一个朝圣的时代。人们受劝结队到这个或者那个圣地去朝圣,以抵消个人犯罪招致的惩罚。他们经常暂时过着使徒一般贫穷的生活,一边行走,一边乞食。

这也是一个圣徒和圣物的时代。信徒被教导说向圣徒祈祷或是崇拜他们的遗物，可以赎去个人没有尽职的罪与所犯的罪。为了帮助他们，各主要教堂和圣地都收集了据称是某个圣徒的遗骨或头发。有人自夸拥有圣母的几滴乳汁，或是基督十字架的一些碎片。

这是一个死亡的时代。画家、雕刻家和木雕家捕捉住这一主题，"死亡之舞"成了中世纪晚期艺术最常见的主题。如同花衣魔笛手（Pied Piper），形同骷髅、手持镰刀的死神引领各社会团体的代表旋转着，奔向他们各人无法躲避的死亡。

这尤其是一个硫磺与火的时代。人人都无从逃脱，人人都知道审判就要来临。在绘画作品中，基督通常不只在十字架上，而且坐在他的宝座上。在他头部的一侧伸出一枝百合花，象征着复活。在另一侧伸出来一把利剑。令人焦灼的问题是，我怎样才能躲过利剑，得到百合花呢？

对于这个问题，教会有一个答案。在路德出生的时候，这个答案已被精简为一个简短的命令："做你力所能及的！""用好你的天赋及拥有的各种特别的恩赐。"[4]然后，借着教会的权能，上帝就会施加恩典，向你微笑。虽然他们一点也不明白（他们也不想努力去明白）这究竟是怎么回事，但像莎比和路德的父母这样的人，他们只照着吩咐去做。

其他人做得更甚。路德永远不会忘记看到安哈尔特公国的王侯威廉的情景。这人舍弃了自己尊贵的地位，成了圣法兰西斯修道院的一名修士，以乞讨度日。路德后来写道，"他常常禁食熬夜，要治死自己的肉体，以致他自己成了一幅死亡的图画，只剩下皮包骨。"[5]威廉王侯当然很特别，还有许多人，热切地在做自己得救的功夫，以致马赛城（Marseilles）颁布了一项法令，禁止宗教乞讨人士越过城墙。几乎每个城市都试图控制他们。

罪、忏悔与补赎

大多数人并没有如此热衷于寻求自己得救的确据。因此教会领袖们采用各种方法，试图确保每个人都至少去**思想**自己灵魂的光景。其中一个主要方法就是规定各人有义务向神父忏悔。至少一年一次（通常在四旬斋之初，但认罪越频繁越好），每个人，无论男女老少，凡被允许领受圣餐的，都有义务去自己的神父那里就自己上次认罪以来所犯的各项罪行去忏悔。

42

神职人员游行图。按照与他们世俗职衔相反的方向排序，基督和小孩子们排在队伍的前面，教皇排在后面。

在路德的时代，忏悔室内到底发生了什么，我们无法确知（甚至在今天，也不可能知道里面的情景），但是如果忏悔者遵照写给他们的手册去做，那么这项审查会非常苛刻。[6] 神父一开始会问忏悔者想向全能的上帝认哪些罪。当回答不尽详细，或者当忏悔者——此刻跪在石头地上——不记得任何具体的罪行时，神父就会开始提问。"你曾经和自己的配偶生气吗？""你是否希望自己的住房和邻舍的一样好？"对于处于青春期的男孩子，神父会问，"你有过'梦遗'吗？"对于女孩子，则会问，"你在镇上的集市上和男孩子们跳过舞吗？"对于那些已婚的人，则问"你和自己的配偶有没有为生育之外的其他原因发生过性关系？"或者，"你们除采用标准姿势外，有没有采用别的姿势？"或者，"上次和你的丈夫（或妻子）发生性关系时，你是不是很享受？你有没有体验到任何快感？"神学家们曾经争论婚姻中的性关系是不是严重的罪行，但是大家一致同意，婚姻中的性关系是罪，至少在原则上如此。因此，人们不得不为这一最普遍的人类活动在公义且愤怒的上帝面前认罪。

教会也明示说，人们必须清除所有未认的罪，在此时此地清理这些罪。如果他们不这样做，那他们在炼狱中必定要付出代价。他们必须在那里焦急等待，直到赎清所有未赦免的罪，才能看到天堂的大门。有鉴于此，古腾堡（Gutenburg）在开发出活字印刷机后做的第一件事便是印刷教会当时称之为**赎罪券**（indulgence）的东西，也就不足为奇了。送给教会一份"礼物"，就可以得到赎罪券，它可以豁免赠送者在一段特定时期之内免受炼狱之火的煎熬。古腾堡的赎罪券，其形式很像现代社会的法律文件。上面留着空白处，供购买者填写名字，还有一空白处供填写他们逃离炼狱的时段。赎罪券在当时非常盛行。

43

与其他人一样，犯罪、认罪、赎罪的循环在路德的属灵生命中扮演着重要的角色。所有想参加弥撒的人，每年至少需要认一次罪。但是，对敬虔的人来说,想到有可能突然离世却还有具体未认之罪,这让虔诚人感到自己面临风险,而且风险的后果无法承受。敏感的宗教领袖自己也担心,这样严格地践行认罪程序可能会令真正敬虔的人感到绝望。绝望——上帝的怜悯不会垂青于我,或者我如此堕落,以致上帝的怜悯也帮不了我,这一可怕的想法——就是不可饶恕的罪行。这是得罪圣灵的罪,任何人死时有这种想法,都不能逃脱地狱之火。此外,有人担心,面对死亡,有些人在临终时刻可能真的会绝望并且失丧。这种恐惧如此之大,以至于艺术作品中天使和魔鬼为即将离世之人的灵魂角力的情景几乎尽人皆知。

因此,神学家写了更多的手册,教导神父们如何聆听临终忏悔,以及在这个过程中,在引导临终者进入来生时,如何抵挡绝望等。但是,尽管有种种的忧虑,有别的想法,神学家们仍然得出结论说,认罪不完全所带来的危险远超过悔罪者陷入绝望的危险。毕竟,人在实际上喜欢犯罪。如果人的良心感到不安,一些悔罪之举,无论是几声"我们的父",还是一声"万福马利亚",或者有人真的想得到确据时,去圣地朝圣或者购买一张赎罪券等,当然都会让他们得到安慰。

马丁·路德认识的宗教,极像他生活于其中的世界。正如世界有时会加给一个劳苦作工的人好运一样,在宗教领域,教会会给个人的好行为施加恩典,如此他们就可以完全,被上帝接纳。但是,在每个领域,辛苦作工都是必需的。

爱尔福特

这就是一个中等身量、皮肤黝黑的年轻人在 1501 年 5 月转到爱尔福特大学时的宗教情形。这一举将他带到了德国东南部,穿过他的出生之地,再跨过一个广阔的平原,越过几座山,就到了爱尔福特(Erfurt)。

爱尔福特是一座有山、有树、有溪流、有许多教堂尖塔的城市,其中还包括一个大教堂,矗立在这座城最高的山上。它就像一座沉思中的城堡,俯瞰着众生。没有什么能像这座雄伟的石头建筑一样如此有力地传递上帝的可畏与权威。去教堂的人必须攀登相当长的石头台阶,才能从下面的城来到这里。

爱尔福特大学校区由几个小型建筑组成,这些建筑环绕着下面城里一条可爱的溪流。但是在中世纪晚期,建筑对于一所大学的意义没有现代的大学那么重要。建筑在当时不过是容纳构成大学本身的"讲师与学者"所需的结构而已。路德抵达那里时,以"曼斯菲尔德的马丁·路德"的身份登记注册。和所有学生一样,他分到一间 *bursa*(宿舍)。在大学的前几年,他将吃住在那里,并在宿舍主任的监督下继续他的学业。

Bursa 根本不像现代的宿舍,反而更具有修道院的特征。所有的学生穿同样的衣服,恪守严格的舍规和校规。他们同时起床,以崇拜和祷告开始每天的生活。他们一起进餐,一起参加其他指定的宗教服侍,学习同样的科目。违规者会受到主任、学监(事实上是内奸)还有许多大学辅导员的管教。校方绝对不许他们自行其是。

爱尔福特,"尖塔之城",或称"小罗马"

路德是在爱尔福特长大成人的。他在爱尔福特的环境中茁壮成长。在这里,路德日渐显示出,他不仅是一个聪慧的学生,而且还非常优秀,很有能力,又拥有敏锐的头脑。大学条例要求,学生入学至少一年后才能提交学士学位申请。但路德在一年内便获得了学位。大学条例还要求学生至少在一段时间之后才能参加硕士考试。但路德争分夺秒,赢得了"比赛",于 1505 年 1 月通过了硕士考试,在一个班十七个学生中,排名第二。

通常学生们取得这样的成就要以牺牲在大学生活中很宝贵的友谊和娱乐为代价。但路德不是这样。他的朋友们很赏识他卓越的辩论或公开演讲的才能,后来给他起了"哲学家"的绰号。而这种才能在中世纪晚期的教学中非常关键。

如果路德有什么古怪之处,如果他有古板、忧郁或者悖逆的倾向,无疑有同学后来会把它记下来。但是没有一个同学这样做。这些断言只出自最猛烈地抨击他的敌人之笔，如约翰尼斯·科克拉乌斯（Johannes Cochlaeus），这人虽然只在 1521 年和路德见过一次面，却杜撰了路德一些早年的故事。年轻的路德似乎一直都是一个喜欢开玩笑、兴奋好动的学生，当然，他比班里的许多同学更优秀，但是在其他方面，他和他们都很相似。

专 业 教 育

关于这些年间年轻的路德，要知道的最重要的事就是，他所接受的教育，以及在经过大学时代进入成年时他因此形成的思想方式。在中世纪末期，像爱尔福特大学这样的大学，在许多方面，其教学的组织形式与今天的大学迥然不同。原则上，当时每所大学都分四个学院，各学院自行管理其事务。文科学院由文科硕士以及应考文科学士和硕士的预备生组成。在他们之上是法学院、医学院以及神学院，而神学在那时被誉为"科学之皇后"。

严格说来，只有在这三个学院教学并持有博士（或教师）头衔的那些人才是教授。但是路德的老师也是这些较高级别的学院的学生。这些教师是现代大学助教的先驱，他们规划文科学院学生学习的内容以适应专业学院所设科目的需要。虽然从学术上讲，路德是一个文科生，但是他的大学教育在专业这个词最为严格的意义上讲，却很专业。

对路德来说，最重要的科目是当时教育家所称的 *trivium*（三学科）——语法、逻辑和修辞。这包括今天与文科生关联在一起的许多主题。三学科之外，还有 *quadrivium*（四学科），即算术、几何、天文和音乐。但是，对路德来说，和四学科相比，三学科更为重要。语法注重解释某些古典文学的原文，特别是古罗马作家的作品。修辞从学术上讲是公共演讲的艺术，也包括高级写作、诗歌、像塞涅卡（Seneca）这样的人物所写的教化文章以及部分圣经的内容。但是逻辑统管一切。正是思维的逻辑模式使得经院哲学（Scholasticism）及"经院哲学家"（schoolmen）——如其所称——有别于众，因为逻辑是专业学院的房角石。

如果在三学科中逻辑统管着其他的学科，那么亚里士多德（"学问之父"，如人所称）便支配着逻辑学。他论逻辑的作品，主要有《前分析篇》（*Prior Analytics*）和《后分析篇》（*Posterior Analytics*），如通俗课本所概述的,是教导学生如何思考的主要资源。在更进深的学习中,学生们学习他所著的《形而上学》(*Metaphysics*)和《伦理学》(*Ethics*)的节选,在这些内容上来展现他们的技能。学习如何用这种逻辑有序的方式思考最为重要。师生们在一起的日子里,也没有什么比这部分内容要花费更多的时间。天天都有辩论,每次辩论,教师都会给学生指定一个或一组题目,并要求他们按照严格的逻辑规则进行辩论。

在特别的时刻,教师会参加所谓的纯理论辩论(quodlibetal disputa-tion)。在这种公共辩论中,专家会与所有前来参加的人就任何感兴趣的主题进行辩论。这种智力活动可以与中世纪的马上比武相媲美,只不过一个用言词,另一个用长矛而已。当教师们厌倦了唇舌之战,或者当主要论点已经辩论过之后,可能招手叫一个自己喜欢的学生继续这场论战。既然路德得了"哲学家"的绰号,很有可能他常常被选中来参加辩论。

⁴⁷ 真理的假设

整个大学体系依存的假设,对路德及其同时代人的思想方式尤为重要。首先,假定(如亚里士多德所教导的)一切重要的真理都有两个属性。第一,具有普遍性。通过正确推理得出来的命题,其真理不受所处时间和地域情境的限制。真正的学习,其目的就是要发现这些真理,并用清晰的命题形式把它们表现出来。

第二,如果命题正确,路德接受的教育认为,这些命题在逻辑上便具有一致性。法律、医学和神学这些大的学科于是构成了一个体系,在该体系中,一个真理可以由另一个真理推断出来。因此,词语也可以被赋予特定的含义,其适用范围不受时间和空间的限制。

这一对假设最为明显地表现在师生们探讨构成课程核心部分的古代和现代文本的方式上。他们细细地梳理这些文献,寻找最重要的哲学、法律、医学以及神学主题的学说。例如,当找到两个论述正确的生活方式但显然相互矛盾的段落时,他们就会应用亚里士多德的逻辑去解决这一争议。同样的做法也可能用来处理,如,引自新约和旧约的相互矛盾的段落。所需要的,就是赋予词语以意义,使学生或教师可以构建一个逻辑上一致的体系。

有关中世纪神学家辩论针尖上可以站几个天使的古老的故事就是这种

思维模式的生动写照。他们是否真的辩论过这个看似毫无价值的问题,这并不重要。对他们来说,这里面隐藏着重要的主题。给出的答案——无论是没有天使,还是一个天使,或无数的天使——都带着断言,关乎天使是否拥有形体,以及因此天堂是物质的还是属灵的。如果天堂是物质的存在,那么它一定存在于某个地方,因为这是物质的本质。如果天堂存在于某个地方,那么,至少在原则上,人类在此时此地就可以找到它。另外,它也不可能是永恒的,因为可见之物都会消失,这是事物之特征。推而广之,复活以及永生的教义就会在瞬间消失,当然,这是不可能的。因此,如何回答开始时提出的问题非常重要。

有些学者,诸如著名的人文主义者鹿特丹的伊拉斯谟,很厌恶这类辩论。既然路德得了那样的绰号,他可能很喜欢辩论。无论事实如何,中世纪晚期的大学教育喜欢态度认真的学生提出问题,认真地处理问题,并持之以恒地寻求问题的答案。在这样合宜的环境中,像路德这样才华横溢的人可以借这种训练提出许多尖锐的问题。

2

忧伤之子

1505 年新年过后不久，马丁·路德已成为马丁硕士。那是他永远都不会忘记的经历："当硕士被提名并有绶带颁给他们时，那是何等美妙的时刻！我认为任何俗世的快乐都不能与之相比！"[1]

对于这个父辈曾经一度是农民的人来说，晋升为文科硕士是一个巨大的成就。马丁·路德的父亲汉斯很为自己的儿子感到骄傲，他认为硕士学位只是一个开始。马丁硕士（他的父亲这样称呼他）将要成为一名律师。

要成为律师这项决定无疑很早就做出了——早在情势显明年轻的马丁将得到硕士学位，届时他就有资格在大学的某个专业学院学习时。到时候，整个世界就会向他敞开，尤其是如果他有幸能够学完法律。年轻而聪明的律师可以谋到很好的职位。他可能有望成为王侯或主教的顾问。作为一名年轻的律师，他可能找到一位贵族来赐给他财富和地位。接下来，马丁硕士（最终会成为马丁博士）就能够照顾业已年迈的双亲。可能，他甚至还能够为自己的兄弟姐妹谋得一官半职。汉斯深信这是儿子将来要走的路，因此他送给儿子一本当时最主要的法律文本《民法大全》（*Corpus Juris Civilis*）。这可是一份非常昂贵的礼物。

"我愿意做一名修士"

六个月后，在马丁硕士从曼斯菲尔德步行回爱尔福特的路上，一场暴风雨突然袭来。一个雷电把他击倒在地。"圣安妮,救我!"他大喊,"我愿意做一名修士!"[2]

真是一时欢喜一时忧。如今马丁硕士决定进入修道院,这让父亲汉斯非常生气。路德给父亲去信,称那场暴风雨和他起的誓言是上帝的旨意。汉斯回信说,他怀疑他的儿子是否曲解了所发生的事。那场暴风雨和他起的誓言是上帝的工作,还是魔鬼的工作?在那个魔鬼肆虐的时代,人人都知道,必须"试验那些灵是出于上帝的不是"(约一4:1)。

隐藏在父亲痛苦回信背后的远远不止这些,这马丁知道。汉斯失去的是他的保险单。家里最聪明的孩子一进修道院,路德一家的安全就失去了保障。路德回信说,他的祷告可以比他做富有的律师为家里做更多的事。没几天,他就收到了父亲的第二封来信。汉斯为他早熟的儿子所做的决定赞许他,并祝他在新的生涯中,凡事顺利。

汉斯的脑子里又冒出既私人又属灵的第二个想法。他是一个喜欢与旅行的修士和神父谈论宗教问题的人。他和其他任何人一样,深切地知道,个人灵魂的得救最为重要。一个朋友不是曾经对他说,他欠教会什么债吗?这债甚至就是他的爱子。

虽然如此,路德决定成为一名修士还是令人费解。他起誓之时,正走在回爱尔福特大学的路上。他请假回去探访家人,他并没有解释原因,但得到了校方的许可。这次休假表明,这个决定并不像击倒他的雷电那么突然。

得到硕士学位后,路德有三个月相对自由的时间,文科学院授课在4月23日开始。之后再过一个月,5月20日他将开始学习法律。他这段时期的所思所想,我们只能推测。在爱尔福特的溪流、树林和矗立的教堂间漫步时,他可能只在反思自己取得的成就。休假时,离他开始学习法律只有一个月的时间。

步行走这么远,单程需要几天的时间,一定有非常重要的理由。马丁硕士是一个目的明确又很勤奋的年轻人。他生活的时代,绝大多数人对属灵的生命都持很认真的态度。21岁的马丁,在相对清闲的这几个月中,很有可能开始质疑如此清晰摆在自己面前的人生道路是否正确。于是他做了很自然的事——回去和家人商讨。但是在返回的路上,他并不比离开爱尔福特时更有把握。很容易想象他父亲的立场,他一定很快就驳回了儿子的问题。但随后,暴风雨解决了这件事。这是上帝自己的声音。这只能是上帝的声音。

虽然如此,对于父亲的反对意见及自己可能有的任何疑虑,年轻的马丁·路德并没有等闲视之。起先,他把朋友和同事们聚到一处,讨论了这件事。很有可能,有人建议他走自己选择的路,也有人反对。最终决定之后,他再次把他们招聚起来,向他们告别。这件事就发生在因他是文科硕士及爱尔福特大学文科学院的成员而分给他的住所内。

当时正值 9 月初。按照规定,他放弃了自己的一切,因为个人财产禁止带进修道院。但是,他随身携带了毕生热爱的两位古典文学作家的著作。其他的一切,他都做了处理。他舍弃了自己本来很擅长弹的鲁特琴。他还舍弃了其他书籍及自己的衣食用具。甚至父亲送给他的《民法大全》也必须丢下。他不再会成为律师,安排自己和他人今生今世的事务。他是上帝的人,他将用余生来寻求灵魂的得救,首先是自己灵魂的得救。

布莱克修会

路德在决定成为一名修士(专业点说是一名托钵修士)之前,显然曾经认真思考过这个问题。他同样认真地选择了自己要去的修会。在有"尖塔之城"(city of spires)或"小罗马"(little Rome)之称的爱尔福特有许多修道院。他毋须走多远,就可以成为本笃会、多明我会、方济各会或其他许多修会的一员。但是他选择成为位于格拉(Gera)河左岸(往河的下游看去)布莱克修会(Black Cloister)一名恪守教规派奥古斯丁会修士。

布莱克修会有壮观的建筑群。教堂本身约有三百座席,有一个很长的听众席,在远处有高高的祭坛。从教堂的后面走起,到圣坛之前可以右转穿过一道门,走进 *kreuzweg*,即十字架的路。这个内院有一个屋顶呈拱形各边长约 20 步的门廊。单单该建筑本身,就营造了默观和冥想的氛围。十字架的路的尽头往左,是公共休息室,是众弟兄进餐的地方。二楼则是各人隐修的小屋,每间约三英尺宽,七英尺长,大多数小屋都有一扇窗户。布莱克修会(因其修士穿黑衣而得名)位于城中心的边上。这里所得的捐赠很丰厚,会员们不需要辛苦劳作,他们的所有时间都用在为自己和他人赢得属灵福祉这一更重要的事上。成为恪守教规派奥古斯丁会修士,就是要从事严肃的属灵事务。

并不是所有叩响布莱克修会大门的人,都会被许可加入。首先,修士们

需要确认路德不是一时恐慌随后
又想回归世俗的那种人——即便
只是在精神上。因此，年轻的路德
有一个多月的时间在那里做客，这
样，他们就可以帮助他检视他的灵
魂以及他决定加入其中的原因。
在通过这段时间的严格考验之后，
他才被准许起誓成为一名见习修
士。他很清楚，更加严苛的生活即
将来到。但是，这就是他为什么选
择成为恪守教规派奥古斯丁会修
士的原因。

　　很久之后路德谈到，"和许多
人一样，在初做修士的前几年，我
也亲身经历到撒旦多么倾向于安
静与和平。"[3] 每分钟都受到严密
的制约。路德和同伴们一般都在

从修士居住的小屋看布莱克修道院的庭院图

凌晨两点左右起床，进行一天中的首次崇拜。接下来还有六次崇拜。见习
修士没有时间来度路德后来因之出名的那些灵魂的暗夜。

　　所有的修士从严格意义上讲都是宗教乞丐，所以路德和其他修士——
特别是在做见习修士期间——在乞讨以维持生计的过程中，目睹了部分外
面的世界是完全可能的。从经济上讲，他们并不需要这样做。但是，这项活
动是很好的功课。尽管如此，路德的大部分时间都用来崇拜、祷告和默想。
他不是一人行乞，也不是独自做属灵的功课。从一开始，他就有一位导师引
导他、衡量他、鼓励他在属灵的道路上不断前行。路德在学习的是一套崭新
的、严苛的固定程序。像路德这样的青年，很快就学会了，而且学得很好。

路德首次主持弥撒

　　很久以后，路德还坚持认为，"如果有人可以因做修士赢得天堂，那么我
一定在他们当中。"[4] 所有证据都支持他的自我认识——一位热心而成功的

修士。在 1507 年复活节过后的第四个主日（Cantate Sunday），即路德进入修道院一年多一点的时候，他蒙准主持他的首次弥撒。就这样，在一段短暂的时间之后，他不仅通过了见习修士的严格测试，而且远不只如此。他展示出自己具有成为神父所必需的灵性以及高洁的志向。

论到修士，有人说，他们的光头比头盔还能保护好他们的头骨。鲜有人敢恶意攻击修士们。但是成为神父的修士带着真正令人敬畏的圣洁的光环。这个人可以说，"*hoc est corpus meum*"（这是我的身体），"*hoc poculum est novum testamentum sanguinis mei*"（这杯是我用我的血所立的新约）。说了这些话，他就可以让杯和饼变为基督的身体和宝血。他可以向上帝献祭。他可以将最重要的一种得救方式带给普通人。

弥撒仪式对中世纪晚期的敬虔生活如此重要，以至于被视为一项善工，具有拯救的功效。甚至教堂建筑的设计也有意强调弥撒。听众席，普通信众站立的地方，狭窄而漫长。祭坛的位置设得很远。其综合效果就是不让普通信众看到或听到在最神圣的这一时刻到底在发生什么事。再加上神父及其助手们穿上特别的外袍，还使用铃铛、香火和蜡烛，这一时刻便显得更加神奇。弥撒，如神学家所称，因所行的善工（*ex opera operato*），是有功效的。参加弥撒几乎可以说是一个普通信众指望自己成为洁净、在上帝面前没有瑕疵的唯一时刻。这是凡俗之中的神圣时刻。

路德的首次弥撒即将临近，届时他自己将是主持人，这无疑令他相当焦虑。尽管弥撒的有效性与主持人的灵性状态无关，神父们还是习惯在服侍前做一次特别的忏悔。路德无疑也这样做过，但是面对这样神圣的时刻，他可能仍然感到极度不安。他曾经谈到自己首次主持弥撒的情景，正如其他首次主持弥撒的人那样：他变得如此紧张，以致无法继续主持下去；说"这是我的身体"这样圣洁的话时，他几乎把饼掉到了地上；在说"这是我用我的血所立的新约"时，杯也几乎掉了。他后来承认圣餐的祷文让他感到如此害怕以致他几乎跑着下了祭坛。在这个关键的时刻，如果他的情绪没有高涨，那才令人感到奇怪，人们可能看到他在颤抖，这当然也在情理之中。

首次弥撒对这位新神父的家人来说，也是一个非常重大的事件。为了汉斯和他的几个好朋友能够出席，路德还特意调整了首次主持弥撒的日期。为了这个特别的日子，路德的父亲还给布莱克修会捐赠了二十个金币。只有贵族们或非常富有的人才能捐得更多。

接下来是一个盛大的宴会。这次宴会可能是在那场暴风雨和路德起誓前父子谈话以来二人的首次相聚。这次谈话表明有些创伤还没有愈合。路德又回到了那个老话题。他对父亲说了这样的话,"你看,我这样不是比做律师更强吗?"汉斯的回答如当头棒喝,令路德永生难忘。"你没有听到十诫说要孝敬你的父母吗?"[5]为了成为神父,马丁弟兄抛弃了自己的家人。

严 苛 之 路

见习期过后,路德可以自由选择一条更为严苛的道路了。很长一段时间他不吃不喝,也不休息,严寒刺骨,他不着衣,也不用毯子来保暖——苦待己身——这在虔诚修士的生活中很平常,甚至被认为理所应当。在近十年之后,目击者曾经论到路德苦修时的样子。他不只是机械式地祷告、禁食、过清苦的生活、禁欲,而是热切地追求这样的生活。他寻求尽心、尽力、尽意地爱上帝。这样做,需要弃绝世界、弃绝家人,也弃绝他自己。甚至有可能,晚年令他苦恼不已的疾病就是当时他苦待己身的结果。

尽管路德后来的确激烈反对禁欲主义,但是他很少哀叹自己做修士的那段岁月。他毕生的朋友中,有许多人也是奥古斯丁会修士。另外,他在修道院学到的东西非常之多,若不将这些经历考虑在内,便无法理解他的一生。

但是,对于他修道生涯的一部分——忏悔,路德后来甚是轻看。忏悔(以及接踵而至的苦行)是修道生活绝对之必需。忏悔得每天都作,甚至更频繁。在这项圣礼中,"宗教人士"——人们对修士或修女的称呼——试图在罪一犯下后便尽快清除它们。这么做是他们追求圣洁的一部分。

尽管有修士和修女生活淫荡的传言,但他们很少(如果他们是奥古斯丁会修士,那么从来不会)去犯显见的、外在的罪。至少,他们生活所受的严密监管也使得他们不可能去做这样的事。因此,忏悔对他们而言,迥然不同于在修道院围墙之外生活的普通信徒。听忏悔的神父试图做的是揭示他们的动机、情绪和思想,甚至被压抑的情感,而非责问他们所犯的具体罪行。神父试图揭示的那些东西显明了心中的恶。正如肉体一样,心灵同样需要除去各样的污秽。

这些严苛的检视让路德感到十分惊恐。忏悔后,他会突然想起有悖于他的圣职、玷污他心灵的某个思想或某种情绪。他知道,这种思想或情绪理当使上帝的愤怒倾倒在他的身上。这种每天,有时甚至每小时都会有的经历极其可怕,他后来曾经说,"当灵魂被这种没完没了袭来的思潮触及时,它所感到的,所汲取的,不过是永恒的刑罚而已……"[6]

怀疑的攻击

路德对修道院的忏悔做法抵触之强烈,其至在他 1520 年发表的《致基督徒贵族书》(*Address to the Christian Nobility*)中都可以看到。在谈到贵族们应当施行的改革时,他说修道院的院长"没有权柄过问隐秘的罪行,即使是有史以来,或是从未见过的最严重的罪行"[7]。回顾过去,路德坚持认为,如此探究罪人的心灵,会给他们带来极大的负担。就他自己而言,认识到自己隐秘的罪行,几乎将他带到了绝望的边缘。

然而挖掘每一个过失是修道院生活不可或缺的一部分。这个过程以及由此带来的感受都是共同的,全欧洲的修士们都用行话来形容它。他们称悔改的感受为"*in cloaca*",按照字面意义来讲,即"在厕所里"或者"在垃圾堆中"。绝望的试探被称为 *tentatio tristitiae*。受到这种试探的人,就说他得了 *tentationes*,或者说他患了良心不安。

路德后来称这种难熬的感受为 *Anfechtung*(焦虑)。路德用这个词旨在表达怀疑铺天盖地袭来时令人觉得上帝并不爱他们的想法。后来,他认为这一让人感到自己邪恶得无可救药的感受是撒旦的工作。撒旦总是让基督徒觉得自己的罪、怀疑及焦虑如此之多,以致上帝的恩典也爱莫能助。在这样的时刻,即便是树林里枯叶沙沙作响的声音,听起来也好像地狱的千军万马要来攫取人的灵魂一般。

竭力要圣洁却又知道自己做不到,这一张力使听路德忏悔的神父兼他的属灵导师有一次说了这样的话,"上帝没有生你的气,而是你在生上帝的气。"他力劝路德要"仰望十字架"来寻求他如此绝望地要寻求的确据。[8]但是当路德这样做时,他只能看到从基督面部一侧伸出来的刀剑。他相信自己的努力不会讨上帝的喜悦,也相信在自己的里面没有任何功劳足以使自己得救。过修士的生活,竭力寻求得救,只会使奖赏更难获得而已。

修会内部的张力

但是,路德被按立为神父不过是他作为恪守教规派奥古斯丁会修士在成功的职业生涯上刚刚起步而已。他后来用"无可挑剔"来描述自己的修士生活。[9]显然,那些最了解他的人,即布莱克修会的弟兄们,会同意他的观点。他们十分尊重他,甚至派他去罗马完成一项特别的使命。有一件要事需要进行谈判,指派的谈判者需要一个品行兼判断力均无可置疑的人同行。

尽管 16 世纪的修道主义强调圣洁,但在不同的修会之间仍存在属世的竞争。例如,奥古斯丁会修士就拿他们最大的竞争者多明我会修士的名称开玩笑。虽然多明我会得名于其创立人圣多明我,路德的许多弟兄们却说这个称呼源于拉丁短语 *domini canes*,意为"主的狗",或者(友善些)"天堂的警犬"。

在个别修会内部也有竞争。派路德去罗马的奥古斯丁修会,恪守教规派与修会内部其他不甚恪守教规的派别之间就有冲突。这两个群体之间的问题很复杂。从根本上来说,恪守教规派主张严格遵守修会起初订立的规条,而非恪守教规派的修道院却不这样认为。恪守教规派还要求在大修会内部作为一个独立团体来自行管理其事务。

组织问题迫在眉睫。恪守教规派奥古斯丁修道院要听从教令顺服负责管理德国的教区主教代理人约翰·冯·施道比茨(Johann von Staupitz)的权柄,还是他们可以要求保留自己的传统并保持相对的独立? 施道比茨及其上司罗马的教区主教都答应将所有的奥古斯丁修道院置于统一集中管理之下。他们打算逐步让不甚严格的修道院遵守恪守教规派设立的十九条标准。但是恪守教规派的奥古斯丁会修士却不这样看。他们还怀疑自己相对较为庞大的财富是驱使完全统一背后的原因。当施道比茨裁定甚至爱尔福特的布莱克修会都要顺服时,弟兄们决定起来抵制。

罗 马 之 旅

路德是爱尔福特选出于 1510 年中秋在纽伦堡(Nuremberg)举行的会

议中与其他持不同意见的修道院代表进行讨论的人之一。尽管施道比茨让他们顺服的指令非常清晰,但他们还是决定行使自己的权利向罗马的教区主教上诉。路德是这个团体选出的两个代表之一。未满 27 岁,完全不了解高层教会政治的运作方式,他就这样成了谈判员的旅伴。路德突然间被推向了一个更为广阔的世界。

旅途本身非常辛苦。食宿不是问题;无论在旅途中,还是在罗马,这些需要,他和他的前辈都可以依靠其他修道院的供应。但那时适逢特别寒冷的冬季,他们却一路步行从纽伦堡到了罗马。当时甚至在博洛尼亚(Bologna)都下了雪,他们艰苦跋涉翻越奥地利的阿尔卑斯山后,等待他们的将是什么,更不待言。

16 世纪早期的罗马,至少与经过现代的掠夺和 1527 年臭名昭著的罗马大劫掠(*Saco de Roma*)——查理五世获胜后,纵容自己的军队蹂躏罗马——之后的今天相比,古代宏伟的纪念性建筑失去的并不多。当然,甚至在当时,伟大的建筑、纪念碑、雕像这些东西也只不过令人缅怀凯撒奥古斯都的时代而已。牛在罗马竞技场的草地上吃草。

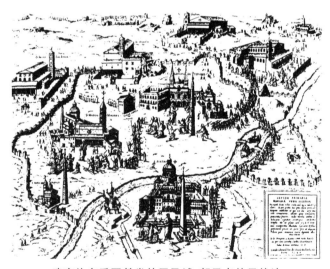

建有许多重要教堂的罗马城,朝圣者的目的地

这些事物引不起路德及其同伴的注意;他们不是来研究古迹的。他们的罗马之旅与其说是旅行,不如说是朝圣。对他们来说,罗马不是凯撒及其大军的城市,罗马也不会令他们想起它荣耀的过去。罗马是现在和将来盼望的家园。这里是教会的中心所在,是所有教会的大牧者罗马主教,即教皇

居住的地方。在地上，他就是基督的代表（vicar of Christ）。

这里还有圣阶（scala sancta），就是基督走过的通往本丢·彼拉多宫邸 59
的那些台阶。这里有圣彼得和圣保罗的遗骨。这里有无数让自己及其他许
多人——无论是活着的人，还是已经离世的人——的灵魂受益的敬虔的事
可做。只要路德肯跪着攀登圣阶，就可以让他自己心爱的一个人脱离炼狱
之苦。他后来说，一看到圣城，他就情不自禁地"匍匐在地，说'圣罗马啊，你
是何等神圣！'"

路德前往罗马期间，教皇本人可能
甚至都不在罗马城。他不在罗马城有充
足的理由。罗马并不是一个有益健康、
适于居住的地方。古罗马时期留下来的
令人叹为观止的导水管及浴池，这时已
无法使用。除了排水沟，便没有其他的
公共卫生设施。人们早晨从窗户把尿壶
里的污物倒在街上，是司空见惯的做法。
恰巧从下面走过的人便遭了殃。另一方
面，房主也不得不忍受行人随意靠墙大
小便的行为。鉴于此种做法，路德认为
罗马人并不比狗强到哪里去。

教皇利奥十世，美第奇家族的一员
［拉斐尔（Raffaelo Santi）绘制］

去罗马旅行过的欧洲人经常说罗马
是一个"臭气熏天的化粪池"。但这样说，指的不仅是罗马的公共卫生设施，
还包括这里的公共道德。有名望的人甚至不让妻子上街——除非她们戴上
面纱，并有携带武器的护卫陪同。

罗马是讲拉丁语的基督教世界的中心。但它会在不止一个朝圣者的心
里或脑海里引发属灵的疑问。鹿特丹的伊拉斯谟很轻看各种朝圣之举，曾
经写过（或者与人合著）一本名为《被逐的尤利乌斯》（Julius Exclusus）的小
书，这本讽刺小说形象地描述了教皇尤利乌斯二世由于在地上生活放荡被
逐出天堂的情景。

尽管如此，对于前来这里访问的神父来说，在一个特别神圣的礼拜堂做
一次弥撒却是难得的好机会。一个又一个星期六过去了，路德试图做一次
弥撒，但祭坛那里总是挤满了做弥撒的神父，他无法挤进去。好不容易轮到
他站在了祭坛上，却有个意大利神父在他背后咕哝着，"走啊，走啊！""往前

走啊！动一动！"[10] 为了这次弥撒，路德前一天整整禁食了一天。那些无礼的催促一定令他很沮丧。

但是路德热切地渴望圣洁，因此他坚持做了一个去罗马朝圣的人该做的或想做的一切。他后来谈到，他像一个"发了疯的……圣徒"跑遍了小教堂、教堂、圣地、墓窟、圣阶及其他所有地方。他这时的思想状态在他的另一段话中可以看出："我沉溺其中，是的，我浸没在教皇的教义之中，若有人稍微不顺服教皇，我会准备把他们统统杀掉。"[11]

61   路德知道，教会与上帝的恩典的客观存在与神父或圣地的拥有者的道德或属灵状况无关。借着教会，上帝的恩典改变了普通人的行为，使其行为具有了得救的功效。路德做弥撒时是否匆忙——可能因此意味着他做弥撒时并不虔诚，事实上并不重要。八分钟的弥撒无论如何也是一次弥撒，仍然会带来确凿的属灵的益处。他在至圣之城"疯跑"各处，也会是如此。

但是，恪守教规派奥古斯丁会修士此行的工作进展却完全不像预期中那样。事实上，修会的会长——此人一贯奉行先将各修道院的管理集中起来的政策——最终拒绝听讼。这人名叫维特波的艾智德（Egidio of Viterbo），是一个学识渊博且正直的人。几年过后，他还参加了被中断的第五次拉特兰公会议（Fifth Lateran Council）。这次公会议，本是为了呼吁"自上而下"（如一般的表达）改革教会，但 1517 年该会议结束，结果不过尽责劝勉众人更好地处理教会事务而已。前一次公会议上一位目击者的评论同样适用于这次会议："无论是现在，还是在不远的将来，我丝毫不指望教会能够在总体上施行改革，因为改革的对象缺乏善意，高级教士们憎恶改革。"[12] 艾智德本人尽自己所能寻求改革，他所做的事情之一就是拒绝让个别奥古斯丁修道院，甚至爱尔福特的恪守教规派自行其是。所有的修会都要顺服教会。

路德及其上级徒步返回德国。他们再次挣扎着翻越了阿尔卑斯雪山，经过奥格斯堡，到了纽伦堡，在那里参加了几次会议后，回到了爱尔福特。当众弟兄得知会长的决定时，他们每个人都面临抉择。现在，他们要顺服施道比茨呢？还是要继续抵制？

迁往维腾堡

路德头一回发现自己就一个公共议题有了挣扎。布莱克修会的弟兄们

想再次上诉,哪怕只是为了推迟管理的合并。但是他丝毫不想参与其中。 62
路德决定,为良心的缘故,也必须顺服施道比茨。他的好朋友约翰·朗格
(John Lang)也同意他的决定。爱尔福特的绝大多数弟兄都感到非常愤怒。
如果路德和朗格达成共识,赞成施道比茨,他们可以去维腾堡的奥古斯丁修
道院与施道比茨在一起。

1550 年的维腾堡

朗格于 1511 年 8 月中旬抵达维腾堡,在修道院安顿下来之后,他进了
那里一所规模不大的大学。夏末时分,路德与他会合。甚至几年过后,路德
还就爱尔福特弟兄们的诋毁言词为自己辩护。他后来被逼无奈,如他所言,
让不止一位因为他顺服施道比茨的权柄而生他气的修士"闭嘴"。

维腾堡绝不是一个适合生活的地方。路德想做一个和事佬,既忠于自
己的上级,也忠于自己所在的修道院。但是他不得不在二者之间做出选择,
结果遭到了放逐。三年前,当大学文科学院的另一位教授休假时,他曾被派
往维腾堡,临时讲亚里士多德的《伦理学》。如今,被放逐来到这里,他完全
清楚,在德国中北部这个小城市等待他的是艰苦,甚至近乎残酷。

在 16 世纪早期,维腾堡可能总计有 2000 位居民,其中许多人靠酿啤酒 63
为生,而大多数啤酒都进了他们自己的肚子。维腾堡的四周几乎是一片平
坦的沙地,不出任何土产。这里没有西南部爱尔福特蜿蜒的溪流和葱郁的
植被。到了 16 世纪中期,城的中央将建成一座令人印象深刻的建筑,城市
的议会在其中举行。但在 1511 年,这座建筑还没有建成。当路德抵达那里
时,这座城市的教堂矗立在广场的一端,而著名的城堡教堂(Castle Church)
则矗立在广场的另一端,相隔约有几个街区。在当时,这两座教堂均无多少
可供瞻仰之处。在路德的时代,修士们的住处和教堂都是名副其实的臭水

沟。一座教堂还没有建成，另一座教堂又用木结构支撑起来。路德说崇拜的地方看上去像耶稣生下来时所在的马槽，最是"微寒"。几年过后，朗格离开修道院时，他给出的理由之一就是那里有损他的健康。

关于这座城市的居民，也没有任何可称道之处。许多目击者评论说，这座城市的集市不过是盛放维腾堡的酒水与喧嚷的污水坑。但是路德顺服地去了"小维腾堡"[13]，如他所言，去了这里的一个奥古斯丁会修道院。顺服带给他的却是一个显然十分黯淡的未来。

3

神　学　生

从 1505 年到 1511 年被放逐往维腾堡修道院期间,围绕路德生活的谜团,只有偶尔的几道光束照进来。关于路德这段时间的生活,我们也是借着多年后路德谈到自己的修道生活才了解到。

这些言谈,其中有许多谈到他灵魂的暗夜以及内心深处属灵的痛苦挣扎。这些资料极富戏剧性。但路德当然不是唯一经历这种痛苦的修士或修女。使路德的确有别于他人的,是他很特别地集热情和才智于一身。他的上级们很快就认识到了这一点。路德在爱尔福特,丝毫没有想过会去别的地方,他们命令他去从事神学的研究。

科学的皇后

在中世纪,神学如此严肃、如此重要,通常被称为"科学的皇后"。甚至在用图来表述大学时,*Theologia*(神学)也居于学术塔之巅。神学对修士们尤其重要,他们建立了自己的学校,这样,在大学这一事物出现之前,他们也可以很好地进行宗教知识的学习。甚至在黑暗的中世纪,圣本笃会的会规(Rules of St. Benedict)还要求每个修士每年至少阅读一本书。虽然书籍价格不菲,但随着书籍广为普及,修道院和大教堂开始指派部分成员为教师,委任他们提升弟兄们的思想,从而提升他们的灵魂。唯有那些最有才能、最勤奋、最可靠的弟兄才会被派来从事这项学术工作,来传递信仰的奥秘。

《哲学珍宝》(Magarita Philosophica noua)的卷首插画……七类文科科目的概览图

66   踏上这条道路,对路德来说,是一个极大的荣耀。这对他个人的发展,也产生了极大的影响。这位虔诚、认真的修士,其属灵的挣扎突然间具有了客观性。它们不再是个人的痛苦,不再是自己与告解神父——各种属灵操练是他们提供的解决之道——之间的事。如今,令路德苦不堪言的 *tentatiate tristitiae*,或“绝望的试探”,成了一个可以通过神学探究的严格方法来寻求解决的难题,其方法很像数学家处理一道难解的方程式。路德全力以赴,扑在了与上帝的这种情感及理智的争战上。对他来说,学习神学不只是另一项义务,而是对真理的热切寻求。

但在这一点上,一时又有谜团卷进来,模糊了我们的视线,使我们无法确知路德学习的内容以及他对这些内容的想法。他去维滕堡时所持的信念,其发展可能经过许多不同的道路。我们有理由相信他特别遵循了其中某条道路,详细察看这一道路是必要的。但他无疑也关注其他许多的道路,因此我们也必须充分地了解这些道路。只有这样,我们才有可能进入谜团,分辨判断路德在这些年间如何思想以及如何感受。

现代神学院在某种程度上介于大学与路德真正开始其神学学习的修道院之间。布莱克修会距离爱尔福特大学仅有几步之遥,有些教授就住在围墙之内。但作为初学者,路德未被允准到修会外面进行他的研究。更确切地说,他先要在属灵上安全、环境熟悉的范围内学习。在这里,他和同伴们可以得到帮助和引导,在知识和属灵方面不断长进。在这里,如同生活中的其他方面一样,他们的进步也在严密的监管之下。接下来,才会决定谁可以到外面的世界去学习。

学习课程经过精心设计,在以学术闻名的修道院内讲授。院长本人就是该大学的教授。和其他初学者一样,路德在一位导师的引导下开始阅读精心选择的圣经文本。按照惯例,为了理解圣经的教义,以之作为自己每日祈祷及默想的开端,他阅读的内容可能并不多。"这对我有什么意义呢?"他时不时地要问这个问题。导师感到满意后,他就接着阅读彼得·伦巴德(Peter Lombard)的《四部语录》(*Sentences*)。彼得·伦巴德曾经将圣经和教会教师的语句按标题组织起来,结果这些语句看上去在逻辑上自相矛盾。有了这本手册后,学生的任务就是要提出一个较为高级的理解方式,来解决这些看似矛盾之处。在预备做神父的学习期间,路德可能已经学完了加百列·比尔(Gabriel Biel)的《弥撒经阐释》(*Exposition of the Canon of the Mass*)。

路德很快就成为被选中离开修会到大学神学院学习和上课的修士之一。在那里,他受到了较为近代的神学家的教导,这些神学家都是教会人尽皆知的人物。比尔可能仍然是他们中间最著名的神学家。从他和其他神学家那里,路德学到了他在年青时代所实践之宗教的神学基础,以及他做修士期间所过属灵生活的依据。他如何热切地汲取这些思想,这一点从1509年他在维腾堡艺术学院讲授亚里士多德时所说的话中可以看到。他称,他不是在学习哲学,他更是在学习神学,因为它"浸透到了坚果的内核,小麦的胚芽,以及骨髓之中"[1]。

路德如饥似渴地阅读当时教会博士们的著作,以至于凭记忆他就可以引用其中的话,甚至晚年时仍然如此。实际上他学习的文本在现代读者看来有些奇怪。这些书本除了框架之外,看上去更像几何论证;讨论也用正题、反题和结论来表达，严格按照逻辑规则进行。路德在大学时接受的训练为他新的学习做好了预备。他已经熟知亚里士多德的逻辑学，以及在中世纪大学生活中占核心地位的假设与方法。不同之处只在于他所学的科目与探究的资源而已。他进步神速。

现 代 之 路

经院神学的大厦如爱尔福特的大教堂一般，在知识与灵性上都有广阔的空间。以伊拉斯谟为代表的一些人倾向于抛弃整个体系，理由是该体系68 不以圣经为根基、有悖常理、沉湎于纯粹的技术细节。没有什么比这一指控更不属实的了。经院神学家提出了与所有基督徒直接相关的问题。他们先是诉诸圣经，然后诉诸教会的传统，来做出回答。他们提供的结论，在逻辑上也彼此相合。

鹿特丹的伊拉斯谟［丢勒（Dürer）绘制］

经院神学家有不同的传统，路德可能在其中的某个传统中学习。但在 69
爱尔福特，奥卡姆(Occam)和比尔的 *via moderna*，或者"现代之路"居于主
导地位。该传统确定无疑地占据课程的核心，路德在文学院学习时就已经
学了其全部的哲学假设。虽然这些思想家在许多方面也各持己见，但自称
为 *moderni*(现代人)的神学家对一个核心的问题持有共识。上帝创造了如
其所是的这个世界，因此决定在特定范围内向凡人启示他的心意。因为上
帝是全能的，他们认为他可以创造任何他想要的世界。正如一个著名的辩
题所表述的，上帝可以选择把灵魂赐给驴而不是人。但是他没有这样做。
因此，重要的问题并不是关于上帝的永恒性、人的理性与上帝的旨意的一致
性，以及任何诸如此类的哲学问题。恰恰相反，关键的问题关乎上帝在此时
此地的意旨。路德后来说，"上帝因此必然照着自己的威严，行其所是。凭
己意行做万事，我们与他毫无关系，他也不愿意我们与他有任何关系。"[2]

这是路德教师们的出发点，因此也可能是路德的出发点。这一根基一
旦得到认可，重要的问题便只有一个：这位可畏的上帝的意旨是什么？上
帝对人类的计划是什么？特别是，全然公义的上帝何竟受到劝诱，要怜悯卑
微、软弱、稍纵即逝、屡屡违背他律法的人呢？

该推理背后有一个非常重要的假设。思考上帝是否理性、正义或良善，
是毫无意义的。上帝就是上帝，他纯全无疵，无可置疑。事实上，上帝的基
本属性是他拥有可畏的大能，他的公义直接由之而出。路德的教师们紧紧
抓住了旧约的这一主题，总的来说，他们不关注有关上帝的良善或上帝的全
能的问题。这些属性对他们来说，并没有问题。他们称，不管上帝是什么，
他都是良善的，因为上帝就是上帝。上帝是律法，正如在法庭上审判官就是
法律一样。人类必须顺服上帝的一切指令。因此，正如拥有学术地位是教
授具有的特征一样，公义也是上帝的属性或特征。

与这位全然公义的上帝为敌的另一方，就是人。正如公义是上帝的一 70
部分，罪是人类的一部分。他们不断违背上帝的律法。有些人责备上帝首
先制定了律法，他们的罪便因此更甚。路德完全理解这一思想。他的教师
们描述的，是他自己的经历。

路德的教师们还说，在公义之外，上帝还有怜悯。因此，除了 *iustitia* 或
公义，上帝还拥有 *misericordia*，或按其字意，拥有一颗忧伤的心。在十字架
上的耶稣，头的一侧伸出一柄剑，另一侧伸出一枝百合，这一艺术性描述就
是以该神学立场为基础的。

让公义的上帝满意

在这种背景下，一个具有实践意义的神学问题，在重要性及急迫性上便超乎其他所有问题。这位公义的上帝何竟可以被恳求、劝诱、取悦，以至于对个体的罪人存怜悯之心呢？这位无法忍受人违背他律法的公义的上帝，怎能以其怜悯的一面向着我呢？于是，像现在这样，神学家们指望圣经提供答案。

一个答案，见于耶稣与律法师的对话："你要尽心、尽性、尽意爱主你的上帝……并……爱人如己"（太 22：37,39）。这个命令简单至极。然而，很少——如果有的话——有人能全然无私、全心全意地爱上帝或邻人。人类有的只能是不完全的爱，即，一种始于自爱的爱，接下来才能爱自己亲爱的人。即使在家庭里，如路德熟知的，父爱也可能因父亲对儿子的奢望而被歪曲。人类所有的爱，在根本上都是出于情欲的爱，寻求的首先是拥有而不是给予。因此人类这一最伟大的善行也是有罪的，并不是因为这种行为里有恶，或其本身是恶的，而是因为施爱的人动机不纯洁。中世纪的神学家知道，人类的所有动机都不纯，因此从这些动机生发的任何行为，都不能满足上帝公义的要求。

71 　另一个可能的答案在于悔改。那些承认自己在生活中犯下可怕罪行的人，无论犯的是主动作为的罪还是被动不作为的罪，都可以悔改而得救。这不是施洗约翰的教导吗？但是，同样，人类只能有不完全的悔改，通常情况下，他们不能完全地、彻底地悔罪。问题还是在于自我中心。凡晓得若不悔改会有地狱之火等待他们的人，会很明智地去悔改。但这样做并不是悔罪。约翰和耶稣所谈的悔改源于对得罪上帝有深刻的认识且拥有为上帝的缘故改正的诚挚愿望。但是人类悔改却是因为他们想逃避将来或是此时此地的惩罚。这种行为也是自私，因为行出来不是为上帝而是为自己的缘故。因此对于拯救的目的而言，并无任何意义。

接下来的答案就是信心。耶稣说，"信而受洗的，必然得救"（可 16：16）。洗礼不是问题，在那个年代，除了犹太人，人人都受洗。但是罪人还得信。任何人都可能承认上帝至高无上，或者甚至认同耶稣是基督，圣灵居住并运行在这个世界中。但是认同教会的这些正确的教义并不足够。耶稣甚至还说自己的门徒是"小信的人"(太 8：26)。需要具备的信心是亚伯拉罕的信心，他十分相信上帝的应许，以至于愿意做上帝命令的任何事，甚至献他儿子以撒为祭，虽然这一命令明显有悖于上帝要从他建立一个新国度的应许。这样的信心十分罕见，唯有圣徒表现出这样的信心，但他们也非时时如此。人类只能拥有不完全的、软弱的信心，而这信心还不够好。

于是，难题出现了。人类极其软弱、自私、容易犯罪出错，他们永远都无法献上自己的任何东西可讨这位公义的、要求绝对顺服的上帝的喜悦。所有人所能行的好行为总是有所缺欠；总是有出于人的自私的因素含在其中。男人赞美自己的妻子，或送给妻子一件礼物，是因为他在某种程度上希望她会以爱来回报。孩子向父母承认自己做错了事，不只是出于对父母的爱，至少在某种程度上，是为要逃避父母的惩罚。这些神学家并不是象牙塔里的学者。他们很了解人的本性——既是从经历中，也是从圣经中。

事实上没有任何出路，没有任何方式可以减轻这些观察所带来的恐惧。即便那些"和平、敬虔度日"，且赢得人们敬重的人，也不配得到上帝的怜悯。几乎每个人的行为背后都隐藏着自爱。即便有些行为自身被视为善的，它们也永远不够。人类的资产负债表上总有赤字。

属 灵 之 约

然而，正是在这一点上路德的教师们提供了一条出路。他们用非常现代的方式观察到，几乎所有人都拥有让他们感到内疚的良知。这种做错事的感觉就是余剩的神性的火花。他们称这一火花为 *synteresis*（良知），而且他们几乎在所有人类的行为中，都发现了它的存在。广义上来说，任何人爱自己、配偶及子女，尽管有人性的软弱，但总归是爱他们。就算这是不完全的好行为，但它是好行为。更重要的是，良知总存在着，让人为自己的所思、所想或所感到的恶责备自己，并促使他们决心下次做得更好些。即使最臭名昭著的罪人，至少为救自己性命的缘故，也会有这种悔改之心，而这种悔改之心至少就是一个开始。只要证据明显，人所共见，任何心智健全的人都会认同教会正确的教导。因此，人类即使在堕落之后，仍然存留有可以被点着的神性火花的余烬，可以被激发的不完全的善行，可以被提升的高贵情操。没有人可以达到上帝的完全，但是人只要诉诸在他里面的良善的火花，

72

就可以不断进步。

但是,这样的进步仍然不足以让基督徒坚持并找到救恩。中世纪后期的神学家特别强调这一点。他们非常清楚,圣保罗曾经主张救恩唯独源于上帝的恩典,"免得有人自夸"(弗2:9)。他们知道无论一个人外在的生活多么圣洁,多么"虔诚"或多么"属灵",罪仍然在他里面掌权。没有什么属灵的自我完善会令上帝侧目。

73　然而,对于这一缺失,还有一处资源,拥有更大的潜能。路德的教师们指出,教会是耶稣基督恩典的中保,这种恩典若加上人主动的行动,就可以使人类不完全的行为变得完全,得以取悦上帝。更为特别的是,教会提供了七项圣礼,让人类的行为借以披戴上帝恩典的衣袍。人出生后有洗礼,之后有坚振礼,选择进入婚姻的人,有婚礼,对所有人都有告解礼、补赎礼及圣餐礼,而在临终时,还有临终涂油礼。对于那些希望做得更多从而确知自己得救的人来说,还可以从事圣职,过舍己的生活。

因此,路德受教的神学综合起来就是上帝与人之间的一项合约。上帝为选民基督徒的缘故,主动恩慈地提供了这项合约。上帝通过创造了一个由教会和寻求自我保存的人组成的世界启动了这项合约。这样,同时安置在教会和人性里面,恩典便可得到保护。同时,也找到了一个人类可以发挥主动的地方。作为个体的基督徒可以在自己的救恩中发挥积极的作用。他所需要的,就是要尽合约中人一方的义务。

这一神学十分合理,在路德的时代极为普及,人所共知。它不只出现在有关上帝公义和怜悯的描述中,而且还出现在一个至少大学生熟记于心的口号中:"上帝不会拒绝把恩典赐给那些照着自己的内心行事的人"。它也出现在针对平信徒的布道中。传道人通常这样劝勉会众:"照着自己的内心行事!用好你天然的能力及上帝赐给你的一切特别的恩赐!"[3] 救恩随之就会来到。基督徒只要尽力,就可以赢得上帝的恩典。

人们出于天性,害怕自己毁灭、受咒诅时,就会采取行动。许多人通过道德的自我完善,也通过教会追求圣洁。他们这样做,不是因为一个贪婪的、贪爱权力的教会玩弄了他们,而是有一个坚固的神学基础,而这个神学基础反过来又建立在对人性的认真观察、对圣经教导、教会传统的坚持以及对理性和常识的殷勤运用上。

基本上,神学家教导什么,传道人便讲什么;传道人讲什么,人们就做什么。为了自己最初教导的那些学生,路德曾经这样总结基督徒的生活,说它

由"照其本质来说是良善的"但"其数量或质量均不"足以让人得救的行为组 74
成。[4] 来自教会的恩典使这些不完全的行为、思想及渴望得以完全。为了确
保自己得救,路德比大多数人做的都多。路德如此舍己,以致他的健康再也
没有复原,但他所做的也只是他受教去做的那些事——即当时最有头脑的
人认为既明智又有功效的事。

其 他 传 统

这是路德在学生时代学到的神学。然而,这种神学与其他传统并存,路
德后来做教授继续学习期间,也接触过这些传统。中世纪末期,宗教思想异
彩纷呈。首先是神秘主义者,其中的重要人物如托马斯·厄·肯培(Thom-
as à Kempis)和约翰尼斯·陶勒(Johannes Tauler),主张在灵魂的静谧之所
默想就可以得救,不需要太多诸如做弥撒或忏悔这些外在的行为。还有人
文主义者,如伊拉斯谟,他主张平民大众的许多宗教实践实际上存在太多迷
信的成分,以致他们所行的,没有一样有益。对他来说,基督的精兵会通过
阅读优良的文献,首先是阅读圣经,来打信心之仗,不需要理会教会的繁文
缛节以及他所谓的路德的老师们野蛮的诡辩。最后是离经叛道者,如方济
各属灵派(Spiritual Franciscans)和约翰·胡斯之类。他们称教会本身,特
别是教皇制度必须回归到使徒贫穷的时代,在今世不能掌权。几乎每个人,
包括路德的教师们在内,都同意教会和宗教生活总体上迫切需要"从上至下
的改革"。有些人,诸如胡斯和方济各属灵派,发现自己因所持的观点并采
取的行动被定了罪。即便如此,他们和路德的教师们就一个关键的问题持
一致意见:基督徒必须做些什么,使自己能够坚持,从而得救。

约翰尼斯·陶勒

这些"前改教家"——如此称呼是因为他们在路德之前就寻求对宗教进
行改革——中有两个人,路德最为熟悉。一是陶勒,路德将《德国神学》(*The
German Theology*)题献与他。他曾经不止一次编辑出版这本书。陶勒是 76
实践的神秘派。毫无疑问他希望对教会,至少是其个别成员进行改革。然

而陶勒寻求的圣洁的特定形式与传统完全相符。对他来说,灵魂源于上帝。因此人类自身拥有真正神圣的一部分。要想达到真正的圣洁,他们就需要找到自身里面真正神圣的部分,并实践它,净化它,如此他们就可以变得更像上帝。

《德国神学》路德版的扉页图。路德认为该神学由
约翰尼斯·陶勒创制。

在这个意义上,陶勒及神秘主义者与建议基督徒每天拿出部分时间专门祷告、默想、阅读圣经的许多现代属灵导师并没有太多的差别。据说,这样做,个人就会得到属灵的益处。陶勒认为,每一个基督徒至少都可以有一点舍己。人人——即便他们不是修士或修女——都可以定期专心操练某项属灵的功课。其中包括向神父忏悔、去参加弥撒,但远远不止如此,正是那些"不止如此"的部分,会带来属灵的益处。真正的朝圣者不是去朝圣——朝圣可能有朝圣的诱惑——而是要保留一个安静的时刻,届时远离周围世界的烦扰与喧嚣,去祷告、默想、默观上帝的伟大与纯洁。用这种方式,他们

个人的灵魂就会离开尘世粗野之地，上升到上帝那里。借着如此行不去理会周围现实的世界，即使普通的有工作、家庭和民事义务的基督徒也会找到并过上成圣的生活。这样做，他们的灵魂就会找到至少部分的平安，因为此刻他们是在归回自己的生命之源，回到独一真神那里。陶勒非常谦卑，总是忠于教会，这与他对救恩之道的理解十分吻合，但他也批判徒有外表的仪式。他建议用一种内在的、个人的灵性来补充这些外在的仪式。在人生的某个时期，路德发现这种灵性极具吸引力，因为它使人远离外在形式，向内心朝圣。

鹿特丹的伊拉斯谟

伊拉斯谟持迥然不同的态度。他来自低地国家，在当时就已是享有盛誉的学者。他亦刻薄地抨击神职人员的愚钝，教授的蒙昧以及平民大众的迷信。他使用的方法之一就是讽刺。他曾将自己的名著《愚人颂》(*In Praise of Folly*)题献给自己的好友托马斯·莫尔。在这部作品中，他批判对圣徒的尊崇，其中包括对童贞女马利亚的特别崇拜，"仿佛将母置于子之上是时下的做法"。他称统管基督教世界的有三个群体，它们共有一个核心，一个比一个重要。这三个群体是普通信众、贵族和高级教士。人人都以为越就近共有核心的群体越圣洁，其信徒生活越为人之楷模。但不幸的是，他补充说，事实恰恰相反。对他来说，显而易见的是，愚蠢女神在各处掌权。伊拉斯谟评论说，"也许，我们还没有愚蠢至极地赞美愚蠢。"[5]

有一些同道责备伊拉斯谟，他们认为教会的情形如此糟糕，所以眼泪而不是嘲笑才是合宜的回应。但伊拉斯谟完全是认真的，嘲笑背后是他对基督徒生活所持的态度，它在根本上与路德在教会及他老师们身上找到的是一致的。这种倾向在伊拉斯谟的另一部作品《基督精兵手册》(*The Handbook of a Christian Knight*)中可以看到。在这本书中，他用给一位热切希望丈夫得救，甚至因此愿意他终身服役的精兵的妻子提建议的方式，表达了他对基督徒朝圣的观点。伊拉斯谟建议这位精兵充分利用教会的圣礼。但是他说，对他而言，看到他里面灵魂的光景及他能给予别人爱的行为更为重要。他当然应该去望弥撒，但是首先他应该记住一些《诗篇》并天天吟诵。接下来，通过与神圣的真理直接接触，他的生活可能会得到改变，他会逐渐成为一个生活讨上帝喜悦的人。

　　无论是陶勒还是伊拉斯谟,在严格的意义上他们都不是神学家。如伊拉斯谟自己所写的,"我并不是想责备现代的神学家,我只是在指出,考虑到我们的目的,即更切实地活出敬虔的生命,我不举荐他们。"[6]伊拉斯谟和陶勒对熟知路德从教师们那里学到的所有教义是否可能及是否有益,持非常怀疑的态度。然而,他们两人都没有偏离指引路德导师的那种根本的思想:救恩是必须去赢取的一种奖赏,至少部分地要通过在世上的努力来获得。

78　　伊拉斯谟选择用精兵来象征基督徒的生活,非常生动有力。真基督徒是抵挡所有来自死亡和魔鬼的势力的勇士,他们的奖赏将依他们如何打那美好的仗而定。甚至伊拉斯谟为他的小说所取的名字也颇具启发性。伊拉斯谟就便使用 *handbook*(手册)一词来指代希腊语 *enchiridion*,按照字意,*enchiridion* 是指谨慎的希腊人随身携带用来自卫的一种短剑。伊拉斯谟用这一标题表达了这是一本基督徒勇士在需要时可以很快从中得到帮助的小册子。在这一思想背后,还隐藏着另一个概念。人人都同意,撒旦和他的喽啰们在这个世界上到处吼叫,一伺灵魂放下武器,就随时准备吞吃他们。另外,基督徒只要随时做好准备,就会得到上帝恩典的护佑。

沉默的岁月

　　尽管路德请教过或可能请教过的权威们各有自己的观点或方法,但他们都一致同意救恩及永生的奖赏需要做工并持续的警醒。有些人,如他在修道院和大学的教师们,主要强调教会凭借七项圣礼而具有的中保角色。其他人,如陶勒,认为内在的、本质上属于个人的灵性生活居首位。还有人如伊拉斯谟宣称灵性的成长根本上来说是道德问题,阅读敬虔的作品,会陶冶心灵,培养合宜的性情,进而使人生发爱的生命,去爱周围的人。但是就个人如何得救这一重要的问题,他们都持一致意见。不管用哪一种方法,救恩是通过扇燃即使在最堕落的人里面也存留的良善的火花来实现的。如果人尽力,上帝就会以恩慈相待。但是他们必须尽力。

　　这些年是路德沉默的日子。修道院的高墙及他的学业使人们不得眼见其人,耳闻其声。然而,显见的是,他不仅学习摆在他面前的东西,而且还相信这些东西。在很久以后的一次布道中,他描述了他在这段时期的属灵挣

扎:"我失去了我的救主、安慰师基督,我了解的基督是一位债主,是俯视我 79
可怜灵魂的刽子手……我们已经得到了光。但是当我成为一名博士时,我
并不知道这一点。"[7]

他认同当时的主流神学,这从他在自己的部分书本及后来他初为教授
的讲稿上所做的旁注中可以看出来。从头至尾显而易见的是,他过着人们
可以预期的恪守教规派奥古斯丁修士应过的那种生活。而且他学习使用当
时最有头脑的人所用的假设和方法来思考自己的宗教。

在这里,简单的编年纪事就可以说明这一点。路德于 1507 年春季的一
天开始了他的神学学习。接着他去维腾堡的文学院讲学,并在 1508 年冬季
于神学院就读。他在那里一直待到 1509 年 10 月,才回到爱尔福特。1510
年冬季,是他的罗马之行。在此之前,他继续在爱尔福特学习,并开始在修
道院给一小群修士讲课。从 1511 年 4 月开始,他被放逐至维腾堡的奥古斯
丁修道院,在那里继续他的学习,最终在施道比茨的劝说下,他成了一名神
学教授。因此,这些年间,他主要的身份是修士和学生,虽然他也承担了一
些教师的工作。他的灵性及智识成长都在严密监控之下。

路德受教于一个宗教思想很丰富的世界。但是尽管宗教思想多种多
样,实际上都是对一个共同主题——要想得救,就必须做工——的不同表达
而已。另外,有直接证据表明,路德至少同意他被教导的一种核心神学思
想,即人人里面都存有良善的火花。在 1510 年和 1512 年早期的两篇布道
中,他主张人人都有两个良善的火花,一个火花是意志的火花,另一个火花
是心智的火花。他称人人都有天然的、上帝赐的寻求上帝及其荣耀的倾向。
另外,他还说,人人都有分辨善恶的能力。没有人如此堕落、如此失丧,以致
不能在犯罪时认识到自己在犯罪,不晓得什么是正确的事,是该去做,去思
想和感受的。因此在人的里面既有对上帝的渴慕,又有如何就近上帝的引
导。只是人性的软弱使得在没有帮助的情况下,这件事变得不可能。解决
之道在认罪、苦行及弥撒中可以找到。

寻 觅 平 安 80

回顾这段岁月,路德曾说,"如果有人能因做修士而赢得天堂,那么我一
定在他们当中。"[8] 在学习和修道院的生活之外,他还承担了维腾堡奥古斯

丁修道院的部分管理杂务。事实上,他曾经抱怨自己几乎都没有足够的时间去做每日所需的祷告和默想。但是他仍然有大约十八个月的时间,远离像在爱尔福特那样规模、那样重要的修道院的活动,专注于提升自己的灵魂及心智。

在这些年,路德发现,真正的信仰远非只是适切的心灵喜好及热心努力做自己得救的功夫。但是每次试图扇燃自己拥有的良善的火花时,他就发现自己所做的一切只是集中注意力在自己身上而已。他从教师们那里知道,关心自己就是让自己陷在最罪恶的状态中。那他怎么才能够"照着自己的内心行事",而不向最低劣的动机,即保全自己性命的愿望屈服呢?知道自己认罪只是为了讨得公义的上帝的一些恩宠,他怎么可能认完自己所有的罪呢?而上帝必然会给自己定罪。因此每次认罪便犯了另一个罪。真诚认罪及接下来的苦行总是令人生疑。如果他本人质疑自己的动机,这在鉴察人心而且总是正确的上帝看来,岂不是更值得怀疑吗?

从表面看来,路德是一个非常成功的修士。他得到提升,担当重任,又受命成为神父、传道人和神学家。他是一个很有才能的人,总是不负众望。但身在这所有成功之中,路德却惊恐地发现,中世纪晚期的宗教世界——从其神学到讲道,到修道院的生活,到普通信徒的宗教实践——他都不认同。他即将成为教会的一名教授,一位教师,却仍然找不到平安。

第二部分

改教家的产生

臻于成熟之教授

当上司施道比茨（当时也是他最信任的人）对他说，他做维腾堡大学神学院教授兼城堡教堂传道人的时候到了，路德这样回应道："这会要了我的命！"当时他俩正坐在修道院的梨树下谈话。施道比茨说，"难道你不知道我们的主有许多重要的事需要做吗？这些事他需要有智慧有学问的人来担当。"[1]路德应该放下自我，顺服主命。

然而施道比茨想让路德就范并不容易。当他第二次建议路德取得博士学位和教授的头衔时，这位 29 岁的修士以不止一打的理由推辞，说这样的事完全不可能。1511 年 9 月的某一天，即路德抵达维腾堡约一个月后，施道比茨变得强硬起来。他恼火地说，"老朋友，想必你不会自以为比（奥古斯丁修道院）全会众及神父们更有智慧吧！"施道比茨动用自己的权柄，近乎命令他接受这一新的呼召。路德个人的见证是，"我，马丁博士，蒙召接受这项工作。我丝毫没有主动权，纯粹出于顺服，不得已才做博士。"[2]

不肯饶恕的良心

最终施道比茨赢了，这很可能不仅是因为他有指令路德行事的权利，而且因为路德对他深怀感激之情。前几个月很艰难："因为我曾经指望通过禁食、祷告、守夜，以此苦待自己来找到良心的平安。但越是这样努力，我经历到的平安就越少。"[3]在这种混乱中,路德就自己的疑惑、担忧、罪及对公义之上帝的愤怒频繁地去找施道比茨告解,施道比茨有一次甚至命他去犯一次真正的罪。

"听着,"施道比茨说,"你希望自己没有罪,但是无论如何,你事实上并没犯什么真正的罪。那些可怕的罪行,诸如谋杀父母、尽人皆知的邪念、亵渎上帝、奸淫之类,基督都能饶恕。这些是真正的罪……你不能过分夸大自己的软弱无力和虚假的罪!"但是,路德的良心却是一个不肯饶恕的怪兽。"我努力遵照规条来生活,常常懊悔、认罪、数算自己的罪行;经常反复认罪,急切地按照要求行补赎。然而,我的良心从来都没有给我任何确据,我总是在怀疑,心里总在说,'你那样做不对。你忏悔得还不够。还有一个罪,你没有认。'"这位聪明的导师可能知道他的话对于这位不安的修士来说意义有多大。路德曾经说,"如果不是施道比茨,我已堕入了地狱。"[4]

**路德的上级、告解神父及朋友
约翰·施道比茨**

85

现在轮到路德来帮助施道比茨了。当时施道比茨紧张过度,几乎到了崩溃的边缘。需要做的事如此之多,他根本不指望做完。作为奥古斯丁修会的代理主教,他总是在与罗马谈判,常常往来于辖区内的各修道院。另外,作为传道人和教师,还有许多事需要他去做,以致他很少待在维腾堡。

这种情形颇为尴尬,因为施道比茨,或奥古斯丁修会受他监管的任何人,都有义务在萨克森选侯智者腓特烈(Frederick the Wise)新建大学的神学院讲授圣经。拥有教授身份也意味着有义务在修道院授课,在城堡教堂讲道。这对施道比茨来说,几乎无法承受。曾经有一段时间,他未能讲完大学要求的课程,甚至常常不能出席。但现在有了路德,他既聪明又忠诚,而且达到了获得博士学位并成为一名教授的所有学术要求。难怪施道比茨会如此执著,路德最终也同意了,即便他认为那会要了他的命。

16世纪是一个热衷于仪式的世纪,施道比茨已经耗费巨资给修会内部另外四名成员举行博士学位颁授仪式。结果是他已经付不起路德晋升的费用。所以他只得亲自说服选侯腓特烈来提供所需的资金。选侯很不情愿，过了一年，他同意了，却有一个条件："马丁有生之年都要负责维腾堡神学院的圣经讲习。"腓特烈不想再上当了。

博 士 帽

路德于 1512 年 10 月 4 日获得进阶为博士学位候选人的特别许可。五天后，他去莱比锡（Leipzig）选侯的代理人那里领取晋升所需的费用。晋升仪式于 10 月 18 日晚上举行，一直持续到第二天早晨七点路德按手在圣经上起誓只教导正确的教义并告发所有倡导谬误的人为止。然后，羊毛制的博士帽便戴在了他的头上（他在大部分肖像画中都戴着这顶帽子），银制的博士戒指也戴在了他的手上。三天后，他被神学院的评议会正式接收。接下来的星期一，10 月 25 日早上七点，他开始讲课，讲的可能是《创世记》。

路德曾经致信一位朋友说："我可以使用两名秘书，我整天除了写信，几乎什么都不做……我是修道院的一名传道人，是进餐时的读经师……是教区牧师，学术研究指导，十一所修道院的监督，利兹考（Litzkau）渔池的负责人，托尔高（Torgau）辩论会的裁判，讲授保罗的讲师，是《诗篇》注释的资料收集者，还有，如我前面所说的，信件铺天盖地地向我飞来。我几乎没有时间去作每天所需的祷告和弥撒，更不要说对付那些来自世界、肉体和魔鬼的试探了。你看我是多么懒散。"[5]后来他说，一天结束时，他常常非常疲惫，于是只管一头栽在床上，裹上几个月未洗的床单，呼呼入睡。

然而，在履行令人精疲力竭的这些职责的过程中，路德对他受教的一切均有革新。他曾说，"我不是一下子就学完了神学，而是不得不就试探所及之处，更深入地研究它。"[6]1512 年至 1517 年间，有许多事令他分心。但是这些年间，他研究、调查、奋力前行，直到解决了摆在他面前的问题为止。晚年时他力劝读者要"记得……当时我独自一人，我是，如圣奥古斯丁论到他自己所说的，在写作和教书过程中越来越熟知圣经的。我不是那种从默默无闻一下子平步青云飞到顶端的人。那些人乏善可陈，既没有竭力追求信仰，没有受过试探，也没有经验。然而尽管如此，他们还懒得花时间研经，一读圣经就立感索然无味。"[7]事实上，这些年间，他常常提到奥古斯丁。就像修道院里那棵成熟的梨树，路德教授也慢慢地成熟了。最终，他就基督徒如何在公义的上帝面前站立，以一种新的认识，结出了自己的果实。

路德分到一个小房间，就在修道院里的连拱上面。他可以在这里备课。他的一项特别的任务就是讲授圣经，特别是旧约部分。但是，在征得同事同意之后，他可以选择各学期要讲的经卷。教授一旦作了决定，通常就会要求大学的印刷工就提议的经卷印制一个特别的版本。该版本页边空白处特别宽，便于他将自己就每段想说的话记在上面。同样，学生们也可以在上面记笔记。

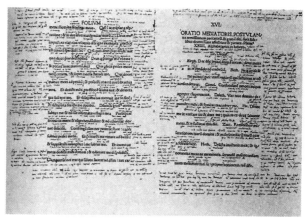

路德的分印《诗篇》的一页，上面有他为讲课加的注释。

87　　师生们的这些笔记是路德努力解决他的信仰问题时留下的轨迹。他做教授第一年可能讲过的《创世记》并没有留下什么。但之后，他的轨迹便清晰了起来。《诗篇》（1513—1515）、《罗马书》（1515—1516）、《加拉太书》（1516—1517）、《希伯来书》（1517—1518）、再论《诗篇》（1518—1521）的讲稿，留下了大量颇具启发性的笔记。可以看出，他的大脑始终在工作。他受教的神学就是他的起点。

上帝的公义

讲稿和路德个人的回忆录都表明他最关注的是上帝的公义问题。大约离世前一年，他曾经写道，"我厌恶[《罗马书》1：17]'上帝的义'这个词。按照习惯和所有教师们的用法，我被教导要在哲学的意义上理解它，如他们所言，这个义是形式的或有效的义，因此上帝是公义的，要惩罚不义的罪人。"

这种对上帝的公义的理解，是他自己寻求圣洁的根源所在。"作为一名修士，我无可挑剔。"他继续说，"但是，我的良心极度不安。我知道，我是一个罪人。我并不爱上帝，事实上，我恨恶这位惩罚罪人的公义的上帝，而且暗自（如果不是亵渎地，也是怨气十足地）向上帝发怒，并说，'可怜的罪人由于永恒的罪，已经永远沉沦了，又因十诫律法的审判，受到各种灾患的摧残，仿佛这还不够，上帝还要借着福音，借着福音带给我们的威胁——上帝的公义与震怒——让我们痛上加痛！'"[8]

当路德读到保罗关于义人因信得生的论述时，他得出结论说，为了得到信心，他必须成为义人。他不是从超然的、思辨的或哲学的角度对上帝的公义感到痛苦和困扰，不信的人如何来到公义的上帝面前，也不是他的首要关注。路德只有一个难以抗拒的冲动，就是去探究一个基督徒如何与一位永远都不可能满意的公义的上帝相处。结果，早期这些年间，他的注意力便集中在了**公义**而非**信心**这个词上。他知道上帝是公义的，而他马丁·路德却是不义的。那么，即或听了福音，他又怎能"因信得生"呢？

路德怀着敬畏之情于1513年末的某一天开始讲《诗篇》，就像想到自己将成为教授时的心情一样。他对学生说，"我真真切切地感受到了这项任务压在我肩上的重担。很长一段时间以来，我不愿意接受这项任务，但都无济于事，受命不得已，我只好同意接受。坦白说，直到今天，我还不能理解某些《诗篇》的内容，除非，如我所希望的，主会借着诸位的聪明才智启迪我，否则我无法解释它们。"[9]

如此沉甸甸的责任感，令许多初做教授的人只能重复他们受教的内容。但路德却不是这样。他阅读最著名的学者最近写的注释，又开始学习希腊语和希伯来语，非常用心地担起了重任。正如在其他事上一样，他决定就这项任务付上自己最大的努力。就在讲授《诗篇》的过程之中，他对上帝的公义和圣经本身有了一个全新的认识。

讲到《诗篇》72篇时，路德对学生说："这就是所说的上帝的审判：如同上帝的公义、力量或智慧一样，这要么使我们变得聪明、公义或谦卑，要么成为审判我们的尺度。"[10]某种具革命性的事件正在发生。他曾经对学生说，上帝的公义具有两个不同的含义，但是他受教只知其二：上帝的公义属于上帝，是他的属性，他借之发现罪人的缺欠。但路德的第一个也是较长的解释却与这一传统教导相抵触。在那里，他谈到上帝的公义是**上帝赐给信徒**的一种特性，借此他们在上帝面前可蒙悦纳。这是一个全新的解释，但路德在讲这一含义的同时也讲了自己在学生时代所学的较为陈旧的观念。

天天备课的压力促使路德不断去思想、去工作。后来，可能在 1514 年，他向学生解释说，"任何想理解圣经的人……都需要了解这一切：真理、智慧、救恩、公义，即上帝使我们得以强壮、得救、正直并拥有智慧的这一切，并将之应用于日常生活的操行中。要想理解上帝的工作和方式也是这样，基督实际上就是上帝的工作和方式；从生活操行的角度说，所有这一切都是对他的信心。"[11] 上帝审判，但他这样做，是为了赐给可怜的人在基督里的义。

这一改变是席卷中世纪末期神学和宗教实践中流砥柱之浪潮的开端。通常认为与路德的信心相关的问题，若非全部，也有大部分在逻辑上与这一核心问题得到解决有关。如果上帝的公义从根本上而言是上帝所赐予的，如果赐予的行为是出于他的怜悯，那么基督徒便没有理由靠自己在他面前设法称义，便没有理由甚至靠"做自己里面的事"来预备领受圣礼的恩典。然而，甚至在陈明自己对上帝的公义（他后来称之为"被动的义"）的新认识时，路德在其他许多方面还继续持守传统的教导。他还没有明白这一新认识的全部含义。

谦卑的作用

谦卑观，即在领受恩典之前必须接受人全然败坏的思想，是中世纪末期一个核心的宗教问题。认罪、悔改及其他的属灵操练是教会借以帮助人们进入这种心理状态的手段。在最初的《诗篇》讲稿的许多部分中，路德主张绝对谦卑是获得救恩这一恩典的必要前提。他说，是"对自我的审判"使人类的思想得以与上帝和好。他曾说，"谦卑本身就是审判。"之后，他说，"这就是审判……即，控告自己、审判自己。"虽然得救还需要很多信心，但是路德仍然将谦卑置于首位。"除非先谦卑下来承认自己的不义，否则人就不能因信称义。"他在另一处坚持认为，"你真正的义就是谦卑，认罪，责备自己。"他可能甚至还写道，"唯有谦卑，才能得救。"[12] 基督徒必须在谦卑上努力。

这种对谦卑在基督徒生命中的作用的理解对路德的修道生活很重要。他为了成为可以"蒙福"的"虚心"的人，放弃了一切。甚至在某种意义上，谦卑是他属灵挣扎的根本。谦卑的状态必须是真实的，是悔改者可以感知的，否则忏悔的价值便可能遭到质疑。谦卑，或者谦卑感，不是人的工作，就是上帝的恩赐。如果是人的努力，总会受到质疑。但若谦卑来自上帝，悔改者在任何情况下都会因感到谦卑而喜悦，然而骄傲和自义由此而生。真正的谦卑可能毫无舒适可言。

路德对谦卑在基督徒生命中的作用的解释中，可能有自传性的成分，因为他自己曾一再被不能站立在公义的上帝面前而压得喘不过气来。讲到在各人里面找到的良知（*synteresis*）或者良善的火花时，他可能只是在斗胆重述教授们的观点。尽管找不到自己里面良善的火花，或不满足于自己里面良善的火花，但他认为事实上有这样的事物存在。他坚持主张在意识的层面，"人性中真的存在这样一种自然的欲望（出于上帝的恩典），因为良知和向善的欲望虽然在许多方面均已弱化，但在人的里面却无法扑灭。"在另一处，他称，"没有一个人如此败坏，竟觉察不到理性和良知的低语。"后来他还说，"这残余的部分，即不断低语的理性和良知，总是在向上帝呼求，即使意志在罪的驱使下会去犯罪。"这可能是路德的自我写照：永远不够正义，但总是在向上帝呼求。如他曾经所言，"是活着，不，毋宁说是时刻的死与被定罪成就了一个神学家，而非不断的认识，阅读与玄想。"[13]

91

一 点 面 酵

路德对上帝的义的理解，从视其为上帝拥有的一种属性及他用以审判的尺度，至将其理解为上帝对罪人的恩赐，其根本的改变就像一点面酵，不断潜入他的思想、存在及整个生命中。他首先放弃的老师们的思想之一，是对良善的火花的传统理解。到 1515 年讲述《罗马书》时，他仍然坚持经院神学的基本组织原则。在早期，他称，"因为在我们里面还有向善的残余，这一点在良知中很明显，所以我们没有全然向恶。"但他也论到，人类除了自爱，并不能做什么。这，他总结道，就是"恶的总纲"。[14]

人类将自我始终置于首位这一强烈的欲望令路德惊骇不已。愈思想良善火花的观念——只要扇动起来，就会燃起真正爱上帝、爱邻舍的火焰，这对他而言便愈是一种假想。《罗马书》4 章还没有讲到一半，他曾经这样总结自己曾受教的教义，"人靠自己的力量，可以爱上帝超过一切，可以按照行为的内容而非授命的那一位的心意去遵行律法，因为他没有站在恩典中。"这在很大程度上是一种标准的教导。但路德博士在此之前曾经说这种观点

"显然非常愚蠢"。担心学生未能早些留意这一点,他还补充说:"白痴!猪罗般的神学家!"[15]

92 良知的观念随之去而不返。"他们幻想,人凭着天性可以行出来的这一点趋向上帝的微弱之举,变成爱上帝胜过一切的行为。但是看哪!整个人充满了自私的欲望,这微弱之举也不例外。"一点不假,人类会向往上帝,希望真正为善,但即便他们这样做,也是为了自己的缘故。他唯恐这一新思想给学生们留下的印象不够清晰,还用不同的表达方式,重复说:"有人说人性对何为善有普遍的认识,也有向善的意愿,只是在个别情形下误入歧途。倒不如说:在个别情形下,人性知道何为善,但总的来说,人性既不晓得何为善,也没有向善的意愿。"[16]因此,对路德来说,任何时候,只要人憎恨邻舍或恶待邻舍,那他不只是犯了一项可以恳求饶恕的罪行,他的行为完全符合他根本上自私的本性。

这时,路德开始重读"上帝的义"这一圣经术语的神学后果才被真实感受到。路德的大脑在飞转。保罗认为人类没有什么可以向上帝献上,路德紧紧抓住这一思想。"'自由意志'如今在哪里呢?"他问道,"那些可能拥有自由意志,能够凭自身天然的力量爱上帝胜过爱其他一切的人在哪里呢?"他不再仔细区分行为的本质与行者的动机。人类所做的一切在上帝看来最终都很自私,因为人类就是自私的。不只是"理性缺乏光照,记忆没有力量"使人亏缺了上帝的荣耀,原因在于"我们整个人的里里外外,无论身体还是灵魂,所有的官能均丧失了正直与能力"。而且人类的悲惨处境并不是源自其肉体性的存在——在这里,他较神秘主义者陶勒甚至人文主义者伊拉斯谟的灵意化倾向走得更远。"因为这就如同一个生病的人,他身体的疾病不只是他身体的某个部位失去了健康,而是在整个肉体失去健康之外,他的一切感官和能力如此虚弱,以致他最终鄙视那些健康的事物,而喜欢那些令他生病的事物。"[17]人类如此沉溺罪中,他们甚至不承认自己的处境。

那些和路德在一起久了的学生,只需将现在听到的与《诗篇》的笔记相比较,就会感到困惑。但路德走得更远。他接下来所说的完全可能使得他们中

93 间较为敬虔的人士反感。"'老亚当'这个词描述了从亚当所生的是哪一类的人……这个词不只是用在人做属血气的工作时,更为特别的是用在他行公义、使用智慧及进行一切属灵操练时,甚至他爱上帝及崇拜上帝时。"路德说,由于老亚当,人类不仅"享受上帝的恩赐",而且企图"利用上帝"[18]。

就在认为自己最属灵时,他们却在寻求自我和自己的益处。他说,圣经

"描述了人类如此自我中心,以致他们不只使用肉体而且使用属灵的一切来图谋自己的利益,在凡事上皆只寻求自我。"还有,"我说,人类使一切以自我为中心,在凡事上寻求自己的益处,可怕的是,他们使万物成为偶像,取代了真神的位置。"最后,人类"使上帝成为偶像,使上帝的真理变为虚谎"[19]。

不仅如此,按照圣经所言,老亚当仍然活在基督徒里面。"因为上帝的审判极其精准,没有什么事行得如此缜密,在他看来毫无瑕疵;没有什么事行得如此公义,在他看来毫无不义;没有什么事行得如此诚实,在他看来毫无虚谎;没有什么事行得如此单纯而圣洁,在他看来毫无玷污与亵渎。"[20]

路德描述的人类在上帝面前的光景确实非常黯淡。但正是在这里,他也开始形成了一种对谦卑不同的认识。这种认识在他的《诗篇》讲稿中随处可见。他仍然视这种完全除尽自我价值的状态是得救的必要条件,但如今他坚持认为是上帝自己施恩教导且施予谦卑。"使徒及他们的主的所有工作就是使骄傲的人谦卑,引领他们认识到这一光景,教导他们知道需要上帝的恩典,摧毁他们的自义,如此谦卑下来,他们就会寻求基督,承认自己是罪人,进而领受恩典并得救。"[21]

这就是路德所谓律法的"合宜"之工,他通常称之铁锤或铁砧,用以砸碎人的骄傲,可以腾出空间来承载上帝的慈爱。路德喜欢玩文字游戏。在这里,他选用了德语 *spiegel* 一词来指称律法。上帝的律法是 *spiegel*(也有"镜子"之意),向人类揭示了他们真正的本相:他们需要上帝的恩典。因此,当上帝最令人害怕且最显为义的时候,事实上是他最慈爱的时候。上帝的怜悯是铁拳紧握的慈爱的手。

94

唯 独 基 督

到目前为止,旧皮袋漏得很严重。正如上帝的公义和怜悯是一回事,基督徒的谦卑与信心也是一回事。路德对自己的学生说,这二者都是上帝的恩赐。因此信心不是一方面相信这个教义或那个教义,另一方面与上帝建立个人的关系。他说,"信心是不可分割的",也是眼不能见的:"上帝的义完全出于信心,然而,其方式如此:信心在整个发展过程中,虽不能眼见,但却日益清晰。"简言之,信心是信靠上帝的应许。"这种理解……是信心本身,是关于不可见却可靠之事的知识。这是一种隐藏的知识,因为人不能靠自己的能力认识它。"事实上,没有较信心更谦卑的事。"因为当上帝赐下更进一层的恩典时,它赐下的方式与我们所有的思想和认识相冲突……"[22]因此,谦卑和信心都不是人的事;二者都是上帝的礼物,随上帝的义一同赐下的。

路德并没有充分意识到他在彻底重建得救之路。对他的老师们而言,信心一直以来就像盼望和爱等其他美德一样,是基督徒必需的品质。人类堕落之后,还有少量的信心存留,但是该信心必须用圣礼来补充,以确保救恩的稳固。对神秘主义者来说,信心必须借个人越来越疏离世界、越来越多地单单思想上帝本质中的良善来操练。注意力一方面放在不完全的、软弱的人的信心上,另一方面放在上帝的绝对要求上。相比之下,路德表明,"唯独信心"意在指"唯独基督"。他谈到,保罗猛烈抨击"那些骄傲自大,认为离了基督也能够来到上帝面前的人,对他们来说仿佛相信并一次接受了称义的恩典就足矣,不再需要他……"[23]得救与信心的恩赐并非一次性的事件,而是一个永远不会结束的过程。

95　　　定睛在基督身上,甚至受尽折磨的灵魂都能得到绝对的信心。人从哪里可以得到解脱,不受良心或上帝律法的谴责呢?"唯从基督那里,唯有在基督里。因为若对一颗相信基督的心灵有什么控告,见证他某些恶行的不是,那么他就可以转向基督求助,说,'他已为我赎罪。他是公义的那一位,这就是我的辩护。他为我死,使他的义成为我的义,使我的罪成为他的罪;如果他使我的罪成为他的罪,那么我便没有罪,因此我是自由的。'"[24]

如今,有人受到怀疑的攻击时,这就是路德给他们的答案。从1516年4月他写的两封信中可以看出他的观念转变。在一封信中,他忠告说:"基督的十字架遍布全世界,人人都有份。因此,不要把它弃置一边,而是要拿起来,当作圣物,不是存放在金制的或银制的盒子里,而是要存放在金子般的,也就是温柔而充满爱的心里。"对路德来说,十字架是公义、恩典和信心存在的客观根据。人类的努力与之无份。在另一封信中,他更加直言不讳地说,"因此,我亲爱的弟兄们,要记住基督及他被钉十字架;不要对自己心怀任何的希望,要学习向他祈祷说,'主耶稣,你是我的义,我是你的罪;你担负了我的罪,给了我你的义。'留心渴望这样的纯洁,你将不再希望看自己像一个罪人,或做一个罪人。"[25]

唯 在 福 音

路德改变了中世纪末期神学和宗教实践的发展方向。他否认存在任何方式——无论何种方式——可以使人类谦卑下来。修道院生活的清苦与禁欲,个人生活的舍己与克制,神秘主义者的属灵操练及超凡脱俗——所有这一切都无济于事。唯在福音里,在基督的生平与教导里,罪人才可能认识到自己是罪人。"我们必须单凭信心晓得我们是罪人,因为这对我们并非明显的;确切地说,我们常常意识不到这一事实。因此我们必须站在上帝的审判之下,相信他宣告我们不义的判语,因为他自己不能说谎。"[26]之前,路德在福音里找到了律法。如今,他认识到律法的目的是为了将基督徒单单地引向基督。

无论他们的情感或心理状态如何,认识到自己的罪,会推动基督徒去悔改并信靠上帝,原因很简单,他们别无选择。"因为悔改,他便由不义变为义。因此,悔改是不义变为义的媒介。这样,在起点,他是一个罪人。到了终点,他便是一个义人。设若因此我们常常悔改,那么我们便常是罪人。然而与此同时,我们也是义人,被称义了。部分是罪人,部分是义人,也就是说,我们不过是悔罪的人。"

对路德来说,基督徒的全部生活正是充满了这一系列显见的对立性。为了给学生说明这一张力,他曾经使用亚里士多德的概念:"人总是处在不存在、变化、存在的状态中。总是处在丧失、潜在、行动的状态中。总是处在罪、称义、义的状态中,即总是罪人、悔罪者、义人。"[27]

因此实在没有什么出路让人类摆脱他们的处境。没有什么方法可以使基督徒得以成圣,或在所做的任何事上讨上帝的喜悦。"现在,圣经对义与不义的理解与哲学家和律法师的解释迥然不同。"他说,"因为他们断言义是灵魂的一种品质,在圣经中,义则是建立在上帝的归于而非事物的本质上。并不是具有某种品质的人才拥有义;相反,他完全是个罪人,是不义的;但他拥有义,是因为上帝有恩典,将义归于他。因为他承认自己的不义,恳求得到上帝的义。因此,上帝愿意看他为义。因此我们所有人生在罪里,死在罪里。也就是说,生在不义里,死在不义里。唯有借着相信他的道,凭满有恩典的上帝归于我们的义,我们才是义的。"[28]

96

教 牧 关 怀

这里是基督徒生活中颇出人意料之处。这里是路德找到安慰的所在。他何竟能建议自己的同仁不要过于追求圣洁，原因也在这里。路德恰恰在罪的事实与对罪的认识中，找到了上帝的恩典。在《罗马书》的讲稿中，到处可以看到这样的信息。"因为上帝这样将我们留在这一罪中，留在这一危险的境地，留在追逐私利中，就可以使我们常敬畏他，常存谦卑的心。这样，我们就会不断求助于他的恩典，总是害怕犯罪，也即，常祈祷他不要将罪归于我们，不要让罪去掌权。"当然，人类即使在认为自己最属灵之际，也仍是在追逐私利。但正是在这里，上帝自己显明了他的恩典。"仅因为这一点，罪变得微不足道，不再归于我们，因为它使我们因害怕上帝给我们定罪，将罪记在我们身上，故而恳求上帝，并寻求他的怜悯。我们恳求他施恩把罪拿去，这样我们就承认自己是罪人，借着哭泣、悔改、流泪，表明我们自己是罪人。"[29]对路德来说，最根本的奥秘在于：得救始于处在罪的状态并认识到这一状态。

早期授课期间，路德坚持人类决不能脱离自己之所是与所行的主张，以此解决了灵魂暗夜的问题。在人最具有人性、最软弱、最有过失时，上帝最有恩慈。"这样，因为恩典的施予，骄傲蒙羞，自大受到压制，罪便离属灵人而去……"上帝只按照他的方式接受罪人，这并不意味着上帝无视他们是罪人的事实。即使在最属灵的时候，人也不敢无视自己有罪的事实。若如此，他们便背离了上帝的恩典。"因为若圣徒认罪被理解为他们所认的只是过去的罪，当下自表为纯洁，那他们为什么不只认过去的罪，还要认现在的罪呢？他们知道自己的里面有罪，但因基督的缘故，罪被遮盖，没有归到他们身上。因此他们可以宣告说，他们一切的良善都在他们之外，在基督里，而因着信，基督也在他们里面。难道不是这样吗？"[30]

因此，路德对得救之道的革命性认识，主要针对的是实际的教牧关怀。其中最明显的，是他建议一位修士不要花时间去寻求纯洁。无论如何，他都达不到这一目标。而仅只想要这样做，便使他的心意背离基督，而转向了自己。他对学生讲，"因为整个人生，就是愿意成为义人但永远无法成为义人的人生。因为成为义人，仅只发生在来生。"事实上，变得如此"良善"，以至于活着不再有畏惧的心，这是绝对危险的。"因为当畏惧不在、焦虑停止之时,我们很快就会陷入沾沾自喜之中。当我们沾沾自喜之时,上帝便会将罪归到我们身上……"[31]

路德在重解上帝的义时,甚至对关键词**平安**都有了新的领受。平安不再是他受教所寻求的灵魂的安祥与消极状态。相反,他坚持认为,"灵里的尊贵与平安之道,是要认识自己的罪,憎恶罪,进而对上帝存畏惧之心,唯恐他计算罪,允许罪掌权,并在同时祈求他的怜悯,祈求他救我们脱离罪,不将罪归于我们。"[32]对路德来说,那些真正拥有平安的人总是处在不断的争战之中。他们坚信自己永远不会成功,但上帝已经赐予他们恩典,他们只在同时相信二者时是平安的。

同时是罪人和义人

谈到基督徒,他说,"基督徒同时是罪人和义人。他在事实上是罪人,但因基督的义已确实归于他,又因上帝应许会继续救他脱离罪,直到上帝完全医治他,所以他是义人。这样,在盼望中他全然康健。但在事实上他仍然是一个罪人。然而,他拥有了义的开端,这样他就可以继续得到更多的义,并时刻追求义,虽然他意识到自己常常不义。"因此,天天需要恩典,天天领受恩典,并不是一个他安于现状的借口,而是一种更加努力的动力。"因为我们蒙召并不是为了去过安逸的生活,而是要去与若非上帝怜悯不去计算便带着罪疚的情欲争战……因此,凡认罪的人就不要认为,他正在放下重担以便他可以去过安宁的生活,他要知道,重担既被放下,他就在上帝的军队中争战,并为上帝的缘故担负了别的重担,要去与恶魔争战,与自己个人的恶行争战。"[33]

因此我们最终的结果是安全稳妥的,但现在仅只是一个开始。他提醒学生说:"现在留意我上面所说的话,即圣徒同时是义人和罪人。他们是义人,是因为他们相信基督,基督的义遮盖了他们,归到了他们身上;但因为他们不能遵行律法,也免不了自私自利,如同处在医生看护下的病人一样,他们是罪人;事实上,他们有病在身,但在盼望中,他们是健康的,因为他们在事实上正在开始康复,也就是说,他们正在治愈中。对他们来说,可能发生的最糟糕的事,是他们认为自己是健康人,因为设若如此,他们就会重新发病,陷入更为糟糕的境地。"[34]

寻求圣洁的危险

基督徒的生活就是这样。因此，即使最属灵的人，出于人的寻求圣洁之举，也存在两方面的危险。一方面是不断失败，继而绝望。路德从他个人经历中就深知这一点。但在另一方面，更常见的是表面看上去很成功，但随之而来滋生自义的自满。路德非常清楚，这有悖于他曾经接受的教导，但他坚持认为"上帝的话本质上和上帝自己一样是真实的，公义的。但在我们的智慧向上帝的话屈服，相信并给它一席之地、领受它之前，上帝的话在我们的里面不是这样。"只有放弃一切改善自己在上帝面前的地位的企图，并完全倒空自己的人，才可以领受上帝的恩典。当人为自己的长处感到骄傲时，他们不仅在自欺，而且将自己的得救置于危险的境地。"因为灵魂充满了自己的义，便不可能被上帝的义充满。唯有饥渴慕义的人才能被上帝的义充满。因此，除了那些倒空自己的赤贫者之外，任何充满自己的真理与智慧的人都不能领受上帝的真理与智慧。"[35]

在完成《罗马书》的讲稿之前，路德对基督徒的生活所形成的认识已完全背离了他及当时所有人接受的教导。他直截了当否认了人在上帝面前真的变好的可能。随着时间的流逝，基督徒可以盼望的，只是越来越彻底地依靠基督里上帝的义。但对路德来说，这是一个伟大的确凿的盼望。"耶稣受的伤，足以使我们安全，"他辅导时这样说。即使那些曾经一度自认为上帝已经弃绝他们的人，路德也为他们找到了可靠的盼望。他忠告说："因此，若有人过于担心自己不是选民……那就让他为这一恐惧感谢上帝吧，为这一恐惧欢喜快乐吧，因为说'上帝所要的祭是忧伤痛悔的灵'的那一位绝不会说谎。"人的作为，即使是最圣洁的人最深处的愿望，都不能让上帝有丝毫的改变。基督，唯有基督，让基督徒"在盼望中全然康健"[36]。

路德依照灵魂的挣扎，提出了自己的问题，遵循圣经的引导，找到了问题的答案。开始讲《罗马书》时，他说了下面的话："在上帝的面前，不是行义就可以称义，而是被称义之后，人才能行义。"[37]对路德来说，保罗的话具有里程碑的意义："我们看定了，人称义是因着信，不在乎遵行律法"（罗 3：28）。

但在路德生活的世界里，人们都指望所谓的善工。作为一名教授兼教会的教师，路德发誓要宣扬真理，谴责谬误。一次大爆炸所需的全部材料都已经各就各位。

5

大 爆 炸

有关赎罪券的布道与买卖是中世纪晚期宗教实践的一个重要组成部分,甚至像奋兴会在今天的宗教领域一样普遍。在教会的教义中,赎罪券也拥有完全合法的地位。神学家们一致认为,洗礼带走了对原罪的惩罚,但却没有带走有罪的状态,基督徒要想得救,还必须"按他们的内心行事"。按照这一观点,信徒死后会去炼狱。在他们被领到天堂大门圣彼得和基督那里之前,今生所犯的仍然记在他们名下的罪污——特别是那些没有意识到因而未能认的罪——将在那里得到洁净。离世前"赎"一个罪,意味着这个罪得到了教会的赦免,因此在炼狱里便无须再为之付出代价。如认罪与悔改一样,所需要的,是能够证明罪人真心认罪的某些证据。

预先印好的填妥人名和日期的赎罪券

赎罪券的销售者约翰·台彻尔

在炼狱里，死者在严酷的条件下受苦。然而与那些活着的人相比，他们却拥有特别的优势。一方面，他们不再能够借着朝圣、向圣母马利亚献祷词或购买赎罪券之类的做法为自己赎罪；但在另一方面，他们也没有能力去犯更多的罪。全免罪罚（plenary indulgence）因为可以除去他们自受洗以来所犯的一切罪，所以就变得尤为重要。因此，至少在理论上，若有心灵端正爱他们的人替他们购买赎罪券，他们欠上帝的债就会被偿清。

103　　赎罪券的理论与实践因此与中世纪晚期神学与灵性的其他方面相一致。甚至用来交易的钱也被视为自我牺牲的另一例——在这种情况下，是为了教会的事工受益。严格说来，"兜售"赎罪券的做法在当时不过是向所有希望确保自己在上帝面前拥有良好位置的基督徒举荐的认罪、悔改及其他属灵操练的一个特例而已。

约翰·台彻尔

约翰·台彻尔（Johann Tetzel）是一个身材矮小、粗壮、非常擅长兜售赎罪券的巡回布道家。1517年秋季，他遇到了前所未有的兜售赎罪券的大好时机。他受邀在德国就一次特别的全免罪罚的赎罪券兜售活动进行布道。这次布道带来的收入将用来重建圣彼得大教堂。此外,这次购买赎罪券的条件也被放宽,在实际的购买行为之外并不需要满足什么其他条件(诸如一颗虔诚的心),当场付现就有效。台彻尔可以将自己的演讲技巧发挥得淋漓尽致。

这项事工经过精心筹划。宣传活动先于台彻尔依次在各个城镇展开,这样人们就会期待他的到来。几个骑马的、敲鼓的和吹号的大声宣告有件重要的事即将发生。随同台彻尔和全副武装的士兵到来的,还有教皇职权的象征符号以及教皇利奥十世的家族徽号。一个珍贵的赎罪券的样本贴在一个临时代用的十字架上,被高高地举着,人人都可以看到。后面跟着台彻尔,他昂首阔步地走向备好的讲台,开始讲道。

"难道你听不见你过世的亲戚朋友在向你哭喊'可怜可怜我们吧,我们受惩罚,受折磨,你们稍微施舍些,就可以救我们脱离这悲惨的境地'? 你却不去救他们吗?"最后,就是呼吁:"这些赎罪券会让一个神圣而不朽的灵魂平安抵达天堂的家园,难道你不会花四分之一弗罗林银币购买它们吗?"钱柜、供大家购买的空白赎罪券、用来确保银币含量充足的磅秤以及文书均已备妥,各就其位。接着,台彻尔最后一次劝勉众人:"钱币叮当一声落入银库,灵魂立即出炼狱!"[1]交易很快结束,之后随行人员就会前往下一个城镇。

104

远在台彻尔出现于维腾堡一带之前,路德和其他许多关心此事的欧洲人就对赎罪券的交易心存怀疑。后来他称之为"对敬虔信徒蓄意的诈骗行为"[2],其他人如伊拉斯谟等,对此也非常认同。在某些地方,博学和敏锐的思考产生的不安已被愤怒所取代。许多德国王侯称呼阿尔卑斯山南部各种募款活动为"罗马的吸血活动"。事实上,像台彻尔之流骑马进入一个地区,停留数日,鞍囊里满载着金银离开那里时,至少也会遭遇一些温和的抵抗,这已司空见惯。实际上智者腓特烈就曾经告诫台彻尔,甚至不允许他进入萨克森选侯地区。

大 赌 注

这次不同寻常的赎罪券兜售活动也是精心谈判后达成的结果。在 16 世纪初,教廷处于严重的财政危机之中。教皇利奥十世的诸位前任在意大利及整个欧洲的政界均是赫赫有名的人物。这是一场花费不菲的游戏。如今，利奥决定使罗马宏伟壮丽起来，胜过所有的王宫，以此与欧洲诸王直接竞争。他将要做的，是完成圣彼得大教堂的修建工程。这是一座至今仍令游人叹为观止的建筑。但要使它成为宏伟的建筑，成为启迪人心的艺术大作，需要高昂的费用，而利奥已债务累累。

在北部，由公国、城市和教区拼缀而成的德国土地上，还有一个人急需用钱。这人名叫阿尔伯特（Albert），是野心勃勃的霍亨索伦家族（House of Hohenzollern）——19世纪末20世纪初，该家族开始统治整个德国——的一员。和其他小王族一样，霍亨索伦家族也参与了持续不断的政治角逐。阿尔伯特，一位皮肤松弛、矮胖、几乎没长胡子的年轻人，也在为其家族的未来尽自己的一份力量。虽然还不到拥有教区的法定年龄，但到了1517年，他已经得到了马格德堡（Magdeburg）和哈尔伯施塔特（Halberstadt）两个地区。如今，梅因兹（Mainz）尚无定主，他也想得到这块肉。但这需要用现金从利奥十世那里买取一张重要的特许状。

描述赎罪券销售场景的卡通画，
左边和右边是教皇的旗帜。右边旗帜上
展现的是美第奇家族的盾徽。

1519年29岁的梅因兹大主教
阿尔伯特（丢勒绘制）

交易的时机已经成熟。归富格尔（Fugger）家族所有的德国最大的银行将垫付阿尔伯特用以支付利奥十世的款项。作为回报，利奥授权在阿尔伯特的辖区进行这次有关赎罪券的布道,所筹款项一方面用来偿还富格尔垫付的钱,另一方面用来帮助重建圣彼得教堂。无疑,台彻尔的布道听起来好像人能买到救恩一般!他的工作就是筹款,赌注也很大。

台彻尔的雇主满怀信心筹划了这项事工。他们知道他的产品很有市场。甚至路德对赎罪券也曾怀有好感。1510 年在罗马时,他曾经做特殊弥撒,为自己的亲友寻购赎罪券。回到德国后,他曾经敬奉三位据说是居住在科隆(Cologne)大教堂的著名殉道士的遗骨。在维腾堡,路德和他堂区的会众还可以随时购得另一种形式的赎罪券。他们的世俗之主,选侯智者腓特烈,就经常为城堡教堂购买圣物。他的收藏品如此广泛,以至于忏悔者只需在适当的时机敬奉它们,并支付建议的费用,就可以从炼狱获释二百万年。这些赎罪券也非常流行。而腓特烈与利奥和阿尔伯特不同,他的用意是虔诚的。在罗马策划的方案本来是可以成功的。

《九十五条论纲》

106

接下来发生的事出乎人的意料。台彻尔停留在易北河(Elbe)北面维腾堡东边的一个小镇上。在 1517 年万圣节的前夜,一位名叫马丁·路德的年轻的大学教授竟然张贴了《九十五条论纲》,反对兜售赎罪券。

维腾堡的城堡教堂。路德张贴《九十五条论纲》的大门在另一面。

台彻尔对人们的抱怨和批评已经习惯了。但这次后面跟着的是一次大爆炸。该论纲原用拉丁文写成,供有学问的神职人员和教授阅读,但很快就被译成了德文。不久,在救恩的天平上基督的爱远超过一张赎罪券的卡通画就在整个德国传了开来。路德的抨击如此有力,甚至在今天**赎罪券**(indulgence)这个词本身都略带有令人讨厌的味道。台彻尔的热心会众中,很快便出现了大量诘问他的人。他的事工被彻底搞糟了。

使台彻尔陷入泥潭的突发性抗议事件与评论界通常的抱怨不同,部分是因为路德与众不同的缘故。与其他关心堂区会众灵魂状况的神父一样,面对一位巡回布道家推动的令人生疑的宗教活动,他很难保持缄默。但在 1517 年,他不仅是一位密切关注普通会众宗教生活的警醒的神父,还是一位起誓要教导真理揭发谬误的教授。就在一个月前,他曾经主持了一场"驳经院哲学的辩论会"。在这次辩论会上,他批评神学家对亚里士多德过度依赖。就在那一年春季,他曾致信一位朋友说,在维滕堡,没有哪位教授"可以指望收到学生,如果他不教授这种神学,也就是关于圣经、奥古斯丁或在教会拥有真正权威的某个博士的思想的课"[3]。这些权威不曾谈到任何有关赎罪券的事。

因此台彻尔这次遭到的反对远远超出了他及主办者的预期。路德以教会的博士这一权威的身份谴责台彻尔的布道。对于任何读者,他的论纲都清晰明了:"所有认为凭借赎罪券可以确保自己救恩的人会遭到永恒的咒诅。如此教导他们的人,也是如此。"梅因兹的阿尔伯特是路德在教会的上级之一。路德给他寄去一份论纲,并随之寄去一封信。他说,"上帝在高处!这就是交托给您的那些灵魂所受的教导吗?"[4]

即便如此,这位年轻的教授看到由此引发的连锁反应,还是感到很惊讶。后来,他说自己"像匹被蒙了双眼的马"[5],被牵着走,看不见左,也看不见右,无法预料接下来会发生什么事。路德在论纲中并没有抨击赎罪券**本身**,他只是抨击了其最露骨的情形。他称:"教皇因有人替炼狱的灵魂代求便赦免他们,他做得很好。"接着,他又补充说,"对于反对赎罪券销售的那些人——无论形式如何——教皇的震怒都是合理的。"

显然,路德在旧的神学与新的神学中间挣扎,甚至在赎罪券一事上,也是如此。《九十五条论纲》确实反映了路德教授的神学,例如,他指出赎罪券不是"基督和圣徒的功德。因为这种功德,没有教宗也照样使人的内心增加恩宠,将人的肉体交与十字架、死亡和地狱"。另外,"真正的基督徒,无论生死,都在基督和教会的福祉上有分,这是上帝所赐的,与赎罪券无关。"

尽管如此,与台彻尔初次交锋时,路德并没有将自己的信仰完全、彻底地应用于日常宗教生活的行为中。相反，他的关切正如论纲中所述，仍然停留在较为传统的模式上。他担心传讲赎罪券会使基督徒偏离正路，不去真正地悔改，做真正的善工。另一方面，他担心这会有损教会的权威。在论纲第八十一条，他警告说，"这样毫无约束地传讲赎罪券，甚至让饱学博识的人士也很难挽救教皇当有的威望，使他不致遭受平信徒的诽谤或尖锐的质疑。"接着，他还列举了八个诸如此类的问题。路德没有计划叛乱。他丝毫没有意识到有什么重大事件将要发生。甚至在晚年时，他还说，如果权威人士"马上平息台彻尔的怒气，事情不会发展到这一地步，造成这样大的一场混乱"[6]。

描述基督如何打翻赎罪券及包括教皇在内的赎罪券销售者的卡通画

回头看，路德可能会笑自己太幼稚。但在1517年末，他对几乎让台彻尔找上门来的那份协议毫不知情。他也不知道这会使某些坚定、颇具影响力，但对教义及属灵的细节毫不在意的人士与自己为敌。几个月之内，各方面已经安排好让台彻尔获得博士学位，这样作为与路德资质同等的人士，他就可以发表文章来反击路德。同时，大主教阿尔伯特给利奥十世寄去一份路德的论纲。利奥任命了一位新的奥古斯丁修会会长，并明确指示他让这位萨克森的修士兼教授闭嘴。

在路德这方面，他开始解释自己的行为。他开始系列讲道，写文章，论赎罪券在基督徒生命中的适切地位。他仍然批评台彻尔的赎罪券，坚决主张"真心因上帝的缘故为修建圣彼得大教堂奉献的人，行事较为此买赎罪券的人更稳妥。因为存在这样的风险：他可能是为赎罪券而非为上帝的缘故效力"[7]。但是，甚至在这里，路德关切的，也仅是赎罪券在属灵方面的影响。再次，他没有否认赎罪券在基督徒生活中拥有一席之地，虽然他个人的神学立场以及来自维腾堡之外的批判和督查的压力很容易使他对此做出更为激进的批评。

暴 风 雨 中

非常奇怪的是,虽然周围各色人等都在谈论路德引起的这场争论,但路德却很平静,他继续沿着自己四年前就已开始的神学道路前行。他甚至更坚定地认为,基督,唯有基督,是救恩的源泉,是唯一的盼望所在。1517 年期间,他完成了有关《加拉太书》的系列讲稿,他在其中宣称,"既然信心是囊括一切的义,由此可以推论出,所有的罪归根结底就是不信,就是不相信基督。"同时,他继续主张,"构成基督徒生命的,不是存在,而是成为;不是得胜,而是争战;不是义,而是称义;不是理解领会,而是全力向前;不是纯洁,而是被洁净。"[8]无论做了什么,无论赎罪券有多少,此时此地并不存在真正的、属于人的圣洁等诸如此类的事。

讲完《加拉太书》之后,路德开始讲《希伯来书》。在这里,他更加坚定地强调自己对信心之路的异象。他告诫说,"哲学家及事实上所有人所谓的美德,看起来似乎是美德……但在上帝的面前,实际上不过是恶行而已。"唯有借着相信基督,"我们才能脱离律法;不是说律法不应该存在,而是说它不应该让人感到恐惧。这样,我们就脱离了那恶者;不是说恶者不应该存在,而是说我们不应该害怕它。这样,我们就脱离了死亡;不是说死亡不应该存在,而是我们不应该害怕死亡。"[9]对路德来说,唯一值得拥有的慰藉就是基督的慰藉,拥有这一平安,便不再盼望出于人的义。

这些讲稿没有一处表明路德将这一神学——他愿称之为"十架神学"——运用在诸如赎罪券这样的实际问题上。他甚至没有提到有关赎罪券的争议。虽然欧洲的大部分地区很快就被一个问题搞得心劳神疲,但路德却没有,他在倾其全力确保自己合乎圣经的神学传遍维腾堡大学的各个角落。"驳经院神学之辩"是向这一努力迈进的半公开的第一步。如今,在公众的喧嚣之中,为了便于他和别人学习圣经的语言,他致力于把一位精通希腊文和希伯来文的学者带到维腾堡来。

最后的选择颇出人意料,由选侯腓特烈亲自做出。路德未能将欧洲最著名的希伯来文学者罗伊希林(Johannes Reuchlin)引到维腾堡,便转向彼得·莫泽尔兰努斯(Peter Mosellanus)这位令莱比锡大学(University of Leipzig)增光的人物。但维腾堡人最终选择了罗伊希林年轻的侄子菲利普·梅兰希顿(Philip Melanchthon)。几年过后,罗伊希林作为一名访客,死于路德最顽固的一个对手家中。梅兰希顿,这位典型的骨瘦如柴的学者(甚至在他21岁时),路德称他为一个"瘦得皮包骨的虾米",最终在1518年上任,之后成了路德终身的盟友及属灵的继承人。

因此,在1517—1518年冬季,路德始终在维腾堡忙碌着,几乎没有意识到卷入赎罪券争议的风险。该年度结束之前,他的讲道、著作及为平信徒的缘故起初被译成德文的论纲很快被回译成拉丁文,供整个欧洲的学者阅读。与此同时,一个更为广泛的公共群体开始有求于他。

海德堡辩论会

1518年春,路德受邀在一个学者的大规模集会上为自己的神学主张进行辩护。奥古斯丁会修士三年一次的聚会定于4月末在海德堡举行;即使没有抨击赎罪券带来的那些毁誉,路德也会参加这次集会。他不只作为修会的一员前往那里,还要作为一名教区神父作述职报告。但这些集会并不会将全部时间用在诸如日常事务等这些例行问题上。每次集会都有的活动之一便是公开辩论。在辩论会上,会选出一个发言人为奥古斯丁的神学进行辩护——大部分人都相信,奥古斯丁是他们修会的创始人。在这一年,路德就是那位辩护者。

聚集在海德堡的奥古斯丁会修士无疑期待路德谈到赎罪券的事。因为这个问题近来使他成了他们修会最著名的德国人。另外,近来发生的事无疑也使这样的辩论成了当务之急。台彻尔仍然在强烈地谴责路德,但他很快就被更有地位的批判者所取代。因戈尔施塔特(Ingolstadt)大学的神学家约翰·艾克(John Eck)是早期反对路德的主要人物。在这年3月,路德发现艾克写了一篇反驳他的文章,该文章在私下已经传开。在这篇文章中,艾克指控路德为异端,说他扰乱了教会的良好秩序,不鼓励人行善工,在平民大众中间煽动叛乱等。事实上,在部分地区,抵制路德的情绪已经变得非常强烈,甚至有人建议路德干脆就不要外出,至少外出时,要极为小心。

这次辩论会于4月25日在奥古斯丁修道院的演讲大厅举行。前来看热闹的人,看到路德为当天讨论准备的28个神学论题(及12个哲学论题)后,一定会感到失望。这些论题均没有提到赎罪券。相反,路德利用这次只

111

能称之为捷径的机会,以尽可能直白的措辞,介绍了自己(以及他所理解的奥古斯丁)的神学。

固然,有人劝路德不要做无足轻重的辩论,这种辩论可能只是一时重要,但却会使形势恶化。但在另一方面,这些论题表明,路德在海德堡所做的一切,完全符合他最深的关切。甚至第一个论题似乎就明显带有他的自传色彩:"上帝的律法,虽然是关乎生命的最合理的教义,但却不能使人称义,反而成了世人称义的拦阻。"这一直以来都是路德个人经历的写照。接下来的十个论题,详细阐述了行为为何不能改善人在上帝面前的地位。第十一个论题就他对律法和善行的立场做了总结:"人不可能避免自行其是,也不可能存在真正的盼望,除非他恐惧自己所做的每件事都面临定罪的审判。"人达不到上帝的标准。他越认为自己达到了,就越受诅咒。

论题开始的这部分有些笼统,漫不经心的读者完全可能不明白其要点所在。但路德接下来的论题表明,这种神学显然背离了当时人人受教所学的神学:

> 13. 人类堕落后,"自由意志"不过是一纸空文,只要"自由意志"按其内心行事,就是在犯致命的罪。
>
> ············
>
> 16. 认为按照自己内心行事就可以称义的人,是罪上加罪,这样便犯了双重的罪。

112

路德在两处公开主张,当时占统治地位的神学会使人类遭到永久的毁灭。

直到这时为止,路德一直在向听众强调律法的功用。他坚持主张"人要想变得与基督的恩典相称,就必须对自己彻底绝望。这是确凿无疑的",以此来解释该律法力量之强大。但接下来,他转到了福音方面。辩论会将近尾声时,他宣布说,"律法说'去行!'但从来行不出来。恩典说:'相信这个人!'瞬间一切都成了。"路德胆大至极,论到那些教授不同教导的人,他说,"荣耀神学家指鹿为马。十架神学家则实话实说。"[10]

海德堡辩论会在差不多能想到的各个方面都很成功。路德到海德堡是步行去的。回来时,纽伦堡代表团的大篷车顺路载他回家。马丁·布塞(Martin Bucer)后来曾谈到他所理解的路德的辩论。在给朋友的一封信中,他评述说,"路德回答问题时极有风度,聆听时也相当有耐心。他提出的论点,带有使徒保罗的洞见。伊拉斯谟所暗示的,他公然无讳地讲了出来。"[11]

平生第一次,路德有充分的理由盼望他的神学战胜他的对手经院神学家的神学。坐着大篷车回家的路上,他想到了未来。在给他从前一位教授的信中,他写道,"我相信,若不彻底根除现存的教会法规、教令、经院神学、哲学及逻辑学,并设立别的科目,就不可能对教会进行改革。"[12]作为一名大学教授,在工作的过程中,他逐渐对基督徒的生命有了新的认识。如今,他冒昧给教会的所有教师开出了这副药方。

路德还交了许多新朋友,其中有几个人颇具影响力。抵达海德堡时,他和同伴甚至受到宫廷伯爵和德国最著名的教育家之一乔治·希姆勒(Georg Simler)的邀请前去赴宴。另一方面,许多人不知道路德的思想是怎么一回事。他和从前的另一名老师曾经有过一席长谈,但不得不承认他让那位老先生完全陷入了"迷惑不解"之中。

解 释 论 纲

113

直至1518年4月下旬,路德还没有在普通信徒的日常信仰实践与自己在授课过程中形成的神学之间建立任何联系。如今,在海德堡辩论会的影响下,再加上常常想到艾克及批判他的其他人,他终于开始看到自己对赎罪券的厌恶不只是出于普通的教牧关切。这一努力最终以一本名为《九十五条论纲解答》(*Resolutions Concerning the 95 Theses*)的书的形式出现。该书完成于1518年5月,即他从海德堡辩论会回来后不久,但由于印刷上的延误,直到8月才最终面世。设若《九十五条论纲》引发辩论,他可能做出什么陈述?这本书试图就此做出说明,也就是说,该书旨在解释论纲各个要点的意图。在这个过程中,他对时下的敬虔行为展开了较以往更为彻底的批判。

在写这本书的过程中,路德将整个事件又重新思想了一遍。写成后,他给施道比茨加了一道附信,用前所未有的尖锐措辞陈述了自己的立场。在这封信的开始部分,他回忆了在自己的灵魂处于暗夜之时施道比茨对他的重要性。他还特别提到在忏悔时,施道比茨总是强调说,人心的意向较具体的罪行或善工更能决定灵魂的状况。路德指出,在研究伊拉斯谟的希腊文版新约圣经时,他发现施道比茨是正确的,通常的忏悔实践没有圣经根据。《马太福音》4:17耶稣的训诫,其拉丁文版本译为"要行悔改礼(do penance），因为天国近了"。但希腊文版本为："要悔改……"因此上帝要求的，不是外在的行为，而是心意的变化。"行"，按其字义，与得救毫无关系。就赎罪券一事，尤为如此。"悔改"与"行悔改礼"是两回事。[13]

继赎罪券之后，路德又开始对忏悔、苦行及行在外面的各种善工予以广泛的批评。他特别集中批评了忏悔后从神父获得的赦免。他得出结论说，神父可以宣告在基督里所得的饶恕，但并没有赦免的权柄。"基督［赐下掌管钥匙的权柄］并不是要将人类的救恩交在某个个人的手中，或听凭他来处理。"相反，凡事均依"唯信基督应许的真理"而定。[14]

机警的读者从这些话中可以看出，不只赎罪券、朝圣、为死者做的特别弥撒、圣地、圣像、圣徒遗物、特别的属灵操练，以及中世纪末期看重的种种宗教惯例都要终止。路德从根本上动摇了这些宗教惯例的根基。还有，他并不摇摆不定。之前他怎样遵循引导他的圣经及他的灵魂的挣扎，如今他也怎样遵循自己的信心。他尤其抨击教会拥有功德库，信徒在特定条件下可从中支取功德的思想。他坚决认为没有哪位圣徒如此神圣足以在那库里存下功德。唯有基督留下了可靠的财富，白白地、直接地供给所有的人。设若教皇在这方面拥有什么权柄，其权柄也仅适用于他本人所设立的违反教会法规当受的惩罚上。

一个月前，在海德堡辩论会上听过路德辩论的一个人曾对路德说："如果农民听到你说的话（甚至善行也可能是罪），他们会用石头将你打死。"然而，在《解答》这本书中，路德仍然不顾一切地坚持己见。他宣称："教会需要改革，但改革不是一个人，即教皇的事，也不是许多人，即红衣主教们的事。最近召开的公会议已经证明了这一点。正好相反，改革是整个基督教世界的事，是的，改革是上帝自己的事。"这场改革具体将在何时进行，路德承认自己并不知道。这个日子"只有创造四季的那一位"[15]知道。

这些话在许多人听来唐突放肆，甚至耸人听闻。然而路德并没有意识到自己一路走了有多远。他将《解答》一书题献给教皇利奥十世。我们没有理由怀疑他这样做的诚意。他坚持自己"不会阐述别的，只阐述首先在圣经中，其次在教父思想中发现的及能够发现的，正如罗马教会及教会法中'教皇法规及教令'所领受的"。他甚至留意早期神学家的思想，查看他们的观点与这些权威的出处是否相合。在致利奥的献辞中，他说，"我及我之所是与所有，匍匐在圣座的脚下……我视您的声音为基督的声音，他是借您说话。"[16]

6

划清界限

　　其他人将事态看得一清二楚，尽管路德并不明白。他在维腾堡的同事安德里亚斯·卡尔施塔特（Andreas Carlstadt）在 1518 年 8 月也有一部作品问世。这是一部论文集，在这部文集中，他坚决主张，在信仰问题上唯有圣经——而非教父、教会法规、教令——具有权威。相比之下，人们在《解答》一书中看到的路德，却是个忠于教会真传统的典范。接下来几个月间，他的反应表明他无法理解发生在自己身上的事。

　　到了 1518 年夏季，路德已经激怒了他的劲敌。他们决定指出他是一个危险人物。台彻尔本人还有最后一枪要放；他把枪口对准了路德《论赎罪券与恩典的布道》（Sermon on Indulgences and Grace）。台彻尔的作品实在无足轻重，路德只评价了一句——它对待圣经"如同猪在拱一大袋粮食一般"[1]——便不再予以理会。

　　然而，台彻尔很精明，他抓住了后来路德的对手们反复使用的一个主题。台彻尔坚称教皇拥有绝对的权威，并声称对教皇的决定提出质疑的任何人（如路德）都是异端。

　　艾克在之前私下传阅的文章中，采取的正是这一立场。但是他较台彻尔的做法更为谨慎。他陈述问题时，仿佛自己是师长而路德是学生一般。对路德来说，这一抨击令他倍感痛苦。不只是因为又多了一个人无视他对圣经、对早期教会实践、对有益于普通信徒灵性之事的诉求；艾克不只是另一个对手。他和路德一样，也是一位神学教授。前一年，在他们共同的朋友纽伦堡自由市检察长克里斯托夫·舍约尔的介绍下相识。一开始路德只想不声不响地"吞下艾克递来的这剂地狱的苦药",但朋友们坚持让他做出回应。他回应了,但只是写了一篇让艾克个人私下阅读的文章。路德感激他的友谊,感谢他未将自己抨击他的文章发表示众。但路德并没有让步。"我敬畏上帝,并不惧怕您。"在结尾处,他写道,"以后,如果我决定公开为自己辩护,我的里面不会有罪恶感。"[2]

其时,敌对势力正在集结,路德需要获得帮助来为自己辩护。在 7 月份,他从曼斯菲尔德的阿尔布雷希特伯爵处得知,有几位重要人物起誓要"抓住我,要么把我绞死,要么将我溺死"。路德相信这一点。他也知道,此类暴力事件的发生有多么容易和突然。在给一位朋友文塞斯劳斯·林克——一位奥古斯丁会修士,当时在纽伦堡作传道人——的信中,他写道,"他们越威胁我,我越有信心。"他这样说并不是有意要标榜自己的无所畏惧。相反,他认为诸如此类的威胁进一步证明自己走的是一条正路。他补充说,"我知道,任何人若想把基督的道带给世界,就必须像使徒们一样舍弃一切,将一切置于身后,并随时准备献出自己的生命。如果存在别样的情形,这就不是基督的道了。"[3]

罗马的事态

地方骑士、碰运气的士兵和暴徒是一回事,罗马却是另一回事。像选侯腓特烈之类的人物,若他们愿意,就可以保护路德的安全。但在此时,罗马的权威人士决定必须严肃处理路德一事,而选侯也是他们的目标之一。

严格地说,我们并不知道是什么触发了罗马反对路德的行动。然而,多明我会无疑介入其中。台彻尔本人就是多明我会的成员。就在路德的修会在海德堡集会期间,多明我会也在罗马召开了他们的全体修士大会。萨克森多明我会的地方管事,班贝格的赫尔曼·雷伯(Herman Rab of Bamberg)出席了这次会议。正是他确认了台彻尔成为教皇授权获得特殊博士学位的十二个人之一。这一举动意味着在赎罪券一事上,多明我会当时坚定地追捧台彻尔。

雷伯还利用自己在罗马的势力与教廷官员一起力促出台反对路德的法案。他首先通过服侍教皇的多明我会的朋友做工作。这些人每天在尚未完工的圣彼得教堂走动。通过这种手段，他首先说动了教廷的一位高级官员，最后又说动了塞尔维斯特·普列利亚（Sylvester Prierias），这人是圣宫的大师（Master of the Sacred Palace），也是教皇的官方神学顾问。上了年纪又有显赫神学生涯的普列利亚，也是一个多明我会士。他很快查阅了《九十五条论纲》，发现路德错了。他的关键理由是，教皇和作为整体的教会一样，没有错谬。因此在反对赎罪券一事上，路德反对的，正是圣灵的旨意。

普列利亚让人在 6 月份发表了他所谓的《答辩》（Dialogus）一文。该文又回送到教皇的律师那里，后者接着起草了一份正式传唤路德到罗马的教令。该教令到了枢机主教卡耶坦那里，他是多明我会会长，也是即将举行的奥格斯堡帝国会议的教皇代表。教令最后于 8 月 7 日到了路德的手上。随同到达的，还有《答辩》一文。

路德惊呆了。普列利亚的文章不是问题，因为这绝非路德首次看到指名道姓反对他的文章。但这次不同。作者既非台彻尔，也非艾克之流，普列利亚在罗马有官方的身份，与这一谴责一起来的还有一份传唤他去罗马对异端的指控做出回应的教令。第二天，路德给老朋友斯帕拉丁写了封信，此人是选侯腓特烈的秘书兼私人神父。他恳求斯帕拉丁做选侯和皇帝本人的工作，将该讼案转到德国，因为他知道在罗马可能发生什么事。事态急剧发展，远远超出了路德召开一次学术辩论会的请求范围。"所以你知道，"他写道，"这些修士（指多明我会修士）急于把我置于死地，他们是多么诡诈，多么阴险啊！"[4]

安 排 听 讼

与此同时，教皇的一封信免去了路德自行前往罗马的义务。取而代之，他需要当着枢机主教卡耶坦的面收回自己的错误言论，这位枢机主教随后为帝国会议的缘故去奥格斯堡。如果他不这样做，枢机主教则有权将"这个臭名昭著的异端分子"用锁链绑了，押往罗马（抑或谣传如此）。智者腓特烈也收到一封信。在这封信中，路德被称为"罪恶之子"。该信说，如果路德不与枢机主教配合，那么他将给选侯带来永久的耻辱。

从小城维腾堡来看，事态看上去颇令人绝望。但路德和他的朋友们并不了解奥格斯堡的确切情形。选侯腓特烈当时也在那里，需要在德国处理

118

政治事务的所有人——所有的王侯、主教、城市代表及皇帝本人——也都在那里。路德不知道的是,腓特烈和其他政治人物在对罗马的要求做出答复时,他们的心情尤为糟糕。事实上,腓特烈一直在领导一项要陈述德国"苦情"(其中包括教皇的募款)、以迄今为止最不妥协的方式抵制教皇权威的运动。游戏远未结束。

此外,选侯腓特烈也不愿意将自己一流的神学家在无人能证明他有错的情况下交给罗马。不仅如此,他和自己的顾问们明白这种情形的政治含义。他知道,他在事实上可以不合作,但必须看上去很合作。于是9月底他命路德前往奥格斯堡。

路德垮掉了。当然,腓特烈得到了卡耶坦不逮捕路德的承诺,然而路德并不知道这一安排。但他确实知道,一个世纪前约翰·胡斯前去参加教会的公会议,国王亲自承诺保证他的安全,但他却被烧死在火刑柱上。可是,一伺行程安排妥当,他除了顺服之外便别无选择。

教皇和公会议可能出错

不过选侯腓特烈做决定之前的谈判,还是给路德留下了就普列利亚的《答辩》做出回应的时间。作为一名神学家,路德对普列利亚只有轻蔑;他甚至称自己的答复是"我的大脑所做的最琐屑的一项工作"。路德说,他草草地做了答复,心里想,"我不值得为他的缘故折磨自己的大脑"。可能因为他写得很快,这封回信成了路德思想发展过程中的另一个里程碑。在这封信中,他断然否定了普列利亚认为基督的权柄在教皇,因此在任的教皇就是教会的本质的主张。"对我来说,"他回复说,"教会事实上只在基督里存在,只有全体大公会议可以代表教会。"[5]

可能路德曾经听过诸如卡尔施塔特等同事和朋友们的观点。无论如何,在这里,他首次直面以下不断被重复的声明:批判台彻尔的赎罪券,就是在损害教会的权威。他不再许诺忠于教父以及教会的教规与教令。但即使如此,他还没有到说罗马教会及教皇**错**了的地步。他只是认为,在原则上,若按照圣经的标准来衡量,教皇和公会议**可能出错**。事实上,路德仍然宣称罗马教会"颁发的任何教令从未背离真信仰",反而保存了"圣经和古代教父的权威。虽然罗马有许多人既不相信圣经,也不重视圣经"[6]。

有人曾经警告路德不要使用最后这句话中所使用的那类措辞。无疑,他的对手怎样激怒他,他的这类言词也同样激怒了他们。虽然如此,在对待教会权威的问题上,他并没有任何革命性的言论。中世纪的教会律师们常常就教皇和公会议在原则上是否可能出现异端进行辩论,在这个问题上路德不过站在其中一方而已。实际情况是,路德的对手们始终拒绝就赎罪券有误的观点做出回应。但同时,他们却控告路德亵渎了教皇的权威,故而也亵渎了教会的权威。在路德这一方面,整个第一年,他始终主张就争议的问题展开一次真正的辩论,并坚称教会的权柄没有任何问题。在回复普列利亚的信中,他甚至说,若能证明他反对"基督信仰和教会的教义"[7],那他就是异端。他相信一个公正的裁决与《九十五条论纲》或《解答》不相抵触。

信 与 望

教会内部的权柄问题却是另一个问题。就这个问题,路德所冒的风险远远超出了他的预料。当然,他在 1513—1517 年授课期间从未直接论述过教皇权柄的问题。他先是对上帝的义有了新的认识,后来又对善行在基督徒生命中的功用改变了看法。在此期间,他触及了更重要、与善行相关的一个问题,从而改变了他对基督徒本质的看法,因此,也改变了他对教会本质的理解。

中世纪末期的神学家将真基督徒定义为除了拥有信心之外多少变得更好的人。按照他们的表达,基督徒是其信心"被爱所建立",特别是被上帝的爱所建立的人。他们描述的成圣过程,发生在教会里,上帝的恩典主要借弥撒、忏悔、补赎等圣礼注入。因此,做教会指定的属灵功课,便成了一个人真正成为教会一员的根本标志。在教会内部,确实仍然存在好人和坏人;这些人就是耶稣谈到的麦子和稗子(太 13:24—30)。但真信徒仍然可以识别出来,因为他们在教会中热衷于圣礼。

路德视基督徒同时是义人和罪人,这一新的认识引发了一场革命。基督徒生活在信心与盼望中。真正的信心之人时刻走在信心道路的起点,但他们从未到达这条道路的终点。善行(特别是对邻舍的爱心之举)是今生的一部分,但善行与特别的属灵操练均不能加增人的信心。信心的产生及不断更新是靠上帝的道。因此,真正的信心之人并非处在爱上帝的状态,而是处在**被**上帝所爱的状态。他们需要的，是上帝的道。

虽然经院神学家称真基督徒是"顺服的人"，路德却喜欢《哥林多前书》2：15 所说的："……看透万事……却没有一人能看透了他。"早在 1514 年讲《诗篇》时，路德就称那些在上掌权的，其权位唯靠基督。"但是，"他随后直接对他们说，"当他要坐你的宝座时，你要让座，你自己要与百姓站在一起……因为基督坐在你里面，是他让百姓臣服于你。"[8]教会的权威在基督，而不在人。

路德说到这些话时，丝毫没有意识到自己所说的与教会所有教师所持 121 的观点有什么相悖之处。1517 年在《驳经院神学论纲》(*Disputation against Scholastic Theology*)一文中，他曾说，"我们相信我们没有说任何与大公教会及教会教师们相左的话。"[9]他只是没有意识到自己走了多远。无疑，对手的指控令他困惑、气愤。

奉命前往奥格斯堡

1518 年 9 月底，路德收到了让他前往奥格斯堡的命令。迄今为止，选侯腓特烈是唯一有力量保护他的人。但是，看上去，腓特烈似乎也抛弃了他。后来，路德记得在启程时自己曾说："现在，你死定了……哦，我成了父母怎样的耻辱！"[10]

路德心中充满不祥之感，但他并没有十分绝望。他仍然相信自己是正确的。为了避免自己认为不可避免的事发生，能做的事，他都做了。他曾在魏玛(Weimar)和纽伦堡短暂停留，以征求朋友们的建议。从纽伦堡起，文塞斯劳斯·林克同意以法律顾问的身份伴他同行。其他人，诸如施道比茨，也得悉了他所处的困境。在途中，路德致信维滕堡的同事们说，"要好好活着，坚定立场，因为要么被人弃绝，要么被上帝弃绝，这是必然的。"[11]然而，朋友们的帮助以及由

来自斯帕特(Spalt)的乔治·布克哈特(Georg Burckhardt)，人称斯帕拉丁。

信念生发的坚定意志还不够。10 月 7 日进入奥格斯堡时，他的胃感到不适，腹泻不止，甚至无法走路。在从前一位学生的安排下，他住进了加尔默罗（Carmelite）修道院。

10 月 10 日路德致信斯帕拉丁时写道，"我康复了。"他确实康复了。正如他晚年常有的情形，好友的陪伴最终会发挥神奇的力量，使他精神大振。两天前的晚上，著名的学者康拉德·佩廷格（Conrad Peutinger）曾邀请他及同伴进餐。"现在，我知道将要发生什么事。"他继续写道，"虽然罗马来的枢机主教承诺在凡事上会克制，但朋友们却不愿意我天真地相信他的话。事实上，他们都在小心谨慎地关注着事态的发展。"[12]

当时，朋友们备了一个安全通行证，供他在城里走动时使用。这样，即使路德冒险去会见枢机主教，这多少也会保证他能平安地回来。前一天，枢机主教的代表曾与他见面，竭力劝他放弃自己的观点，让一切都成为过去。他反复问路德："你非要争个你死我活吗？"路德的评论是："他是意大利人，且仍将是意大利人。""现在，我确信，如果罗马教皇派来的使者大人决定更多地使用武力而不是凭谨慎的判断行事的话，那么我将向未来的公会议上诉。"[13]

122

与卡耶坦面谈

卡耶坦对待路德的事确实非常认真。他不仅阅读了路德的大量作品，还针对他的主张做了深思熟虑的书面回应。如果形势需要，他也做好了具体回应的准备。卡耶坦可能是路德迄今为止见过的最有才智的人。他刚正不阿，被认为是多明我会最著名的神学家——比普列利亚优秀得多。然而，卡耶坦已经得出结论说，有三个问题至关重要。这三个问题是：功德库的问题；称义及紧随忏悔礼之后的赦免恩典是否必须有信心的问题，以及教皇是否有足够的权柄宣扬赎罪券的问题。而在这三个问题上，路德都错了。

这位枢机主教暨多明我会的会长也是教会的忠诚之子。他有他的任务，其中最重要的任务是他不得与路德进行辩论，只要确保路德说一个词 *revoco*（我放弃）即可。卡耶坦想让路德说出这个词的努力，发生在富格尔家族的府上，该家族的钱在一开始便卷入了赎罪券的争议当中。

在中世纪末期，这类交锋涉及的不只是两个对手。路德带着林克和施道比茨,卡耶坦住在富格尔府上,那里住满了从意大利来帮助他的随从人员。之前路德的朋友们已经教过他在这类重要人物面前当有的礼仪举止。首先,他要在枢机主教的脚前下拜。当枢机主教对他说话时,他要抬起身来,但双膝仍要跪着。当枢机主教让他站起来时,他就可以站起来。卡耶坦彬彬有礼,对自己的期待也非常清楚。"首先,你要为自己的错误悔改,并放弃这些错误。其次,你要起誓不再教导这些错误的主张。再次,你要克制,不去做任何扰乱教会安宁的事。"

路德请求卡耶坦说明自己的错误所在。这时,这位枢机主教的才智胜过了指令需要他所持的理智。他做了回答。首先他提到《唯一圣子》(*Unigenitus*)的教令。该教令没有官方教义的地位,但却用功德库的教义作赎罪券的依据。其次,他称路德坚持信心(而非圣礼)使罪人称义的主张是"一个错误的发明"。路德回答说,他不能收回这一点。卡耶坦的语气变得生硬起来:"今天,你必须放弃这一点,不管你的意愿如何。否则,基于这句话,我会给你所说的其他一切定罪。"话毕,他的随行人员便爆发出一阵嘲讽的笑声。

枢机主教卡耶坦

交锋仍在继续,但辩论结果最终落到一个根本性的问题上:拥有权威的是教皇,还是圣经或教会的公会议?两人第二天再次见面,权威的问题又一次成为核心。这一次,卡耶坦坚持路德要向《唯一圣子》让步,并进而承认教皇授权发售赎罪券的权柄,甚至在原则上认可台彻尔的布道。最后,路德问是否可以书面回答他的问题。开始卡耶坦表示反对,施道比茨予以交涉,枢机主教于是转向路德说,"我乐意听你的回答,然后以仁慈之道而非司法途径解决所有的问题。"

当路德第三次出现时,他带了选侯智者腓特烈的两名宫廷律师,并带了一份长达好几页的文件。在这份文件中,他坚持在教义的问题上公会议的权柄高于教皇;圣礼的有效性必须有信心在先;圣经拥有最终的权威,因为人人均有可能犯错。因此路德不能认同赎罪券有充分的教义根据。

枢机主教收到路德的文件后,承诺要将其送往罗马。接着,他告诉路德,"现在是你放弃的时候了。"这句话一出口,第三次的面谈便演变成了一场口水仗。卡耶坦坚持教皇的权威,要求路德向《唯一圣子》教令让步,并进而认可赎罪券。路德回答说,该教令有悖于圣经,赎罪券不过是为了筹钱的一个荒谬计划,无论如何,它们与基督的功德不是一回事。这还了得! 卡耶坦威胁说要给路德戴上镣铐,押往罗马,同时开除他的朋友们和与他有关的所有人员的教籍。他怒吼道:"你现在就走,在你准备放弃之前,不要让我再见到你!"[14]

路德感到欢欣鼓舞。他回到自己的住处,便坐下来给斯帕拉丁和卡尔施塔特写信。他说,枢机主教最后大发雷霆,他的"信心彻底垮掉了"。路德的脸还涨得通红。他在信中说,卡耶坦试图通过施道比茨让他放弃自己的主张,以便向罗马交差。"这我很清楚,"他在致卡尔施塔特的信中写道,"如果说出这个简单的字 *Revoce* 即'我放弃',那么我就会成为最随和的、最可爱的人。但对我借以成为基督徒的那份认识,我不会否认它而变成异端分子。"[15]

上 诉 罗 马

做出上诉的决定,多用了几天时间。路德听取选侯腓特烈顾问的建议,"不再向不开明的教皇上诉,转而向较为开明的教皇上诉",并将诉状予以公证后,发往罗马。在施道比茨的要求下,他还给枢机主教卡耶坦去信,最后一次陈明了自己的立场。他很客气,甚至很恭敬,但坚持说在诸如赎罪券这样有争议的问题上,他没有义务放弃自己的观点。因此,他要将自己的案子上诉罗马。一天后,10 月 18 日,他再次去信。信中说他和朋友们——就是卡耶坦曾经联系过并要求他们对路德施加影响的那些人——进一步交换了意见。路德的话彻底粉碎了卡耶坦完成其使命的最后一线希望。朋友们对路德说,放弃他的一贯教导,意味着重写信条。路德说,"对我来说,他们的声音表达了这一至高的关切:你将放弃什么?"路德不能放弃。[16]

125

严酷的现实——及其真实的危险——终于向路德迎面扑来。为了路德被迫逃命时不致有碍,施道比茨暗地里解除了他作为奥古斯丁会修士所起的顺服的誓言。然后,施道比茨和林克悄无声息地趁着夜色逃出了奥格斯堡城。

路德等于被他最亲近的朋友们抛弃了。留下来的,只有选侯智者腓特烈的顾问。他们也认为形势非常严峻,并建议路德在正式撤销向卡耶坦的上诉转而向教皇利昂十世上诉一事上要慎重。之前是将诉讼从罗马转到德国,如今他听从建议将诉讼从德国转到罗马。

就在几个月前,他曾春风得意地离开海德堡。如今他离开奥格斯堡,却成了逃亡者。在 1518 年 10 月 20 日晚,路德逃跑了。他没有带每一个谨慎的人都会随身携带用以防备盗贼的短刀,也没有带踢马刺,内衣也丢在身后。他被偷偷地从城墙的一个洞口缒下去,骑上一匹老马,便出了城,走了数英里。最后从马背上下来时,他几乎不会走路了。

这位年轻的修士于 10 月 31 日抵达维腾堡,时距他贴出《九十五条论纲》刚好一年。在这一年内,他否认了一位枢机主教兼教皇使者的权柄,被迫将诉状"从不开明的教皇那里转到较为开明的教皇那里",并起誓在必要时将向全体教会的大公会议上诉。这一切意味着,对路德来说,教会法若有悖于他对圣经的认识,便没有效力。

我们无从知道路德回到维腾堡后,至少暂时比较安全时,他的实际心态如何。他给斯帕拉丁去信,简单地叙述了在奥格斯堡发生的事。论到自己,他只是说,"我的事业如此。我恐惧战兢,但怀有盼望。"该信的绝大部分内容与大学里正在发生的事有关。一个年轻人该升博士了,但需要选侯提供更多的资金。在梅兰希顿的带领下,学校掀起了学习希腊语的热潮。而新来的希伯来语教师不只教学生们阅读希伯来文,还试图教他们说希伯来语。他本人需要一件新礼服。[17] 这封信看上去像某个刚刚结束一次特别艰辛的旅行,如今又不得不料理外出期间所积攒事务的人匆匆写下的一张便条。

情 势 危 急

然而,毫无疑问的是,路德在奥格斯堡的言行事实上问题相当严重。卡耶坦当然这样认为。10 月 15 日,他致信选侯腓特烈,陈述了自己和路德的冲突,并提醒路德的世俗之主所承担的属灵责任。他的信言辞镇定,不偏不倚,略带有威胁的味道,比路德写给斯帕拉丁的短信要长得多。卡耶坦甚至称路德是一个 *Fraterculus*,即一个"无足轻重的修士"。出于对选侯意愿的尊重,他不曾恶待路德。然而,选侯应当知道,"无论我在多大程度上不加参与,这件事发展下去的后果将不堪设想,因为他们将就此提起公诉。"在附笔中,他说,他相信腓特烈不希望"自己的荣誉受到玷污"。他总结说,"我说的是绝对的实情,我将顺服基督的法则,据此'从他们所结的果子就可以认识他们'。"[18]腓特烈要么将路德送往罗马,要么最起码要将他逐出自己的领地。与此同时,卡耶坦将路德拒绝接受《唯一圣子》教令的书面声明送到了罗马。

萨克森的选侯智者腓特烈(丢勒绘制)

不久,普列利亚发表了一篇抨击路德的新文章。接着,在 11 月 9 日,罗马起草了一份有关赎罪券的新教令,用很长篇幅宣告教皇的权威,包括发售赎罪券的权柄在内。为了避免仍然存在含糊之处(但未指名提到路德,也未提到他的任何主张),该教令还给所有持不同意见的"修士和传道人"的观点定了罪。随着该教令在 12 月 13 日的发布,路德失去了回旋的余地。此时此刻,他不能够再声称赎罪券是一个有争议的问题。卡耶坦胜利了。罗马在掌权。

突然间,选侯腓特烈也陷入了困境。路德与枢机主教之间的冲突甚至使这位王侯也没有了选择。智者腓特烈是擅长使用政治家最有力的武器——拖延——的高手。但如今他必须做出决定。他该怎样对待路德呢?

127　　　再次借着斯帕拉丁的得力帮助,腓特烈给路德送去一份卡耶坦信的抄件,并要求路德予以回复。这样,他给自己稍微争得了一点时间。但是,他给路德留下了显然将被唯一能保护他的人抛弃的印象。接下来的几天,路德开始认为,自己可能将被迫离开业已成为自己家园的维腾堡小镇。他给斯帕拉丁去信,说自己已经做好了离开的准备,"像亚伯拉罕一样,我不知道自己要去哪里。不,我确实地知道是哪里,因为上帝无处不在。"一种被孤立的感觉沉重地压在他的心头。他记得卡耶坦的一位使者曾经问过他,如果

128　选侯撤销了对他的保护,他会去哪里。"往天下去。"他曾这样回答。[19]如今,在致谢奥格斯堡的主人的信中,他表达了同样孤注一掷的决心。

陈 述 案 情

　　尽管心里忧伤,路德还是给腓特烈去信,活泼、生动,甚至风趣地叙述了在奥格斯堡发生的一切。收到卡耶坦信的抄件让他"感到很高兴",他予以回复,因为"我知道现在是阐述我整个事业的最佳时机"。他还就卡耶坦给他起的绰号"无足轻重的修士"开玩笑,说自己希望选侯将容忍"这位衣衫褴褛的小修士的胡言乱语"。不管怎样,他补充说,与卡耶坦的代表的第一次面谈就让他深信,指望德国人的审判比指望意大利人的审判要好得多。

　　路德的回信确实重述了他与卡耶坦每天的辩论。该内容与所有关于他们二人交锋的其他叙述——甚至卡耶坦的叙述——相符。卡耶坦反复坚持让路德放弃自己的观点。路德则一而再、再而三地要求他指明自己的错误所在。但卡耶坦"不能从圣经中找到哪怕一处经文来反驳我"。路德坚持认为是自己始终在寻求真理。他写道,"王侯阁下,我当着上帝及他众天使的面抗辩……论到我[对卡耶坦]的答复,事情该怎么样,就怎么样吧;如果错了……如果是该受谴责的,或该放弃的,设若应该如此,我将承受这一切。"

　　路德就这样一贯地陈述了自己的案情。他愿意服从公正的、深思熟虑的裁决。不过,他的叙述指明了一点:罗马的代表没有公正地处理这件事;他们始终拒绝听他把话说完。他个人的立场很明确:"到死的那一天,我仍将承认这一点,"即"赎罪券要么来源于基督的功德,要么不是",他深信,不是。"因为基督的功德不会由人分发,这是再确凿不过的事了。"因此,他补充说,赎罪券"并不是[卡耶坦]翻来覆去所说的教会的一般惯例,而是有悖

于圣经真理的腐败行为与弊端恶习"。

就这一切，以及别的，路德写道，他已经做好了辩论的准备。但卡耶坦并不准许，虽然他知道有关教皇权柄的确切范围的争议已有时日。就在最近，还有许多大学不顺服教皇的权柄，已行使上诉的权利（而路德是一位大学教授）。其中包括巴塞尔大学，弗莱堡大学，鲁汶大学，"以及学术研究之父巴黎大学"。如今，他的对手谴责他好斗、武断，不给他正常辩论的机会。与此同时，普列利亚却可以不受限制地写文章攻击他。路德建议腓特烈，像站在基督面前的彼拉多一样，他必须问，"那个衣衫褴褛的小修士做了什么事？"卡耶坦所能给的唯一的回答，与法利赛人和撒都该人的说法相似："相信我，最英明的阁下，我是根据某些知识，而非某些观点在说诚实话。"路德接着补充说，"我将替王侯作答；可以的话让我也能有这等知识。"

尽管路德的辩护很精彩，但他在结尾处说，他已经准备好，在可能危及选侯腓特烈或其美誉之前"离开您的领地"。当时，甚至几周后，路德都不知道的是，他的去信使腓特烈相信自己保护路德是正确之举——至少当前是这样。因此，在 12 月 7 日，选侯给卡耶坦去信，说在奥格斯堡将路德交给枢机主教"我们已经履行了承诺"，他还补充说，"如今，在我们的公国及土地上，在大学里，在各处，有许多饱学之士。但在事实上，直到目前为止，我们还不能确信无疑地断定马丁的学识对上帝不敬，不符合基督教信仰，是异端……"结尾处，腓特烈说，在路德未被"定为异端"之前，他不会把他送往罗马，也不会将他逐出自己的领地。[20]

为 我 祈 祷

但在 12 月 20 日之前，路德并不知道选侯的决定。11 月 25 日，他给自己的老上级施道比茨去信说，唯因斯帕拉丁竭力相劝，他才未离开维腾堡，前往法国。同一天，他给斯帕拉丁去信，他预计罗马的定罪随时可能发生，他请求"为我祈祷"。在 12 月 2 日，他再次致信斯帕拉丁："我在上帝的手中，在我的朋友们的手中。"他知道维腾堡的同事和学生都站在自己的一边。但他抱怨说，"事实上，对选侯的怀疑会迫使我收回，若有什么需要收回的话。"一周后，他写道，"说我已经向维腾堡的人们道别，这不是真的。但我确实对他们说了类似的话：'正如你们所知道的，我在某种程度上不是一个可以倚赖的传道人——过去,我曾那么突然地丢下你们,不辞而别!万一这样的事再度发生,我现在就想对你们说再见,以防我不再回来。'"其他人也认为,形势毫无指望。有一封信,路德在得知自己的命运后才收到。在这封信中,施道比茨劝他"在适当的时候离开维腾堡,到我这里来(奥地利的萨尔茨堡),我们可以生死与共"。[21]

最后,一块石头终于落地了。"美善的上帝,"路德给斯帕拉丁写道,"我怀着怎样的喜悦一读再读"宣告选侯决定的那封信。论到选侯本人,他称,"他是那种兼具学术理解力与政治控制力的人。"[22]

7

公共辩论家

从 1518 年 11 月末到圣诞节的一个月中,路德只能过一天算一天。然而他一心向前冲,仿佛时间没有尽头一般。斯帕拉丁认识到当时形势的棘手程度,嘱咐他在选侯深思熟虑期间不要发表任何言论。路德则找了个借口,说在帕拉丁的信到达的当天,他刚好将书稿发给出版社了,以此确保能将自己在奥格斯堡的经历公之于众。他想让每个人都知道,他的对手拒绝辩论。在不确定的这个月里,他还再次改变了自己的策略。他的诉讼从罗马转到德国,然后又到了罗马教皇那里,如今他实现了自己在奥格斯堡的承诺,向全体教会的大公会议上诉。他听取梅兰希顿的建议,向罗伊希林(Reuchlin)主动示好,这人刚刚在多明我会的攻击中败下阵来。他对罗伊希林说,“如今,那头巨兽的利齿止在攻击我。”[1]

在这个月中,路德尽自己最大的力量,以自己的方式稳住立场,不管选侯可能做什么决定。但是他对学校的工作也很用心,仿佛没有任何危险一般。他和校长(rector)一致同意终止所有支持托马斯·阿奎那教导的课程,而托马斯·阿奎那的跟随者中包括卡耶坦和大多数多明我会士。如今,路德宣称,同学们将能够“从他们那里吸取纯哲学、纯神学以及一切学科的知识”[2],而不会受到多明我会喜欢的那位神学家的污染。他还就《诗篇》开始新的系列课程,可能持续到了 1521 年。最后,他与艾克谈妥,在莱比锡就权威的问题展开辩论。路德为将来感到焦虑,但他没有让这一焦虑影响自己的工作。

米尔蒂茨的使命

1519 年 1 月,选侯命路德前往他的住处会见教皇的一位特使。卡尔·冯·米尔蒂茨(Carl von Miltitz)是这位特使的名字,事实上从一开始,他的使命就是一场灾难。

米尔蒂茨出生于一个爱慕虚荣但家道并不殷实的德国家庭。他和中世纪末期的许多人一样,作为次子,不能指望从家里得到什么,所以他在教堂里谋得一份职务。他经过努力,博得了教廷的一些好感。在 1518 年 9 月,他得到一项向选侯腓特烈献金玫瑰的使命,这金玫瑰是教皇特别施恩的记号。罗马的意思是,让卡耶坦在路德一事上对腓特烈施加压力,与此同时,让米尔蒂茨从正面激励腓特烈按教皇的意愿行事,将路德驱逐出境,或者将他捆绑了押往罗马更好。选侯不仅不会失宠于教皇,事实上还将得到丰厚的奖赏。

这项使命将与卡耶坦协同进行。但当米尔蒂茨抵达奥格斯堡时,卡耶坦与皇帝已经离开这里。米尔蒂茨是一个野心勃勃的人,所以他独自去见腓特烈。他告诉选侯说,他特被派来在各方均可接受的条件下解决路德的争议。作为一向精明的政治家,腓特烈看到了又一个搅浑水的机会。毕竟,米尔蒂茨并不知道他已经拒绝了卡耶坦的要求。

路德前来与米尔蒂茨谈判时,对选侯的计谋毫不知情。首次见面,他同意了四点:为了让这场争议自行消失,如果他的对手愿意保持沉默,那么他也将保持沉默;他愿意向教皇承认自己的表达过于尖锐,但丝毫没有想过要让教会受损;他愿意劝所有人顺服,并公开承认他对赎罪券的抨击过于猛烈;最后,他愿意将这件事交给萨尔茨堡的大主教来处理,条件是,他仍然可以向教会的大公会议上诉。

第二天,米尔蒂茨发现路德致教皇的信及他的公开信中均没有放弃的声明。所以两人只是同意如果路德的对手愿意保持沉默,那么路德也将保持沉默。对米尔蒂茨来说,他将说服教皇任命"一位有学问的主教"来裁决此项争议。但他却无法做到这一点。他的这些谈判所取得的全部成就,就是帮助选侯腓特烈使事态变得扑朔迷离起来,又使路德可以表明他在事实上愿意"力所能及去行事",来结束这场公开的冲突。在 1 月中旬,路德给腓特烈去信说，"只要能听到自己为什么是错的或他们是对的，我很乐意放弃。"[3] 幸亏有了米尔蒂茨，他的话看起来是真的。

政 治 策 略

就在这同一个月内，路德及支持他的选侯突然有了喘息的机会。马克西米利安皇帝去世了。教皇利奥十世很快便将路德放置一边，开始将全部精力投入到防止马克西米利安的孙子西班牙的查理一世继位一事上。智者腓特烈是神圣罗马帝国最杰出的七位选侯之一，而这些选侯就是决策者。惹腓特烈生厌对教皇来说并不合适。所以利奥表明他将支持选侯腓特烈本人做候选人。同时，他还间接表明，如果腓特烈在其领地内有喜欢的神职人员，利奥可以授予此人枢机主教的头衔和一个非常富裕的大主教辖区。路德有可能成为教会的一个贵族！但是，和米尔蒂茨的使命一样，教皇的计划也很荒谬。它们都使选侯有充分的理由怀疑罗马的严肃性，而这一政治策略也给路德提供了更多的时间。

因此，1518 年冬至 1519 年对路德来说，是一个收获颇丰的时段。他开始用从梅兰希顿那里学来的长串的希腊文润饰自己的书信，并常常署名为"Eleutherius"（"解放者"或"被解放者"之意）。与此同时他还在学习希伯来文，并充分使用这一语言。后来，他称这一古老的语言为"我们携带圣灵宝剑的剑鞘，盛放这一宝石的小盒子"[4]。在关于《诗篇》的新的系列讲稿中，他完全摒弃了中世纪的释经法，他不是使用个别圣经段落为论据，而是寻求用原义在上下文中来理解它的整体。作为一个圣经学者，他已经成熟。很快地，他就把自己的老师们撇在了身后。

134

因 信 称 义

在相对平静的那几个月里，路德还有一个非常重要的发现。他明白了，作为神学家及在个人信仰上，自己走了多远：

同时，在那一年[1518 年末或 1519 年初]期间，我已经开始回头重新解读《诗篇》。我相信，与从前相比，现在在大学里讲保罗的《罗马书》《加拉太书》及《希伯来书》，我是一个更好的学者。一个信念攫住了我，我必须理解保罗的《罗马书》。我的心不是一颗石心，但在那个时刻，第一章(17节)有一个短语成了我的拦路虎。我厌恶这一观点，"上帝的义正在这福音上显明出来。"因为我过去受教在哲学家所谓的形式的或积极的意义上去理解"上帝的义"，上帝之所以是公义的，是不义之罪人的审判者，正是依凭于此。

作为一名修士，我无可挑剔。但是，我的良心极度不安。我对自己的全部认识是，我是一个罪人。我相信自己的思想、行为及祈祷中，没有一样可以讨上帝的喜悦。我并不爱上帝。不，我憎恨这位惩罚罪人的公义的上帝。不可否认，我怀着满腔的怨言(可能甚至是对上帝的亵渎)，生上帝的气。我曾说："事实上，仿佛可怜的罪人因原罪在永恒里失落还不够，还要再受十诫带来的各种灾难的摧残。在福音里，上帝以他的义与愤怒不断地威胁着我们，使我们苦上加苦！"最后，经过日思夜想，也是因上帝的怜悯，我留意那句话的上下文，"因为上帝的义正在这福音上显明出来……如经上所记，'义人必因信得生。'"于是，我开始明白，上帝的义是如此，借此义人因上帝的恩，即信，可以得生……在这里，我感觉自己仿佛彻头彻尾重生，借着敞开的门进入天堂一般。圣经全新的一面在我面前打开……在此之前，我多么憎恶"上帝的义"这个词，如今，我也以同样的爱扬声赞美这一对我来说最甜蜜的表达。因此，保罗书信中的这节经文对我来说，成了真正的天堂之门。

135 　　立刻，可能就在眨眼之间，路德突然认识到，自己四年来的教导都整合起来了。如他所述，"这就是它的含义：上帝的义，也就是说，怜悯的上帝使我们因信称义的这被动的义，由这福音显明了出来，如经上所记，'义人必因信得生'。"

这就是路德在他余生持定的信念。他在米尔蒂茨开始其使命与皇帝离世之后这段相对平静的时期中，突然自觉地认识到这一点。但路德很清楚，这一信念多年以来，一直在形成过程之中。[5]事实上，他核心的神学洞见得以自觉形成，是对手们给了他动力。他们强迫他去思考自己教导的一切意味着什么。

有力的支持

路德与艾克的莱比锡辩论之前经历了双方漫长的谈判及政治操纵。这场辩论直到 1519 年 6 月末才开始。在这六个月甚至更长的时间之内,路德向与中世纪教会的完全决裂又缓慢地迈出了一步。早在 12 月,他给友人林克——这人在奥格斯堡时曾经站在他的一边——去信时就说,"我想自己可以证明,今天的罗马比土耳其还要糟糕。"[6]在路德的思想发展过程中,来自对手的压力再次发挥了它的功用。

然而,这种对教皇利奥十世及其罗马政廷的谴责,不过应和了在路德之前一个世纪甚至更早之前基督教世界的神学家及平信徒对这个或那个教皇的谴责而已。教会里许多人都能理解路德对一个教皇个人的谴责。

因此,在这个时候,路德得到了帝国境内各处的有力支持。许多杰出的、有思想的人都认同路德对文艺复兴时期教廷政权及主流宗教生活腐败的批判。他们中绝大多数人都是人文主义者,和伊拉斯谟属于同一类人,他们深信改革教会的唯一方法就是要回归到古典文化和古代基督教。他们非常尖锐地批判路德的教师,贬斥其辩论及作品为"喋喋不休的胡言乱语"。他们想要用圣经、教父,甚至诸如柏拉图和西塞罗(Cicero)等人来取代阿奎那的

约翰·艾克

位置,因为他们的道德教导对现世有助益。路德作为一个以圣经为基础教导人,并勇敢抨击赎罪券及其售卖者与辩护者的人物出现,人文主义者便抓住他,视他为自己人。他们将他比作受到仇敌——他们直言不讳地称之为"野蛮人"——攻击的罗伊希林。对他们来说,整个争议不过是多明我会在耍老伎俩的又一个例子而已。

许多为罗伊希林和路德辩护的人都是很有地位、颇具影响力的人物。在纽伦堡,路德的老朋友林克作为这里最杰出的传道人,服侍的正是这样的

136

一个群体。这个群体包括艺术家阿尔布莱希特·丢勒（Albrecht Dürer）、市政秘书拉撒路·斯宾格勒、一位政府机构的贵族威利巴尔德·皮尔克海默及市政律师克里斯托夫·舍约尔在内。很有可能，最初将《九十五条论纲》译成德文的，就是这同一个群体。

诸如此类的人物散布在各个城市。路德在奥格斯堡期间，有康拉德·佩廷格款待他，保护他。巴塞尔的群体包括伊拉斯谟本人及许多年轻的跟随者，他们将路德的作品译成了拉丁文，甚至冒昧地给他出主意。其中有个人，沃夫冈·卡皮托（Wolfgang Capito），给他们提供维腾堡的最新消息。论到路德对普列利亚的答复，卡皮托写道，"您应尽量避免得罪教皇，尽量避开一切惹人反感的事……相信我，不断擦出小火花，您就可以成功。若是一次大爆发，您将一事无成。"在16世纪20年代中期，这个人成了梅因兹大主教本人的首要顾问！成为首要顾问时，他宣告说，"我决定登场了。"[7]

137　　然而这些人——甚至路德本人——都不知道为莱比锡辩论做准备的压力正使得路德重新思考整个教会内部权柄的问题。卡尔施塔特前几个月写的文章成为计划中的这次辩论会的具体起因，但人们都认为真正的辩论者是路德。就在1518年底，艾克提议作为辩论主题的十二个论题发表了。他为忏悔、功德库、炼狱和赎罪券进行辩护，理由是它们均为教会所设立。他认为，在基督教初期，以教皇为首的罗马教会就拥有神圣的权力就信仰生活做出权威的宣告。

对路德来说，这太过分了。在1月中旬，甚至在见到艾克的论题之前，曾有人让他就教皇新颁发的有关赎罪券的教令进行评论。就此他说，"该教令并未引证圣经的片言只语，也未以〔教会〕教师们的话、〔教会〕法规或理性"为依据，因此"不过是空洞之谈"，"我不能承认这是圣教会合宜的、充分的教导。我必须持守上帝的命令。"针对艾克的论题，路德两周后做了回复："教会过去1100年公认的历史、圣经文本以及尼西亚公会议的教令均不支持这些主张。"[8]

至此路德还没有得出他革命性的结论：在信仰问题上唯独圣经具有权威性。然而，他说过的话以及写过的一切已使包括斯帕拉丁在内的一些朋友劝他要温和节制。路德回信说，"我的斯帕拉丁，我恳求你什么都别怕，不要让人的顾虑撕碎你的心。你知道，如果基督不引领我及我的事业，很久以前我就已经失丧了……"在致纽伦堡的皮尔克海默的信中，他写道："我会尊崇并承认教皇的权柄与威严，但我不会做有损圣经的事。"[9]

路德的头脑再度活跃起来,所以他在艾克的十二个论题之后,又加了第十三个论题。该论题关乎教皇的权柄问题。他对教皇的权柄、建制教会的历史及其法规仍然忠心耿耿,但他一直以来教导学生们的思想开始占了上风。在梅兰希顿的帮助下,他开始重写《加拉太书》的讲稿,准备作为注释书来出版。该讲稿仍然强调借着上帝的恩典因信称义的观点。但他补充说,由于教会的法规,"良知只能受折磨,要不然就捞钱。另外,教会充满了假冒为善和偶像崇拜,对基督的信靠遭到了彻底的破坏。"在 2 月底,他曾对斯帕拉丁说,"我认为教皇的权柄与诸如健康、财富和其他属世之物等,都是中性的。"接着,他说,教皇及其代表提出"一种全然错误的解经方法,其结论也有悖于上帝之道"[10]。

到了 2 月底,路德过去的忠心很快便烟消云散。他已得出结论说,教皇制并非上帝设立的制度。约在两周后,他再次致信斯帕拉丁:"我正在研究教皇颁发的教令,为辩论做准备。(我悄悄地跟你说,)我不知道教皇是敌基督,还是他的高级神职人员是敌基督。但他在教令中如此无耻地损害基督,将基督钉十字架,这却是事实。"[11]

路德几乎走到了最后一步。他很快就不再停留在对某一个教皇及教皇是否有权柄发售赎罪券这件事的批判上。到了 6 月份,在研究教会法及教会史后,他发表了《有关教皇权威问题的解答》(*Resolution Concerning the Authority of the Pope*)一文。在这篇文章中,他力求表达得尽可能清晰公正。他说,教皇制的设立,是依上帝的意志而存在。但圣经并未授予教皇特别神圣的地位。甚至像彼得领受天国钥匙那样的牧职也不具有特别神圣的地位。教皇的卓越地位是人的发明。教皇既不是不会犯错,也不是解释圣经的唯一的、最终的权威。那么这个问题就不再是就一个具体问题〔如赎罪券〕说什么的问题,而是这种说法背后的权威问题。路德将教皇降到了至多不过是在世上教会同侪中居首的一个人而已。

莱比锡辩论会

舞台已经搭好。在路德将他的书稿付印约两个多星期后,维腾堡人出发前往莱比锡参加在那里举行的辩论会。有六个人同行。第一辆大篷车里坐着卡尔施塔特一个人,还载着他带去帮助路德辩论用的许多书。随后的第二辆

138

大篷车里坐着路德、梅兰希顿、学校校长,还有另外两名跟随者。尾随其后的,是带着长矛和棍棒的二百多名学生。在莱比锡有重要的事需要去做。

139 　　辩论并没有马上开始。先是默塞堡(Merseburg)的主教竭力阻止,但萨克森的公爵乔治(George)——这人及其拥有的莱比锡大学是这场辩论的倡导者——却坚持认为这场辩论必须继续。接着,双方就辩论规则无法取得一致意见。路德想,他曾得到艾克的承诺,各方将有两名公证员来准确记录他们的言论。但如今艾克想让爱尔福特大学来裁决他本人和卡尔施塔特之间的辩论,并提议由爱尔福特大学和巴黎大学神学院的全体教员来裁决他和路德的胜负。在这些大学做出裁决之前,双方均不能将文字记录公布于众。路德一直反对这些变动,但朋友们最终迫使他同意了。辩论结束后,他在给斯帕拉丁的信中写道,"你看,他们多么诡诈地窃取了先前同意好的[辩论]自由。"如今需要有裁判,"我们非常清楚,这些大学院校和罗马的教皇要么一声不吭,要么将宣告对我们不利的声明。"

　　然而,这场辩论本身却是一件大事。7 月 27 日开辩,举办了高级别的弥撒及盛大的宴会。在这一天,教皇利奥打了一场败仗。西班牙的查理一世全票当选为神圣罗马帝国的皇帝。但对那些聚集在莱比锡的人来说,重要事件正在普莱森堡(Pleissenburg)的市政厅上演。莱比锡 65 个全副武装的汉子在那里站岗,确保无人干扰辩论会的正常进行。来自维腾堡的二百多名学生也在城里待了段时间,钱用尽后他们离开了那里。还有从爱尔福特和茨威考(Zwickau)来的支持者站在路德一边,莱比锡神学院的全体教员都到场支持艾克。莱比锡的人文主义者彼得·莫泽尔兰努斯长达数小时的演讲正式开启了这场辩论。该辩论持续了十天之久。

　　卡尔施塔特和艾克开始辩论自由意志的问题以及行善是否必须以恩典为先决条件的问题。路德说,"卡尔施塔特引据自己的作品,进行论证,提出结论……内容丰富,气度不凡……这时艾克反对说,他不会与一个图书馆抗辩。就此,安德里亚斯回答说,艾克提到了这一点,所以他可以恰如其分地引证圣经和教父的言说,而不是像之前那样曲解糟踏它们。"维腾堡的学生和莱比锡人曾经爆发武装冲突。路德写道,"但这是另一场骚乱的源头。"

　　按照学术惯例,卡尔施塔特被要求把他的书搁置一边。离开了书,卡尔140 施塔特开始有些慌乱起来。于是,路德将在手中一直把玩的一小束花放在一边,替下了卡尔施塔特。艾克很快就将传统对教皇权威的论证摆在了路德的面前。依照《马太福音》16∶18,基督曾说,"你是彼得,我要把我的教会建造在这磐石上。"艾克略述了普遍的看法,说教皇作为彼得的继承人,拥有天国钥匙的权柄;因为拥有天国钥匙的权柄,所以对地上教会也具有神圣的权威。接着,他恶狠狠地说,任何否认该权柄的人,与约翰·胡斯——约一个世纪前被康斯坦茨公会议以异端的罪名烧死在火刑柱上的波希米亚的改革者——无异。

"萨克森的胡斯"

自贴出《九十五条论纲》以来一直困扰路德的这个问题,如今被明确、公开地提了出来。正如他在《有关教皇权威问题的解答》中所写的,路德回答说,在提出教皇至上这一主张之前,希腊教会已经存在了一千多年,不承认罗马的权威它也将继续存在下去。但艾克已精心设下圈套。论到胡斯,他说,他不是在谈某一个教皇。给胡斯定罪的是教会的公会议。

描述路德和胡斯在圣餐礼上向萨克森的选侯们分发饼与杯的卡通画

关于这部分辩论,路德记忆深刻。在给斯帕拉丁的信中,他写道,"终于,就公会议的权威的问题,甚至有了一场辩论。我坦率地承认[公会议]不敬虔地用许多言说破坏了保罗、奥古斯丁,甚至基督本人的某些教导。这句话真正激怒了那条蛇,于是他夸大了我的罪行……然而,我引用的恰好是[康斯坦茨]公会议的话,证明并非所有被定罪的信条都是异端,都有错误……这就是问题所在。"[12]

在这封信快结束时,路德写道,"所以,现在你了解了整个的悲剧。"艾克成功地迫使路德承认他不再忠于当时的教会。教皇的引诱是一回事。虽然许多人还记得西部大分裂期间教会分裂带来的恐慌,因而屈服于教皇制,但敬虔的基督徒鲜有人说教皇制或当时罗马教廷的好话。许多人私下里也认为公会议应该有高于可能被证明是异端的教皇的权威[尽管就在 50 年前颁发的教令《恶行》(*Execrabilis*)用非常严厉的言词给这一想法定了罪]。但现在,路德不仅否认了教皇的权威,而且还否认了教会公会议的权威。他坚持认为唯有基督是教会的元首,即便在地上也是如此。

路德对教会的理解事实上确实有胡斯的影子,虽然他并未认识到这一点。很快,他就收到两位仍公然追随胡斯的捷克神学家的来信。他们称赞他,随信还寄来几把优质的小刀及一本名为《论教会》(*Concerning the Church*)的小书做礼物。该书详细阐述了胡斯的教会观。他们在信中直爽地称他为"萨克森的胡斯"。路德很小心,作为回复,他寄去了自己的几部作品,但是他让梅兰希顿口授信使一封说明信,这样就没有证据表明这些作品是他寄去的。让真正的胡斯派信徒公开称他为胡斯派信徒,不会有什么好处。但后来,他读了那本小书后曾经激动地说,"我们在不知不觉中都是胡斯派信徒!"[13]

他的惊讶,与胡斯对信心、恩典、行为以及在上帝面前的义的认识无关。针对这些主题,胡斯并未说过什么。与他坚持认为救恩唯借着基督的恩典而来和他对教会本质的新理解这二者之间的关联也无涉。确切地说,他感到惊讶,是因为他突然意识到,一个为大众憎恶一个多世纪的人也曾教导唯有基督是教会的元首,虽然他的结论由不同的理由得出。任何不承认基督,不单单承认基督的人就是敌基督,也就是说,是用自己取代基督的人。这就是路德现在称教皇为敌基督的含义所在。教皇制以自己取代了基督。

如同与卡耶坦在奥格斯堡的面谈一样,莱比锡之辩对路德来说也是一个分水岭。8 月份,他从选侯腓特烈那里收到一封艾克来信的抄件。在信中,艾克指控他为大异端。路德回信说,"我向圣彼得致以最崇高的敬意,但不是把最大的权柄归于他。因为他既无创造、发布命令、治理的大能,也无按立使徒的权柄。"现在,路德被激怒了。艾克的整封信,他说,听起来仿佛出自"密涅瓦的猪猡"之口。在答复艾克的一个支持者的信中,他写道,"滚开,你这无知、嗜血的杀人犯!"他对斯帕拉丁说,艾克是一个"我们可以论断且指控他但却不犯罪"的人。自此以后,路德称艾克是一个"无耻之徒"。[14]

第三部分

逃犯的工作

8

逃　犯

莱比锡之辩后，路德树敌更多，还失去了一些朋友。一位著名法学家在写给巴塞尔的人文主义者群体的信中说，"告诉路德，我强烈反对他否认'你是彼得'那句话。"[1]在纽伦堡，舍约尔表示认同。而艾克不久抵达罗马，协助准备正式起诉路德。

然而路德也获得了更多朋友。莱比锡使他成为欧洲最知名的人士。宣布这场辩论会开始的演说家莫泽尔兰努斯不久后发表了一篇关于此事件的报道，他在报道中对两位辩论者作了一番描述（这番描述不会讨艾克喜欢）。

> 马丁中等身材，操劳和学习使他非常消瘦，你几乎可以透过他的皮肤历数骨头。他具有男人的风范，正值盛年，声音高昂清晰……他举止礼貌友好，没有任何一点斯多葛式的严厉，也不轻易发怒。他总是镇定沉着。人们只指责他一点不足——作为一个渴望在神学上开辟新路和希望被看作受教于上帝的人，他在反驳中多少显得过于激烈和犀利……相反，艾克身材高大，体态强壮健硕，声音洪亮，操一口流利的德语……然而他缺乏深入探究事物并做出犀利判断的能力。[2]

而莫泽尔兰努斯是位莱比锡人！

许多人有相同的感受。纽伦堡市的秘书斯潘格勒出版了一本书，公开支持路德。梅兰希顿从学术角度嘲笑艾克。巴塞尔人约翰尼斯·厄科兰帕迪乌斯（Johnnes Oecolampadius）在匿名发表的小册子里毫不客气地称艾克是个傻子。一位远在意大利的名叫鲁贝亚努斯的人致信路德，"你是第一个敢于把属主的人从有害的观点中解放并带到真正敬虔上来的人。"[3] 早在同年 2 月，巴塞尔著名的出版商约翰·弗罗本(Johann Froben)曾写道，他所出版过的作家的书中路德的著作最畅销。与此同时，维腾堡的学生数目骤然增多，城里都容纳不下他们。全德国的人都有很好的理由选择站在路德一方。

路德反对者的漫画像，埃姆泽和艾克在利奥十世两侧。

应用到生活中

1519 年余下的日子及 1520 年初，路德开始把他的信仰应用到基督徒的实际生活中。8 月底或 9 月初的时候，他得知选侯腓特烈患病的消息，随即开始认真地着手这项工作，并写了《给痛苦中的人的十四条安慰》(Fourteen Consolations for Those Who Suffer)一文。在文中他强调了一个借自卡尔施塔特的比喻，根据这个比喻，基督——唯有基督——是信徒通往天堂的管道。他还借以下宣告回应了艾克的一项指控："教会中最急需改革的是忏悔和补赎，因为一切的律法、利益、权力、暴政、错谬、危险和不计其数的恶在其中肆虐，危害所有的灵魂和整个教会。"他谴责说，人们因此被引导去依靠他们忏悔的力量和教会的承认，而不是依靠基督。随后他在一篇发表的布道辞中总结他给平民的教导："对于相信的人，一切都是有益无害的。对于不信的人，一切都是有害无益的。"[4]

随着他越来越深入地逼近教会的惯常做法，路德的注意力再一次转移。11 月，他转向洗礼和圣餐礼。他坚持认为基督白白的恩典是这两个仪式的中心。关于洗礼，他认为这是基督徒生活的开始，是在一位公义上帝面前称义的第一步,是所有真正悔改的源泉。无须给它再附上赎罪券;所需的是谨记上帝的仁慈,他透过基督甚至接纳了无助的孩子。至于弥撒也是如此,这个表征指向基督,巩固人们的信心。基督——受苦的基督——在这些圣礼中临到信徒。不需要其他任何东西。在后期的这些论文中,路德甚至赞扬胡斯的一些追随者。他进一步指出当时普遍的做法——即不让平信徒领杯以防他们洒出来——会让人产生误解,因为一般人可能会因此得出结论:神父或许离上帝更近。

这番评论引起一场骚动。萨克森的乔治公爵称它"满是异端邪说和引起公愤的言语"。路德说这样的抱怨更像"公猪吼叫"[5],然而他**确实**曾公开自称是被人恨恶的胡斯派信徒。他也给他的对手——特别是艾克——足够的理由让他们在罗马对他提起诉讼。圣礼,特别是弥撒,是中世纪晚期教会虔诚信仰的中心。教会透过它们把上帝的恩典传递给罪人,把他们不完全的忏悔,不完全的善工,以及不完全的信心转变成真正蒙上帝喜悦的行为。

AETHERNA IPSE SVAE MENTIS SIMVLACHRA LVTHERVS
EXPRIMIT AT VVLTVS CERA LVCAE OCCIDVOS

M·D·XX

路德修士(克拉纳赫作)

正是由于这个原因,斯帕拉丁在 12 月中旬请路德阐述他对所有圣礼的观点,而不仅是他已经在所发表的系列讲章中所涉及的几种圣礼。路德回复说他认为只有三种圣礼,而不是七种。这三种圣礼——洗礼、告解礼和圣餐礼——伴随着上帝的应许。"依我看来,"路德说,"其他的都不是圣礼。因为作为一项圣礼,只有当它被清楚地赋予神圣的应许时才存在。而这种应许会增强信心,因为如果没有应许之道,没有获得某种东西的确信,上帝的任何行为对我们都无意义。"[6] 尽管这是一封私人信件,路德再次把一个基督徒生活的全部化约为上帝的应许——这应许呼唤对上帝良善旨意的信任。他以这种方式否认教会对基督徒个人生活有任何权柄。上帝是那位不变的施予者,基督徒不能凭借任何行为赢得上帝的喜悦,即便是参加圣礼也不能取悦上帝。

149

被逐出教会的威胁

路德的每一个举动都备受关注。1520 年 2 月初,卡耶坦在罗马联合主持了一个委员会,专门审查他作品中的异端邪说。3 月,鲁汶大学和科隆大学判定路德有罪。他对此评论说:"他们的指责就像醉妇愚蠢的胡言乱语,我们将置之不理。"大约同时,两个德国贵族向路德提出给他武力援助,其中一位是著名的人文主义者乌尔里希·冯·胡腾(Ulrich von Hutten)。胡腾写道,"我们追求保护共同的自由;我们追求解放长期被践踏的祖国。"[7] 路德收到这封信时大约是 5 月底或 6 月初。在 6 月中旬,另一名勇士让一百个骑士发誓保护路德,无论发生什么事情,一直跟随路德。就在这个月,艾克加入了罗马的委员会,审查路德的教导。路德的老朋友和导师施道比茨受到压力不承认路德,以免奥古斯丁修会也被认为染上异端。

逐出教会教谕扉页,上有教皇和美第奇家族的象征标记。

终于,1520 年 6 月 24 日,《主啊,求你起来》(*Exsurge Domine*)教谕在罗马公布,要求路德在六十天内撤回原来的观点,否则他和他的跟随者一起都将被逐出教会。

这位改教者丝毫无意妥协。5 月,他从智者腓特烈那里收到罗马给选侯的信件的抄件,信中再次强烈要求选侯疏远路德。路德的回复毫不客气:"罗马人只能通过理智和圣经来战胜我们。依靠武力和禁令他们只会把德国变成另外一个波希米亚,"公开反抗罗马。当月稍后,他从神学角度回复了这个问题。在出版的题为《论罗马教权》(*On the Papacy at Rome*)的书中,他宣称有两种教会:一种是表面的,可见的,有等级的,教皇是头;另一种"我们称为属灵的,内在的基督王国",她只承认基督。他告诉腓特烈,时候或许到了,德国"要么变为荒漠,要么解放自己。"[8]

做决定的时候的确到了。甚至在他确知自己被逐出教会前,他在给斯帕拉丁的信中就提到他计划"公开请求德国和贵族来反抗罗马教廷的暴虐和邪恶"。6 月,艾克和一位新教皇特使杰罗姆·亚良德(Jerome Aleander)被委任在全帝国发布《主啊,求你起来》教谕。在 16 世纪,通常在颁布这样的教谕时还将公开焚烧异教徒的著作,对于路德也是如此。他宣告:"如果他们咒骂我的书,焚烧它们,我会把全部教会法都烧掉。"[9]12 月他果真那样做了。

《致德意志基督教贵族书》

从政治上看,路德与罗马的决裂已经无可挽回,除非他就此屈服,撤回先前的言论。在 1520 年下半年,许多人,包括伊拉斯谟、智者腓特烈,还有皇帝,都急切希望避免这样的结局。还有很多其他人,包括巴塞尔和纽伦堡的大部分人,仍不能相信路德的反对者会把事情弄到这种地步。就在这种情况下,路德发表了三部著作,致使这些希望完全破灭。

第一,他于 8 月份实现了他的计划——再次把舞台转向论战。在他的《致德意志基督教贵族书》(*Address to the Christian Nobility of the German Nation*)中,他号召世俗掌权者把教皇、红衣主教、主教等人不愿推行的改革合法化。总体上看,他的二十七项建议都直击教会维持其民事掌控权的每一种方式。第一次印刷的四千份(在那时是一个巨大数字)在两周内一销而空。

这本书是一个轰动，但是它远不只是要求广泛具体的改革。今天，人们记住路德的这篇著作并为之争论，是由于书中阐述的神学内容，而不是因为它在 16 世纪产生的实际影响。路德在这部著作中提出了他著名的信徒皆祭司的教义。借助此教义他破除了这一观念——祭司是特殊阶层，由于他们手握恩典之法，因此也对基督徒的属灵生活（有时候还包括属世生活）拥有特殊权威。其实，每个基督徒都是一个服侍邻舍的"小基督"。那些被称为"祭司"的人从始至终是整个信徒群体的仆人。除了福音的权威，他们对人没有任何权威。

《致德意志基督教贵族书》扉页

152

路德的处境驱使他写了这本书，这非常合乎情理。他在 6 月构思了这本书，那时智者腓特烈是唯一与他站在一起反对教会官方权威的王侯。他毫不掩饰地用此书来征得更多这样的支持者。它用德语写成，非常巧妙地利用了德国统治者强烈的反罗马情绪。"此时此地，德意志民族，她的主教们和王侯们，应当把自己看作基督徒。他们应当为了被托付给他们的人民在物质上和属灵上的益处，治理和保护人民，使人民脱离那些披着羊皮、伪装成牧人和统治者的狼的掳掠。"他毫不留情地说，"如果教廷 99％的人被取缔而只留下 1％，仍然有足够的人来回答关于信仰的问题。"事实上，教廷官员是"一群爬行的毒蛇"，他们告诉所有人，"我们是基督的代表和他羊群的牧人，而愚蠢醉酒的德国人必须忍受它。"[10]毫无疑问，这部著作是一份政治文献。

然而，这本书和路德内心神学的发展也是一脉相承的。至少五年前，在他最早关于《诗篇》的讲章中，他曾告诉他的学生，只有基督真正管理教会，任何人，甚至高级教士和红衣主教都必须顺服他的权柄。现在，1520 年夏末，形势促使这种神学立场成为有力的革命性号召。在智者腓特烈的建议下，路德甚至给查理五世送去一份概要。

《教会被掳巴比伦》

10月,路德应斯帕拉丁的要求公开发表对所有圣礼的观点。但是《教会被掳巴比伦》(*Babylonian Captivity of the Church*)这本书尽管是用拉丁文写成,却不是斯帕拉丁可能期待的冷静的学术讨论。路德抱怨的被掳,是指神父掌控圣礼并主张基督徒应该行善以获得拯救。他进一步指责"教皇和所有天主教徒……如果他们不废除他们的法律和传统,教导自由,那么他们要对所有在痛苦的奴役中灭亡的灵魂负责,罗马教廷便与巴比伦王国和敌基督本身无异。"

从路德的处境看,这样的言辞可以理解。然而,这远不只是反对者不停的威胁和拒绝辩论所带来的愤怒和挫折,而更多是出于他的立场。在此,他早期作为神学家的工作也为他理解圣礼奠定了基础。首先,他重申自己反对坚振礼、婚礼、圣职礼和临终涂油礼,因为它们在圣经中找不到根据。经过这样缩减后剩下洗礼、圣餐礼和告解礼,但是现在路德对告解礼也产生了怀疑。他的著作出版得极其迅速,以至于他的文稿墨迹未干,尚未有机会修订就被出版商的助理抢走了。在本书的最后,他把告解礼降低为一种有用的做法,而不是一项圣礼。虽然路德个人继续每天忏悔自己的罪,但是现在没有七项圣礼,而只有两项了。

在洗礼和圣餐礼中,路德单单发现了基督——上帝应许的实现。关于洗礼他称,"第一点是上帝的应许,"并且,"我们的得救都在乎它……"作为一项行为,洗礼证实了上帝的恩典。通过记住他们的洗礼,基督徒发现他们的信心得到"持续不断的激发和培养。一旦我们接受上帝的应许,它的真实会伴随我们直到生命的终结。"洗礼的全部目的是为了坚固信心。"最后,每当遇见试探,[基督徒]说,'上帝的应许是信实的,当我接受洗礼时,我接受了他的印记。如果上帝帮助我,谁能抵挡我呢?',他

《教会被掳巴比伦》扉页

便在这独一的真理中得到安慰。"洗礼是上帝的工作而非人的工作,它是"留下来的唯一一艘船,牢不可破,船上的木头永不被摧毁"。人们在苦难中能够也确实会弃船,然而这船永远在那里,时刻提醒人们上帝在基督里的恩典。任何属灵的操练都不能够再给它增添什么。

"所有圣礼的设立都是为了培养我们的信心,"路德写道。他在弥撒仪式中同样发现了最可怕的弊病:不让平信徒领杯即是把基督徒分成三六九等,暗示上帝的恩典是有条件的。变体说(即在弥撒中神父把饼和酒变成了基督的身体和血)使神父,而不是基督,成为主角。把这项圣礼描述成有效的 *ex opera operato*,即"神父通过献祭完成的工作",否认了恩典是直接来自上帝的白白的礼物。路德认为弥撒被称为 *opus operans* 即"上帝的工作"更合适,通过它,上帝喂养他的子民。因而现行的弥撒仪式在最基本的理解上亵渎了上帝,是偶像崇拜,因为它取代了基督的位置。"这种弊病,"路德写道,"随之带来了其他数不清的弊病,以致这圣礼中的信心被完全抹去,人们把神圣的圣礼视同交易,出卖给了商店老板和税吏。"

对于路德来说,圣餐礼的核心与基督教信仰的整体是一致的。"上帝,"他写道,"不是先接纳我们的工作,然后才拯救我们。上帝的道先于其他一切。接着是信心,信心之后是爱,爱最终结出各种善行。"路德再次把重心只放在上帝的工作和上帝的应许上。"因而,"他坚持认为,它"可以归结为最完美的应许,即新约的应许"。"凭着信心,我们相信基督在这些话中是信实的,坚信这些话被赋予了巨大的祝福。"添加任何人的行为或德行就等于否认基督。

这本书直击中世纪后期虔敬信仰的圣礼根基。"认识上帝赋予了我们什么是何等大的恩赐……认识如何使用这些恩赐又需要何等深的理解力。"路德写道。[11]在路德的宗教和那个世界所继承的宗教之间出现了一道鸿沟。

当这本书在 10 月初面世时,事态迅速发展。12 日,路德再次会见米尔蒂茨,他同意给教皇写信为他的行为辩护,信中他要说明他从未攻击利奥十世个人,整个骚动都是由艾克引起的。11 月初,弗兰茨·冯·西金根(Franz von Sinkingen)骑士也提出向路德提供武力支持。同时,教皇特使亚良德会见腓特烈选侯,敦促他焚烧路德的著作,并逮捕遣送路德到罗马。但是腓特烈与伊拉斯谟商讨此事,后者认为路德虽然在他的批评中太过尖锐,然而唯一的过错是打掉了教宗的冠冕和踢中了教士们的肚腹。于是腓特烈坚持最初的决定:在路德受到公正法官的听讯前,他不会先采取行动反对路德。

而路德履行了对米尔蒂茨的承诺。他写信给利奥十世,这将是他对和解所做的最后努力。"我从来没有,"他声明,"使自己脱离您的祝福,否则我不会全心全意祝福您和您的教区,并尽我最大努力恒切为你们向上帝祈求祷告。"然而利奥被信中提到的"您那些不敬虔的阿谀诌佞之辈的愤怒"蒙骗了,因而路德别无选择,只能上诉于公会议。

路德试图善意地理解罗马的行动,但是最终他无法抑制自己,"我的确曾鄙视你的主教教座,罗马教廷,"他承认,"没有人可以否认它比巴比伦和所多玛更败坏。就我所能看到的,它全然败坏、无可救药、臭名昭著地不敬虔。"艾克由于他的自负,应对事情的发展承担责任。"我憎恶争竞,不会挑战别人,但是我也不希望有人挑战我。如果他们挑战我,我将效法基督,不会沉默的。"[12]

《基督徒的自由》

利奥从这封信中几乎得不到什么安慰,大家很快把它遗忘了。然而随信所附的小书却留在人们的记忆中——路德的《基督徒的自由》(*On the Freedom of a Christian*)。在这本书中,他简要地概括了他的神学对于基督徒生活的行为所产生的实际后果。

路德以"下面两个关于心灵自由和捆绑的命题"开头:

"基督徒是全然自由的众人之主,不受任何人管辖。"

"基督徒是全然顺服的众人之仆,受所有人管辖。"

他承认"这两个命题看上去相互矛盾",却坚持它们其实描述了每个基督徒的两面,他所说的正如"一个人里面相互矛盾的两个人"。一个是内在的、属灵的,另一个是外在的、"旧人"。

首先,他认为,显而易见,没有外在的东西"会影响基督徒公义和自由的产生,或

《基督徒的自由》扉页

155

156

者不义和奴役的产生"。个人可以做他想做的事情，但是"即使是默观，默想，灵魂所能做的一切都无助于"一个人在上帝面前称义进而获得自由。另一方面，生活在这个世界里，充分经历世界的悲欢也不会伤害灵魂。"有一样东西，并且只有一样东西对于基督徒的生活、公义和自由是必需的，那就是上帝的至圣之道，基督的福音。"

福音创造了信。"传讲基督意味着喂养灵魂，使它正直，释放它，拯救它，只要灵魂相信所传讲的。"此外，"从你开始相信的那一刻起，你明白你里面所有的一切都当受责备，是罪恶的，可憎的。"因而一个基督徒总是不停悔过。"另一方面，只有心灵的不虔和不信，而不是外在的行为，使人有罪，叫人成为可憎的罪的奴仆，"不在乎这个人做过或没做过什么。

有了信，自然就有爱邻舍的行为。"因此，因信被分别为圣的基督徒会行善，但是这些善行不能使他更圣洁或者更像一个基督徒，因为这单单是信心的工作。如果有人首先不是信徒和基督徒，那么他的工作什么都不是，而是真正邪恶可憎的罪行。"因而他总结道，"在基督里的信不是叫我们脱离行为，而是叫我们脱离关于行为的错误观念，也就是说，脱离那因行为称义的愚蠢道理。"路德坚持认为这是基督徒生活的真正奥秘和自由。"这样，我们行各样的事、守诸般的礼，是因着世上生活的需要，也是因着要尽力管束我们的身体。然而，我们并不因这些东西称义，而是因信上帝的儿子称义。"基督徒不必出于义务去行善以讨上帝喜悦，但一定会去行善。

此书几乎没有抨击仪式和外在的敬虔行为这些使路德招致猛烈攻击的言论。然而，路德照着他的理解陈述了他对基督徒生活的本质的一贯解释。路德在这个人生的紧要时刻，虽然一切都没有确定，但是他首先以牧者的身份表明了自己的观点。在书的最后，他说，"但愿主赐恩给我们，使我们亲受上帝的教导。"[13]

复杂的政治局势

虽然神学问题变得明朗，然而政治局势日趋复杂。西班牙国王查理一世于 1519 年 6 月 28 日成为查理五世皇帝。但是所有人都知道当选为皇帝和实际对德国王侯、城市和高级教士施行皇帝的权力是两码事。故而查理不得不亲临德国，私下会见当地的政治领袖们，随后还举行了德意志民族神圣罗马帝国的正式议会。1520 年下半年,他会见了一些德国政治家,其中包括智者腓特烈。随后他计划于 1521 年初在德国西南部的沃尔姆斯城举行帝国议会。

查理的统治得福于给他带来很多领土的婚姻。然而从一开始他的统治就伴随着问题。一方面,他年轻,瘦弱,完全不了解德国,也不会讲德语。作为一个忠心的天主教徒,他最终舍弃了皇位,在修道院里度过了余生。查理知晓教皇利奥十世曾反对他当选,因此他压根没想单单地听从罗马。此外,还有德国的王侯们,这帮分门结党之徒只在为了维护自己的王侯利益时才会凑在一起。最后,还有土耳其人,他们正不可阻挡地沿多瑙河挺进,进入查理奥地利的王室土地。查理清楚,要击退他们需要帮助。这也是他举行沃尔姆斯会议的目的。

除了上述诸多问题,这位皇帝现在还遇到关于路德的难题。根据传统和教会律例,他只需要批准《主啊,求你起来》教谕,宣布路德是罪犯,联合王侯实施法令。然而他要考虑智者腓特烈这样有影响力的人,腓特烈曾顶着教皇的压力拒绝成为皇帝候选人,因此(至少)省去了查理很多麻烦。基于这点,查理在 11 月 28 日,回复腓特烈的请求中写道,路德将可以在沃尔姆斯会议上有申辩的机会,但条件是他不再发表攻击罗马的言论。

158

路德将会有申辩的机会。真的会吗?12 月 17 日,亚良德出现在查理面前。他口若悬河地表明罗马在教义上的反对理由,向查理报告路德的著作在科隆和梅因兹已被焚烧,提示现在这名修士已被逐出教会。查理应当履行他的职责,宣布路德是反叛者。因而皇帝撤回了他的邀请。

一时之间这场游戏似乎结束了。1521 年 1 月 5 日,智者腓特烈抵达沃尔姆斯。真正的驱逐教谕——*Decet Romanum Pontificem*——两天前在岁马公布。这份教谕同时还提名了毕克赫马、斯宾格勒和胡腾。1 月 18 日,教谕送到查理五世手中,还嘱咐他要在帝国会议中宣读教谕,任何保护路德的邦国、城市或者教会也将受到同样的制裁。1 月 28 日,帝国会议正式开幕。两周后亚良德劝服查理,让他起草一份反对路德的皇帝敕令。2 月 15 日,这份皇帝敕令呈现在王侯、主教和自由帝国城市代表们面前。只有萨克森和帕拉廷纳的选侯反对。

就在此时,亚良德周密的计划散架了,就像一栋用牙签建成却没有粘胶的房子似的。民众正在介入这些事件。亚良德向罗马汇报:"眼下所有德国人都决心暴动。十分之九的人喊出战争的口号'路德!',而另外十分之一的人则喊，'罗马教廷去死吧！'"[14]亚良德并没有为了巴结上司而夸大他使命中的困难。但是在 2 月 19 日，与会的王侯们回复查理五世说，如果不经听讼就处罚路德，很可能会导致暴乱和革命。他们并不是建议举行一场和路德的公开辩论，但是提出他应当被召来讨论其他的事务。王侯们向查理保证，如果路德届时还不撤销他的言论，他们将拥护颁布敕令反对路德。

查理五世，下面附有他详细完整
的头衔（汉斯·韦迪兹作）。

杰罗姆·亚良德，沃尔姆斯
帝国会议教皇特使

因而路德会有某种申辩的机会。他对所发生的事知之甚少。2 月底他写道："我完全被工作淹没了。我一天讲道两次；目前正在研究《诗篇》；白天要默想大量的经文；此外还要答复我的敌人们。"他自己对公开暴动的发展方向表示疑虑。他写信给斯帕拉丁谈论胡腾最新的书，"我不能理解，为什么人们会通过武力和屠杀为福音战斗……这个世界应用上帝的道赢回来。"两周后，他写信给腓特烈选侯，说他愿意去沃尔姆斯，条件是他能够得到安全往返的保证。2 月里他曾写信给施道比茨，宣布，"这不是怯弱的时候，而是应当振臂高呼的时候。"[15]

沃尔姆斯会议

路德和他的几个同伴坐着马车花了两周才从维腾堡到达德国最西边的沃尔姆斯。在爱尔福特，人文主义学者鲁贝亚努斯和赫苏斯盛情欢迎他。4

月 7 日,路德在曾居住过的修道院讲道,来听道的人一直挤到院子里。离开
这里之后,路德还在哥塔和埃森纳赫讲道。当他终于在 4 月 16 日到达沃尔
姆斯时,鼓手们宣告他的来临,皇帝的传令官领着这群人,"所有人都拥到街
上看这个修士——马丁·路德。"[16] 大约有两千人护送他入城。他在住处
一安顿下来,黑塞的菲利普,汉尼伯格的威廉和布伦瑞克的威廉三位王侯就
来会见他。他甚至在政治家中也赢得了支持者。

离开维腾堡不久,路德告诉斯帕拉丁,他大老远跑到沃尔姆斯不是为了
撤回他的言论。他仍然想要一个辩论会,心里还记着奥格斯堡。但是他比
以往更加坚定。"我在沃尔姆斯的撤销声明将是:'以前我说,教皇是基督
的代表。现在我认为,教皇是基督的敌人,是魔鬼的使者。'"他知道这是个
紧要时刻,但是毫无畏惧,不再像 1518 年准备面对卡耶坦时那样受恐惧折
磨。"除非被武力阻止或者皇帝收回他的邀请,否则我会在基督的旗帜下向
着地狱之门进入沃尔姆斯。"然而,他非常清楚将会发生的事情。"我已经过
了我的棕枝主日。这盛况仅仅是一种试探,抑或是将要到来之受难节的一
种征兆?"[17]

4 月 17 日下午大约 4 点,路德被引到帝国会议现场。眼前的景象让他
震惊。那里有查理五世自己,一个有一千年历史的帝国的继承人。他旁边
高高的主席台上坐着他的顾问们和罗马的代表们。四围是西班牙的军队,
穿着游行时最漂亮的衣服。大厅其余的地方坐满了德国的政治高层——七
个选侯、主教和教会的高级神职人员、分封的王侯们、大城市的代表们。在
这群显贵中间放有一张桌子,上面堆着很高一摞书。

特里尔的总主教助理对着那堆书,向路德宣告他被召到帝国会议来回
答两个问题:这些书是他写的吗?他现在会选择撤回其中某部分吗?

这位来自小城维腾堡的修士兼教授显然很吃惊。这里没有辩论会,甚
至没有司法听讯。他的法官们已经定下结论。他回答的声音几乎听不见,
"这些书都是我写的,并且我还会写更多的书。"对第二个问题他怎么说呢?
"这涉及上帝和上帝的道。这关乎灵魂的得救……我请求给我时间仔细考
虑。"他被允许到次日才答复。回到住处,他写道,"只要基督有怜悯,我不会
撤回一丝一毫。"[18]

他果真没有。第二天帝国会议的事务使听路德答复一事直拖到傍晚才
开始。烛光给这群涌进罗马式大教堂旁的主教大厅的贵族们增加了一种圣
洁的感觉。路德现在既已知晓对手们的把戏,于是站起来面对这个场面。

同样的问题摆在他面前："你要为所有这些书辩护，还是愿意撤回某些你的言论？"路德做了简短的回答，随后又用拉丁语重复一遍。他说，这些书可分为三类，有一些"是我关于基督徒信心和善行的教导，采用的方式如此清楚、恰当，符合基督教标准"，甚至连他的仇敌都认为很好。他当然不会撤回这些。还有一部分是他"对教廷和教皇至上主义教导的抨击"，撤回它们等于助长暴政。最后，还有一些书是他对他们个人的抨击。他抨击得或许过于激烈，但是他仍然不能撤回，因为这些人维护教廷的暴政。

路德试图诱导他的审查人来辩论，可是对方根本不予理睬。他反驳，认为路德没有切中要点。单个人肯定不能质疑整个教会的传统。现在，审查人宣布，"你必须给出一个简单、清楚、恰当的回答，你撤回还是不撤回？"

路德回答了，用他自己的话说，他的回答没有"棱角和利齿"：

> 除非用圣经和公开、清楚、确切的理由证明我有罪——我的良心听从上帝之道——我不能也不愿撤回，因为违背良心是愚蠢的，也是危险的。

他随后又说，"这是我的立场。我别无选择。愿上帝帮助我！阿们。"[19]

9

流　亡

　　路德出现在沃尔姆斯会议的场面令人印象深刻,但这不是他和那些与会者们最后的交涉。在他宣布他不能也不会撤回他的观点后,会议和协商持续了好几天。这群德国最有权势的政治家们多数希望避免冲突导致的结果。总之,他们被沃尔姆斯满城突然贴满的印有一只农民靴子的招贴画吓着了,这个可怕的符号象征着农民战争。因此路德又花了三天时间和那帮人轮番商谈。最后所有人都清楚,他不会改变观点。最后一轮会谈结束后,他回到住处,他叫着,"我熬过来了！我熬过来了！"

　　然而他不能简单地集合他的同伴然后离开。首先,他必须得到皇帝查理五世的正式允许,查理五世自己有话要说。"我们的先辈,他们也是基督徒王侯……曾忠于罗马教廷,"他向众人说道,"我们当谦卑地效法我们祖宗们的榜样:保护传统信仰,寻求罗马教廷的帮助。"路德将被定罪。查理会履行他曾答应提供给路德的安全保护,但是他指示他的信使提醒路德安全保证期只有二十一天,他必须直接返回维腾堡,不得在路上讲道,也不得撰写文章。[1]路德几乎照办了。

　　4月26日,路德和他的随行人员悄然离开沃尔姆斯。他们朝着北方行进,两天后到达黑塞的弗莱德堡。在那里路德解散了他的护卫队伍,这支护卫队伍包括皇室信使和一小队士兵。他们带着路德给斯帕拉丁和皇帝的信返回沃尔姆斯,路德在信中为自己在沃尔姆斯的行为辩护。4月29日,赫斯菲尔德修道院院长在赫斯菲尔德城外迎接路德,护送他入城。在他的劝说下,路德给修道院的修士们讲道。5月1日,路德和他剩下的同伴们抵达埃森纳赫,他又被劝说讲道,这次讲道的对象是一大群市民。5月3日,在他人的建议下他拜访了莫赫拉的亲戚们。莫赫拉是一个村庄,路德的父亲在他快要出生前离开此地。他再次讲道,但这次是在户外对着一群农民,因为莫赫拉没有教堂。

那天晚上路德和他叔叔一家人待在一起。第二天下午,他们和一些朋友护送路德上路。一行人在阿尔滕施泰因城堡附近分别。不久只剩下路德和他的两个同伴坐着马车行进在一条穿过树林的空旷的路上。突然,四五个全副武装的人骑着马从森林里冲出来,质问路德是否在车上。车夫惊慌地指了指车里的路德。他们把路德掳下马车,拖着他跌跌撞撞到路的尽头,然后拐弯不见了。

此事计划周密,实施完美,以至于很多人认为他们再也见不到路德了。然而这是一场虚惊。当他们安全地脱离人们视线后,路德的新同伴停下来,等他赶上他们,扶他上了一匹马,然后为了隐藏行踪,他们朝北方行进。午夜临到之前,他们穿过了选侯腓特烈的城堡——瓦特堡——的吊桥。事情进展得如此顺利,甚至选侯可以诚实地报告,他不知道路德的下落。

瓦 特 堡

路德在瓦特堡受到了热情欢迎和周到款待。城堡俯瞰着通往埃森纳赫以及从那里直到爱尔福特的峡谷。他叫它"我的拔摩岛"——此岛位于爱琴海,是约翰写《启示录》的地方。"飞鸟王国"或者"空中王国"是另一些他喜欢用来告诉朋友们他大概处所之地的名称。他只要遵守一条原则:重要的是别被人认出来。有一个房间供他使用,这个房间有一个可收起的楼梯,因而在他的头发和胡子长长之前,只有那些最信任的人才可以看到他。路德现在是"乔治骑士",乔治阁下。他在这里住了十个月。

路德早已知道他离开沃尔姆斯之后大概会发生什么事情,而他丝毫不喜欢这个计划。4月28日他写信给维腾堡的艺术家卢卡斯·克拉纳赫(Lucas Cranach),"我让自己被隐藏起来(甚至我自己也不知道我在哪里),尽管我宁愿死在暴徒们,特别是死在疯子萨克森乔治公爵的手中,但是我不应该漠视好人的意见,至少目前是。"他们在沃尔姆斯所说的就是,"这些是你的书吗?'是的。'你要撤回他们吗?'不。'那就滚出去!"路德仍做好战斗的准备。"唉,我们德国人真是瞎眼的,"他补充说,"我们凄惨地受天主教徒愚弄,让他们把我们当傻子,我们太幼稚了!"[2]

165

　　然而在瓦特堡,路德不会有他的战争。由于突然被迫退出争辩,路德偶尔会变得沮丧。他的身体并不适应现在享用的丰盛食物,因此他还严重消化不良。7月他写信给梅兰希顿,"我本应灵里火热,但是现在我却沉迷于肉体、欲望、懒惰、闲暇,还有嗜睡……八天过去了,我什么都没有写,也没有祷告和学习。我一部分受到肉体试探的攻击,一部分受到其他忧虑的攻击。"他这个修士生活在一群属世界的骑士当中。不过从维腾堡送来的一些药片很快治好了他的胃。但是他可不甘心于被闲置。"或许,"他写道,"主给我这样的重担,是为了推我走出这个隐居的地方,进入竞技场。"[3]

瓦特堡

　　但是路德哪儿也不能去,因此他开始专心工作。他曾从马车里抢出他的希伯来文旧约和希腊文新约——就像他自己从马车里被抢出来一样。因此他开始天天读这两本书,虽然没有字典。尽管他向梅兰希顿说了那番话,然而这几个月是路德一生中最多产的时间。在这段时间结束之前,他已经出版了十多本书,完成了整本新约的德语翻译。不到三周的时间,他就完成了这些新书中最早的一本,把它送到维腾堡出版社。然而他仍在给斯帕拉丁的信中说,"我在这里很懒惰,饱食终日,无所事事。"[4]

路德从来不知道什么是真正的懒惰。他所言，毋宁说是指在瓦特堡，他真正超越了曾捆绑他自己的日复一日的挣扎。有时候，他坚定要顺从上帝为他预备的命运。尽管如此，他还是谋划过如何从他的楼阁里下来，甚至还考虑过到另一所大学谋个职位。但是在这件事情上他没有选择。当他最终被允许有少数几次外出时，他被警告不能对印刷品表现出兴趣，因为那可能会暴露他的身份。由于完全没有任何干扰，他只能把时间花在读书、思想和写作上。因此，这个流亡者的第一本书的主题是打开他思想和意图真实状态的一把钥匙。它是对《诗篇》68 篇的注释。这篇注释是用德语写给平信徒的。诗人在悲痛中呼求上帝，求上帝消灭他的仇敌。

路德在瓦特堡的几个月里，这种被抛弃和祈求上帝为自己伸冤的感觉沉重地压在他身上。这也源自大约八年前在他最早关于《诗篇》的系列讲章中关于教会本质的思考。他的感受和思考在他的《尊主颂注释》里面清楚地表达出来。路德在沃尔姆斯会议之前已开始着手写这篇文章，到达瓦特堡后不久就完成了它。在选择马利亚生下耶稣的事件上，他发现了上帝颠覆世界的一个强有力的例子。上帝提升她，正是因为她真的如此卑微，什么都不是。因为她如此卑微，因此她除了信靠上帝的仁慈之外什么都不能做。路德马上就把这个教训应用到自己的处境上。马利亚唱诗赞美上帝让有权柄的失位，路德评论说，上帝允许恶人"成为伟大，把自己当作有势的"。但是，他接着说，"当他们的气球充满空气，所有人都认为他们已经成功，超越了所有阻碍，甚至他们自己对取得的成绩也满意时，上帝拿针刺进气球，接着一切都完了。"

路德在此对信仰生活的理解也完全颠覆了关于马利亚的传统观点。对于中世纪后期的虔诚信仰，马利亚的角色尤其重要。对于路德来说，马利亚确实应该比任何人更受称赞。"我们应当向她祈求，"他写道，"上帝或许会因着她的缘故满足我们的要求。"但是，他又说，"她什么都没做；上帝做成一切。"对所有基督徒而言，马利亚是个榜样，但这不是因为她如此纯洁，而是因为她如此一无所有，还是一个未婚先孕的女人。其中的教训显而易见："你不仅必须在思想和言行上卑微，"他总结道，"而且还要真正变得一无所有，完全陷入贫穷，这样，没有任何人的帮助，唯有上帝才能帮助你。"[5] 马利亚不是因为伟大而当被基督徒效仿的圣徒。她是完全卑微而被上帝祝福的例子。

路德待在瓦特堡时，想到上帝使软弱者变得刚强，他心里大得安慰。他自己完全依靠腓特烈选侯、他的城堡和城堡的管理人员。但是,他在飞鸟王国的逗留并没有使他完全撇下当下非常紧迫的义务。撇开他的日常生活,路德仍是一个喜爱辩论的人。他感觉浑身是劲儿,要去作他自己的工,使有权势的人降卑。

167

一个被定罪的人

　　路德离开沃尔姆斯不久,皇帝就颁布了《沃尔姆斯法令》,宣布他是通缉犯。在法律上,任何人可以打死他而不被判谋杀罪。此外,到目前为止他的教导已经受到巴黎、鲁汶和科隆大学的神学院的谴责。因而,即使在原则上他们认同这是恰当的事情,他们也不会支持把路德的案件上诉于将来的大公会议。

　　路德很少回复这样的谴责。他问,"当一个人被迫同意那些不引用圣经就炮制自己论据的教授们时,谁还能想象圣经仍有什么分量?"但是他到瓦特堡不久后从梅兰希顿那里收到的拉托姆斯(James Latomus)的攻击是另外一回事,因为他的确是根据圣经来论证。

　　路德花了一个月时间完成给拉托姆斯的回复,他像往常一样缜密地阐述了他关于称义的教义。针锋相对是他的辩论风格,他一生都是用这种方式来反驳他的对手。然而路德表达了一个中心思想:人没有哪一部分是无罪的。全人都被定罪,因此全人都被拯救。"任何处于愤怒之下的人是全人在完全的愤怒之下,任何在恩典之下的人是全人在完全的恩典之下,愤怒和恩典关系到这个人"的全部。[6]因此对路德来说根本谈不上有什么良善的火花可以使一个基督徒倾向于去做不完全的善功,比如说购买赎罪券。甚至这样的念头也是自欺欺人。任何善功都不能使人得救。

　　路德的回复充满论战的色彩,这段时间他经常这么做。7月,他给梅森的教士埃姆泽(Jerome Emser)回信,信中他假装撤销所有那些被认为是错误的言论。然而同时他强调所有的基督徒都是互为祭司。埃姆泽显然不喜欢这个小玩笑,因此他继续撰文攻击路德,而路德开心地径直称他就是"山羊"。艾克也再次参与这场争论。路德私底下最喜欢称他废物或者"粪便"。

　　路德是个辩论大师;他骂起人来无人能敌,很多人对此感到无可奈何。但是他把论战才能用于对付他的对手们:他们是——至少自称是——教会

168

的老师。他和他们在一起时从未想过是在参与礼貌的讨论。对于那些教导背离基督教导的人，他从不留情。

路德感到自己被直接呼召来承担捍卫真理反对错误教导的任务。但是他真正关心的是那些不委身的、彷徨的和疑惑的人们，以及那些直接受到正在进行的剧烈变化影响的人。一年前在《基督徒的自由》中他曾说，他试图把这样的人变成被上帝教导的人，因此他也为他们写书。在这些书中，他又一次将其写作转向阐述他的神学对于基督徒生活的日常行为所产生的实际影响。第一本书《论忏悔礼：教皇是否有权要求它》于 6 月 1 日完成。

他的答案是断然的否定。从三百年前的拉特兰第四次大公会议起，教会要求所有的平信徒一年至少一次向神父忏悔自己的罪，通常是在大斋节期间。路德现在宣布这条规定是压在普通人良心上的荒谬负担。他坚持认为没有必要向神父忏悔，因为基督自己只是命令基督徒彼此认罪。"因而，"他敦促道，"无论是什么藏在我们心中的秘密，让我们坦诚地从心底里……相互忏悔、建议、帮助、祈求，无论它是个小过犯还是一处很深的伤痛，然后我们坚信上帝清楚明确的应许，并在此基础上自由快乐地参与圣事，直到我们死的那日。"[7]

现实的关切

路德为平信徒撰写的这些带着现实关怀的书籍最好地反映了他在瓦特堡期间殷勤创作的动力。从他到达的那刻起，他最首要的关切就是牧养。他自己神学发展的核心是完整的，剩下的是阐明其对基督徒生活的日常行为的影响。在这方面，首要的任务是使信徒的良心得到解脱。他自己的灵魂曾被宗教世界折磨，他在这个世界长大成人，现在他试图警告他人远离这种痛苦。台彻尔兜售赎罪券违背了他作为教授的教导，也威胁了他作为牧者的关怀，于是他开始走上这条变革之路。现在他所关心的问题将他推回到争论中，虽然是从很远的地方。路德解释了自己的神学所带来的实际结果，并为自己先前的一切言行承担责任。

维腾堡是一个狭小肮脏的城镇，其中有很多思想不安分的人，这种情况能成为祝福，也能成为诅咒。路德很快得知有些人正开始根据他的教导来行动，至少是根据他们所理解的。早在 5 月他听说他奥古斯丁会的一位朋友离开了修会,并且结婚。路德既没有谴责也没有祝福这一行为。8 月,他建议梅兰希顿反驳他同一学校的教授卡尔施塔特的一系列论文,后者在论文中宣称,在圣餐中不同时领饼和杯是罪。同一月他收到卡尔施塔特另一篇论文。这次这个不安的人论证独身誓愿本身是罪恶的,应该被废除。路德对此回应说,他的朋友们"永远不能强加个妻子给我"![8]

修士誓言的问题是一回事,受它直接影响的只是那些曾经宣誓的人。然而圣餐是关乎每个基督徒的事情。维腾堡大学经过多次内部交换意见后,举行了一个关于弥撒的正式辩论。此后不久,梅兰希顿和几个学生于 9 月参加了新教第一个圣餐礼,所有人都既领饼又领杯,圣餐的重点在于上帝在他子民身上的工作。10 月中旬,路德所属的奥古斯丁修道院以这种仪式假冒善功亵渎上帝为由终止了私领弥撒。

在路德自己的故乡,中世纪后期的宗教世界正在瓦解。人们视这些变化为有辱宗教,因此智者腓特烈写信给他那所规模不大的大学的神学院,询问他们如何看待正在发生的事情。10 月 20 日,教授们举行了一个严肃的讨论,一番争论后,他们宣布把弥撒当作一种献祭是偶像崇拜,因此不能私下举行弥撒,就像为死者举行的。此外,平信徒不能领杯的观点暗示着神父在某种程度上比他们离上帝更近。弥撒不再能被容忍。

路德不得不干涉此事。在他 1520 年的三篇论著里面,他自己明确指出这种改变的必要——当务之急是对弥撒的变革。他和他的同事们一直被教导那是一件善功,是神父为平信徒做的。它本身是蒙上帝喜悦的,即使是神父私下举行(没有会众在场)。路德自己在罗马的时候就曾举行过这样的弥撒。现在他自己修会的弟兄们终止了这一做法。

路德对这些发展的回复是一篇《论私人弥撒的废除》(*On the Abolition of Private Masses*)。为了让平信徒能阅读此文,他把这篇文章译成了德语,名叫《论弥撒的滥用》。他明白,对弥撒进行深刻的变革会让那些曾被教导在弥撒中找到他们救恩的人们非常不安。他也明白那些实际发起这些变革的人可能会因他们正在做的事情而感到非常疑惑。在这本书中,他坦陈,他曾经常这样问自己,"唯独你有智慧吗?难道其他所有人都错了,并且错了这么长时间?如果你错了怎么办,还把这么多人领到错误中去,而这可能会使他们永远被定罪?"[9]

对于路德来说,确定一种行为的对错远不只是一项阅读、思考和得出正确结论的操练。首先,他坚持"应该凭着信心和信靠来对待良心"。因此他给他的同事们坚实的论据，从而使他们或许能对自己的行为有信心。但是同时他要求他们不要强制任何人。新约的确没有说有一个特殊的教士阶层被赋予能力来神秘地处理上帝的奥秘。尽管如此，至少目前不能批评一个因着想让自己灵魂得滋养的缘故而希望按照旧的方式举行弥撒的弟兄。路德反对要求任何人同时领受饼和杯。为所有人同时提供基督的身体和宝血更好，这不等于说因此每个人就必须同时领受饼和杯。

171
　　如果路德是一个理论家，他对弥撒问题的反应可能会很不一样。他可能会要求立即严格遵守这件事情的准确真理。但是他的首要关切在于灵魂和良心。因此他劝他的同事们谨慎行事。结果，当他开始努力解决独身誓愿的问题时，他也开始以同样的方式处理弥撒问题。

质疑修士誓言

　　修士誓言给路德提出了一个特别的难题。1521 年 12 月，他写信给他修会的教区主教代理人（现在是他的老朋友林克），"我将拔着这个斗篷，继续这种生活，直到世界改变。"但是早在同年 8 月，他向梅兰希顿坦言，"如果基督在这里，我毫不怀疑他会解开这些锁链，宣布所有的誓言都无效。"[10]

　　因而路德必须非常仔细地思考这个问题。在他一年前写的《致基督教贵族书》中，他曾经宣布独身对于每天和平信徒一起在世上工作的世俗神父不一定是必需的。但是修士和修女不一样，因为他们是自由地立下誓言，并没有外在的力量把誓言强加给他们。当他开始从安慰受折磨的良心的角度来处理这个问题时，路德最终开始阐明这个问题。如果曾经立下的誓言是为了使发誓者更义，并且遵守誓言仍然是为了这个目的，那么它就是偶像崇拜。但是如果一个基督徒能够自由地在修士誓言里服侍，那么就没有必要否认它们。因此他坚持认为"根据保罗的话，当你自愿遵守律法时，律法就不成为律法了；同样，当你自由地持守誓言时，誓言就不是誓言了。"路德把这些见解分别写在两份文件中送到维腾堡，这两份文件总共包括 280 条命题。当梅兰希顿读到这两份文件时，他评论说，"这是修士得自由的真正开端。"[11]

　　然而，这仅仅是一个开始，路德也清楚这一点。11 月 11 日，他告知斯帕拉丁，"我已经决定攻击修士誓言，把年轻人从独身的地狱里解救出来。因着焚烧和污染,这个地狱完全是肮脏的、被诅咒的。"[12]一天后,他的 13 个修士伙伴离开了维腾堡的奥古斯丁修道院。路德担心他们这样做没有"足够平安的良心",希望他的《论修士誓言》(On Monastic Vows)能帮助他们。

　　这本书(120 页,仅用了十天写成)在某种程度上是一项极个人的许诺。路德把这本书献给他的父亲。他坦率地回忆汉斯·路德曾经如何强烈反对他成为修士的决定。他谈到汉斯在他刚刚主持完第一次弥撒后仍然反对。他直率地承认,当汉斯问他在暴风雨中听到的会不会是魔鬼的声音时,汉斯是对的。"你们,"他现在写道,"很快回来,并带着一个如此正确和切中要害的答案,我一生都很少听到其他人的什么言论像这个答案这样有力地冲击我,并且这么长时间停留在我脑海中。"但是结果是好的,因为现在"从这些誓言之草和花上吹过的风将会使草枯干,使花凋谢"。

　　《论修士誓言》没有超越路德曾在他的论文和私人谈话中表达的观点。然而,现在他的确把这些早期的观点在基督徒自由和对邻舍的爱的主题下组织起来,他在一年多前的《基督徒的自由》中已经发展了这些主题。因此,他说人们可以自由地发这类誓言,但它们并不具有律法一样的约束力。最重要的是,这样的誓言违背了爱的律法,特别是对父母的爱。进入修道院,远离世界,他不能做事来帮助别人。他总结说,"因此,我们可以遵守我们的誓言,但是我们没有义务这样做,因为爱是我们唯一的义务。"在书的最后,他建议那些正在考虑离开修道院的人首先检验自己的良心。如果他们曾经因为认为这样做会蒙上帝喜悦而立下誓言,但是现在他们认为可以在外面的世界更好地服侍上帝的创造物,那么他们应该自由地离开。[13]

　　即使还在流亡,路德的话仍有影响力。在弥撒和修士誓言的事上,路德的话对他维腾堡的同事们是极大的鼓励。在另一件事情上,路德的话阻止了新一轮的赎罪券销售。考虑到路德现在不在,梅因兹的主教本以为他可以在他哈雷的住所开放一个新的圣徒遗物收藏。路德听到时,非常愤怒。他用一篇短小的论文回复——《反对哈雷的偶像》(Against the Idol at Halle)。这篇文章的标题正好暗示了偶像不仅是遗物收藏,而且还是这个好主教本人!斯帕拉丁在和梅兰希顿与主教代表们激烈地协商后终于被劝服去制止路德。结果他完全停止出版这本书。但是只要瓦特堡的一点点抨击就足以终结新的圣徒遗物收藏。路德还写信给主教代表沃夫冈·卡皮托,这位代表在巴塞尔时曾经是一个很好的支持者,"最重要的事情是宣布什么是对,什么是错……"[14]

172

¹⁷³ **访问维腾堡**

尽管在这么多实际事务中发挥重要作用,但路德现在既无聊又孤独。整个 11 月他都在抱怨被"许多魔鬼"攻击,他说,他"嘲笑"它们。事实上,他被那些他曾经努力帮助朋友们克服的疑惑所折磨。由于身边没有一个思想相近的人,他终于无法忍受这种孤独。12 月 2 日,他偷偷地潜出瓦特堡,索要了一匹马,出发去维腾堡。他要亲眼看看那里正在发生什么,亲耳听听人们在想什么。

作为"乔治骑士"的路德(克拉纳赫作)

路德当时骑的肯定是匹好马,并且一定把这头牲畜累得够呛,因为到第二天下午他已经在往东一百英里的莱比锡的一家酒馆吃午餐。他的一些言语应该暴露了他,或许他只是对来自维腾堡的消息表现了太多兴趣。后来当地官员们接到乔治公爵的命令去盘问酒馆的老板,但是那时路德已经往北又骑了三十英里,到了维腾堡。

他在那里逗留了一周多。因为他的假扮虽好却不完美,因此没有拜访修道院的弟兄们。但是当他到达梅兰希顿的住所并打算在那住的时候(梅兰希顿自己住在阿姆斯道尔夫家中),甚至这些朋友们都没有认出他。他们得知这位来访者的身份后,便决定和卢卡斯·克拉纳赫开个小玩笑。他们邀请他过来给一位造访的著名骑士画像。甚至拥有一双艺术家眼睛的克拉纳赫也没有认出他。

对于路德来说,这次访问是剂补药。他确切地看到因着他的教导而正在发生的事情,基本上不再怎么担心了。"我对所见所闻感到非常高兴,"他写信给斯帕拉丁,"主给了有良善意愿的人勇气。"然而有件事很棘手。路德提到"在(去维腾堡)路上,听到谣言说我们中间有人对那些不完全认同我的人有恶意,我对此感到烦恼"。[15]回到瓦特堡后,他决心再写一本书。

结果就有了《警诫全体基督徒反对煽动暴乱书》(*Admonition to All True Christians to Guard Themselves against Sedition*)。路德在这本书中从对软弱良心的牧养关切转向对所有党派行为的攻击。他宣布任何公开的暴乱都是"撒旦干涉的确据"。总之,他宣称,"起义不合乎道理,因为他给无辜者的伤害几乎总是比给有罪的人多……"对于那些打着他的旗号来维护自己行为的人,他只有鄙视。他问,"我,一个贫穷人,臭得像一袋粪便,怎么会到这个境地,任何人都可以把我属世的名字给基督的孩子们?"[16]

心中有着这么多的关切,路德本来很可能亲自跳到纷争中去。但是他仍受制于皇帝的禁令(他余生都是这样),因此他不能直接影响大众运动日常的方向。他待在瓦特堡,开始翻译新约。如果他能够给每个基督徒一本圣经和一本如何阅读和理解圣经的指导书,那么他们都会变成 *theodidacti*,即"被上帝教导的人"。

175

新约的翻译

路德在 11 周内就把整本新约译成德语。他像一个着魔的人,每天翻译超过一千五百字。他的译文非常经典，为现代德语的形成作出了巨大贡献。他决心尽力把这份工作做好，以此来证明"德国的夜莺也能像罗马的黄雀一样唱得美妙"。为了达到这个目的，他非常留意使用大众语言。他写信给斯帕拉丁告知这项工作，"我们偶尔会聘请你来敲定准确的单词。但是请给我们简单的单词，而非那些宫廷或者城堡里使用的单词，因此这本书将以简明而闻名。"在这项工作期间，他宣称，"我已经开始把圣经翻译成德语，这对我有帮助；否则我可能至死都会错误地以为我是个有学问的人。"[17]路德和维腾堡的同事们一起，把他的余生花在准备和修饰他的德语新旧约上。

在瓦特堡的这项最后的工作中，他又成了神学家兼牧师，致力于造就被上帝教导的人。因此圣经翻译是一项神学活动，是路德作为神学教授的另一项工作。他在引言中宣称，形势"需要某种指导，通过[圣经]前言，把普通人们从错误然而熟悉的观点中解放出来，引导他到正路，给他一些指导"。在新约的前言中，路德坚持认为读者"必须被告知可以从这本书中期待什么，当他被告知应该从中寻找福音和上帝的应许时，他不会从中寻找诫命和律法。"

很明显，路德并不认为圣经阅读本身必定会引导任何人知晓上帝拯救的知识。正如他的 *Postillae*（每天对指定经文的默想）——是路德在这段时期断断续续写的，他把这项工作看作是阅读圣经本身的准备。或许他想起自己在"上帝的义"这一问题上的挣扎。现在，路德就像一个兴奋地透露一本神秘小说的结局而感到满足的读者，他不希望那里有错误。他告诫他的读者"必须警惕，以防你把基督当作摩西，把福音书当成一本律法或教义之书，就像在这之前人们所做的一样……""准确地说，"他接着说，"福音不要求我们做任何事情以成圣和得赎。其实它否定这样的工作，它只要求我们相信基督，因为他为我们战胜了罪恶、死亡，以及地狱……"[18]

律法、诫命和规则自有他们的用处。他们主要的任务是定历世历代所有人的罪。他问，"当一个人做一件善事而心里总有些不情愿或勉强时，他如何能使自己因作工成善呢？上帝何以可能会喜悦那些发自不情愿和抵触之心的工作呢？"对于路德来说，圣经，特别是保罗给罗马人的信，对律法和正确生活的阐述非常清楚。"遵守律法就是喜乐地在爱中自由地做律法所要求的事（而非被迫去过敬虔、道德的生活），就像律法或者惩罚不存在一样。"[19]没有人，即便是最虔诚的基督徒，能够达到这样的要求——从来没有。

因而律法也是一把粉碎人的骄傲的锤子，预备基督徒再次聆听福音。因为"知道（基督的）工作和他的生平与知道福音并非一回事，因为前者不意味着你相信他已经胜过罪恶、死亡和魔鬼。"路德说，摩西"敦促，驱使，威胁，打击，严厉惩罚"。与其相反，福音，甚至在八福中，"没有约束我们而是友好地邀请我们。"就像他在《〈罗马书〉序文》里面说的，"如果正确理解律法，如果它按照最好的方式来理解，它所做的就是提醒我们的罪，用它们来杀死我们，使我们有罪疚感，承受永恒的愤怒。"[20]

有了律法，上帝就在隐蔽处工作，就像在一个面具后面。在律法可怕的面目和上帝的要求之下，是他预备罪人（所有基督徒都是罪人）接受恩典的仁慈工作。听律法必须得出一个结论，即"一个人必须有某种在律法之外，高于律法的东西来使他称义，来拯救他"。因而保罗的眼目从律法转到福音上来，在那里他"让我们确信我们仍然是上帝的孩子，无论有多深的罪在我们里面肆虐，只要我们随从圣灵，为了治死罪而抵挡罪。"律法使基督徒不断开始他们的朝圣之旅，而福音"向我们确保圣灵的帮助，爱的帮助，所有被造物的帮助，从而安慰痛苦中的我们，即圣灵在我们里面叹息，受造之物与我们一同盼望，有一天我们可以远离肉体和罪。"[21]

圣 经 神 学

路德所有的神学都源自圣经。这也是当他在沃尔姆斯说他忠于圣经和"明显的原因"的含义。对他来说，圣经首先不是一本关于人必须相信从而得救的教义或律法的书，而是一本传扬基督和他被钉十字架的书，即律法和福音的来来回回，它不停地给罪人定罪和拯救罪人。

这种理解使路德甚至宣称，不是所有圣经中的书卷都对基督徒生活都具有同等的权威。他对他的读者说："你现在应该正确区分圣经中所有的书卷，确定哪些是最好的。"他认定《约翰福音》，保罗书信和《彼得前书》是最好的。"在这些书中，你不会发现很多关于基督事工和神迹的描述，"他承认道，"但是你会发现它们对在基督里的信心如何战胜罪恶、死亡和地狱，赐予生命、正义和拯救有精湛的阐述。"[22]

的确，路德坚持，"虽然你知道教义和诫命，但那并不是关于福音的知识，只有当这个声音来到说，'基督是属于你的，包括他的生命，教导，事工，

178 死亡，复活，他全人，他所有的，他所做的，他所能的。'"福音不是遥远的抽象事物，而是强烈的个人事件。因而，他补充说，"如果我曾被迫做一个选择，要么没有事工，要么不传讲基督，我宁愿选择没有事工，而不愿意选择不传讲基督，因为事工对我没有任何帮助，而上帝的话中有生命，就像他自己曾说的。"

因此，圣经中那些不强调福音、拯救信息的部分，对路德来说重要性相对要弱些。对于他推荐的书卷，他说，"它们教导了你需要知道的关于你的得救的一切，即使你从不会看到或者听到其他任何书卷或者听到其他任何教导。与这些重要书卷相比，圣雅各的书信却没有什么价值，因为它没有包含任何福音的内容。"除了《约翰福音》，路德甚至认为《马太福音》、《马可福音》和《路加福音》也没有那么重要，因为"它们记录了很多（基督的）事工，但对他的话语记得很少。"[23] 在路德看来，福音是基督徒生活的唯一权威，是他乐意传达的信息。

10

回到争辩中

　　维腾堡事件的发展很快背离了路德教牧性的意图。甚至在他离开去沃尔姆斯之前，教授、神父和修士们在关于新教的实际问题上已开始分裂。随后在 1521 年的圣诞节，卡尔施塔特在举行弥撒时没有穿传统圣袍，用德语举行礼拜仪式，并且给参加圣诞节敬拜的人们分发饼和杯。那天晚上稍晚时分，一群人打断了在各个教堂按照传统方式举行的礼拜仪式。两天后，三个人从遥远南部的茨威考来到维腾堡，称自己从上帝领受了特别的启示，他们很快被称为"茨威考的先知"。选侯腓特烈对他们印象不佳，于是把梅兰希顿和阿姆斯道尔宣到面前，告诉他们不要和这些扰乱和平的人有染。他也没有同意他们允许路德回来的请求。

　　卡尔施塔特和大批跟随他的信众在圣餐问题上竭力推进变革。人们开始根据路德在他著作中的主张来行动，整个冬天气氛越来越紧张。几周内，维腾堡的大多数人同时领受了饼和杯。1522 年 1 月 19 日，卡尔施塔特结婚了，人们后来得知路德同意此事，因而其他人也效法结婚。1 月初，来自几个不同修道院的德国奥古斯丁修会的修士代表们聚集在维腾堡，宣布任何想留在该修会的人都可以留下，但是所有人都可自由地离开，并且可以在世上从事有用的职业。甚至那些信守誓约的人现在也可以去传道，从事体力劳动，关怀他人。

　　这些变化直接源自路德在前一年写的三篇文章中的观点，因而他在原则上没有任何反对。然而他非常担心有些变革后面的精神。他也被一些暴力行为所困扰,比如有一次一群人把教会的侧祭台拿掉了,还焚烧教堂的画像和圣油。1月25日,在卡尔施塔特的建议下,市议会宣布所有为慈善目的捐赠的钱从此以后将从教堂里面拿出来,存在专为照顾穷人而设的金库中。城市元老们不再容忍乞讨,即使是托钵修士,因为贫穷和施舍都不会改善任何人灵魂的处境。此外,卡尔施塔特在圣诞节所主持礼拜的仪式现在成为标准。在这个法令的影响下,毁坏圣像的暴乱活动开

在宗教暴乱中受到损坏的圣母怜子像

始出现。随后一些人开始提出婴儿受洗的问题。强制正在变成当时的法则。

选侯的十字架

到这个时候,路德再也不能保持沉默了。他写信给梅兰希顿说维腾堡人要试验各种灵是否来自上帝,特别是茨威考的先知们。他把人们对婴儿洗礼的质疑归为魔鬼的工作。当2月中旬城市长老们亲自请求他回来时,他知道形势严峻。此外,他新约的翻译工作这时也需要书籍和其他学者的帮助。因此不管后果如何,他决定回去。

这个决定给选侯出了道难题。路德还是一个通缉犯。而腓特烈的堂兄乔治公爵(他曾主办莱比锡之辩)给他施加巨大压力,要求他停止正在进行的改革。1月底公爵甚至从纽伦堡的皇室权贵那里获得了一份法令,禁止改变弥撒和违反修士誓言。这项法令还要求王侯们用武力对付所有违背这项规定的人。

路德清楚这种形势,也尽其可能配合他的王侯。首先,他轻描淡写地表

达了回去的打算。他知道腓特烈仍然对圣徒的遗物有感情，于是说，"愿上帝的恩典和喜乐临到每一个新遗物的获得！……不用付出代价和努力，现在上帝送给阁下一个完整的十字架，有钉子，有矛，有鞭子。……愿你喜乐并感恩。"[1]

这个新的十字架是路德。但是选侯是否认同这份幽默不得而知。选侯通过位于瓦特堡脚下的埃森纳赫城的官员，告知路德已知道他的打算，并试图劝他留在瓦特堡。选侯承认他自己不确定什么是正确的做法，但是又说维滕堡人不知道"谁是膳长，谁是酒政"。对于他自己，他愿意尊重路德的"理解"，因为路德对"这样复杂的事情很有经验"[2]。但是首要的是路德不要私自拜访选侯并当面详细讨论问题。智者腓特烈愿意受苦——如果这真是上帝的旨意——但是试探他们共同的敌人是没有意义的。

路德对此很高兴。选侯没有说"不"，于是他在 3 月 2 日踏上归途。两个学生在路上看到他和两个商人在耶拿的黑熊酒馆热烈交谈。后来当这些学生在路上超过他时，他让他们捎话说："告诉人们：那要来的问你们安。"他回信给腓特烈说，"我写这封信告诉您，我正在比选侯更崇高的保护下前往维滕堡。我不打算向选侯阁下请求保护。事实上，我猜想我将会保护选侯阁下……[因为]最有信心的人能提供最大的保护。"[3]

3 月 6 日，流亡者回来了。他的第一个任务是回复选侯的另一封信。选侯希望路德的信能够说明选侯和他的回来没有任何关系。这项任务需要好几次修改，还需要政治敏锐的斯帕拉丁的帮助，但是路德完成了这项任务。他的信写得非常好，以至于当腓特烈把这封信给他堂兄看时，乔治公爵竟然相信了这半虚构的故事。

传讲爱的律法

1522 年 3 月 9 日，穿着奥古斯丁会黑色修士袍的路德登上了讲台。他传讲的信息出乎跟随者的意料。"死亡的召唤临到我们每个人，"他开始讲道，"没有人可以代他人死，每个人都必须和死亡亲自战斗，独自一人。"对路德来说，传讲律法的时间已经来临。他毫不妥协地宣布"与爱分离的信心是不够的。事实上，那根本就不是信心；它是假信心，就像在镜子中看到的脸不是脸本身，而只是脸的映像。"爱不强迫他人，而是服侍他们。罗马教廷遭到谴责是因为它强迫基督徒禁食；强迫他们在圣餐中只领受饼，并且不能用手触摸饼；强迫人向神父忏悔他们的罪。但是维腾堡人在做同样的事情。唯一不同的是，他们强迫信徒做和罗马要求相反的事情。路德宣布他准备永远离开他们。"没有敌人——无论他曾经给我多大痛苦——像你们这样折磨我。"[4]

回到维腾堡后的路德（克拉纳赫作）

183

另外七篇一脉相承的讲道后，紧接着的是一系列关于十诫的讲道，这些讲道让在场的每个人都明白了路德的观点：实施任何改变之前都当先传讲福音，认真教导人民。首先要关心基督身体中最软弱的成员。就像传统的信徒不能因自己的工作而自称高人一等，同样，听到福音的人也不能因他们在圣餐礼中同时领受饼和杯而称自己是更好的基督徒。在律法之下，人人都犯了罪。人们不应当认为自己或自己的群体比别人更"属灵"。无论谁这样做都是在制造假象，因为信心是隐藏的。

这些讲道以及路德回到维腾堡这件事很快产生了影响。在他回来两个月后，他写信给斯帕拉丁，"在这里人们只看到爱和友谊。"3月，维腾堡的一个学生写道，和卡尔施塔特相反，"马丁效法保罗，知道如何用奶喂养[信徒]，直到他们成熟，可以吃干粮。从他的外表来看，路德是一个和蔼的人，温柔，好脾气。他的声音悦耳有力，他说话的方式很吸引人，肯定会令你诧异。"另一个学生称，"一周以来，路德所做的就是把我们已经推翻的东西放回原位，并且严厉地指责我们所有人"[5]。

路德单单地依靠传讲律法和福音而成功地恢复了秩序。梅因兹的主教代表卡皮托此时正在哈雷处理圣徒遗物事务，他听说路德已经回来后便马上访问维腾堡。在1521年和1522年初，他不停地抱怨路德的著作和跟随者导致革命和流血。1521年底他在和斯帕拉丁以及梅兰希顿的谈判中也从不同方面质问了路德的神学。他曾经收买了维腾堡的一个学生，实际上是雇他作间谍。

从各方描述来看，甚至卡皮托看到路德回来后发生的事情也感到惊奇。

一个学生报道说：

> 3月14日，法布里修斯·卡皮托来到维腾堡与路德讲和（或学生们这样说）。他信中某些内容曾经引起马丁极大的愤怒（同样如学生们所说），甚至称他为恶毒的野兽。然而，他们二人确实已经重归于好……曾让卡皮托不高兴的事情而今正开始让他感到满意。我们偶然看到他在维腾堡教堂听路德讲道。

在返回梅因兹向主教报告的路上，卡皮托写信给一个朋友说，

184

> 有学问的人曾经写信给路德；他们力劝他继续保持坦诚和直爽的风格。因此他现在在维腾堡。他每天讲道，拉住他的跟随者们。他指责那些不尊重淳朴民众的人。同时他没有忘记像他在开始时一样继续撰稿。人民已经涌到一起好像要游行，然后继续进入到基督的自由里。[6]

没过一年，这位来自梅因兹的官员移居到斯特拉斯堡，成为那里福音运动的一名领袖。

建 立 团 队

路德的行为对普通人和有高深学问的人都有直接的影响。同时（或许起初并没有意识到）路德开始建立一支愿意在他余生中和他一起从事改革的团队。

这项工作的第一步早在沃尔姆斯会议和流亡瓦特堡之前就开始了。通过他最早关于《诗篇》和后来关于《罗马书》的讲章，他已经逐渐让他的同事们相信后来被称为"维腾堡神学"的真理。一个迷恋思想学派的时代发现了一个新的学派。这个学派强调圣经，它的吸引力已经远远越过萨克森选区的边界。它传播到巴塞尔、斯特拉斯堡和其他地方的人文主义者当中。

在第一阶段，这些人物组成了一个似乎不可能的团体。在这个团队里首先有卡尔施塔特，他比路德早好几年成为维腾堡大学的教授。他是一个纯粹的经院神学家，一个经常根据系统、命题和逻辑后果进行思考的人。早在1519年的莱比锡辩论前，他就加入了一场不断发展的斗争。他的论点

是，在关乎信心的事情上，只有圣经具有权威。也是他在维腾堡领导了把路德的基本观点应用到实际事务——如弥撒、修士誓言、神职人员结婚和关心穷人——的运动。

与卡尔施塔特形成对比，早些年这个团队还包括梅兰希顿。他比路德
186　年轻很多，是学习古代语言的一名学生，而不是神学家。在把教义立即应用到日常实践方面，他也更优柔寡断。他的确参加了新教第一次圣餐礼，在这个圣餐礼中大学生们既领饼也领杯，然而这些学生从严格意义上说也属于神职人员，他让卡尔施塔特把饼和杯分给平信徒。梅兰希顿第一个重要的贡献是帮助路德明白他在神学上究竟走了多远。也是他在 1521 年首次把路德的神学在他的《教义要点》(Loci Communes)中系统地表述出来。

菲利普·梅兰希顿（丢勒作）

约翰·布根哈根(John Bugenhagen)是路德还在瓦特堡的时候来的，他也成为这个团队中特别重要的一员。他在学校当教师时就曾读到路德的著

作。和梅兰希顿一样，他也受过文艺和古代语言的训练。当他第一次读到《教会被掳巴比伦》时——路德在书中把圣礼的数目减少到两个并且从根本上改变了它们的性质——他认为路德是历史上最大的异端。然而，更多思考后，他说，"整个世界都瞎了眼，这个人是唯一看到真理的人。"他和梅兰希顿一起协助圣经的翻译和重译。他还成为德国北部主要改革领袖，一个被"暂时借给"不同领主甚至丹麦国王的人。但是路德看重他，主要是因为路德每天向他忏悔自己的罪。路德记得在一个黑暗的时刻，布根哈根曾对他说："上帝肯定在问他自己，'我还能让这个人做什么？我给了他这么多超人的恩赐，但是现在他质疑我的恩典。'"路德说："对于我，这些话是无比的安慰，就像天使的声音回响在我心里。"[7]

然而，争吵是当时的常态。甚至在路德最亲密的团队中也有矛盾。最易引起问题的是卡尔施塔特，路德回来后尖锐地指责了他。卡尔施塔特对此充满怨恨。他继续在大学里讲课，然而不到一年他就搬到南部大约100英里的奥拉明德镇担任牧师。随后是真正的分道扬镳。反对罗马同时也反对路德的有不少人，卡尔施塔特只是其中的第一个而已。

改革的蔓延

187

同样建立改教家团队的进程在整个德国都在发生。有时候路德是直接负责。4月和5月他回复了几个邀请，参观了一些城镇。在这些城镇里他重复了他在维腾堡所做的事情：讲道，鼓励，建议。总之，他阐明推行"维腾堡神学"并不必然带来革命。阿尔腾堡镇（Altenberg）甚至请他给他们派遣一名传道人，他这样做了。这是首次设立一个新的新教牧师的行为。

然而在大多数情况下，路德在传播改革中的影响是比较间接的。由于那个时候的路途不便且通讯十分困难，也只能这样。尽管如此，改革运动开始在整个帝国的城镇和大城市兴起。就纽伦堡来说，一位教皇代表说，"在这个镇上，人们把马丁当作他们的启蒙老师。"在奥格斯堡，大教堂的布道家雷吉乌斯和他的上司们就赎罪券的问题斗争。在瑞士，茨温利（Ulrich Zwingli）写信给一位朋友说苏黎世的人们到目前为止是在喝奶；不久，他宣称，"他们将可以吃干粮了。"[8]约翰·厄科兰帕迪乌斯曾经在路德之前就攻击私下忏悔，现在他在巴塞尔得到承认。马丁·布塞五年前在海德堡与路德首次相遇,现在他加入了卡皮托在斯特拉斯堡的团队。他们迅速起来保护一位广受欢迎却因阐释《罗马书》而受到攻击的传道人。

1522 到 1523 年间,这场运动迅速蔓延并且扎根。而且那些首先发起运动的人们本身是有学识和地位的人。他们已经认定路德是对的,而大众跟随他们。就像路德写给阿尔腾堡市政会信中所说的,"现在每个人都必须为他自己的缘故知道并且相信什么信仰是对的,什么信仰是错的。"[9]

两 个 王 国

1523 年 3 月,路德的一位反对者指责他无视教会已经确立的历史悠久的习俗。他嘲讽地回道,"我们的上帝没有把'习俗'强加给我们,而只是把真理加给我们。我们的信仰当然不是信靠习俗而是相信真理,即相信上帝本身。"[10]尽管如此,传统加给人们的束缚正在松弛。路德意识到了这种情形,劝勉他的跟随者在进行激进变革前先教导他们的教区民众。然而很多人——比如卡尔施塔特和茨威考的先知们——行动激烈,一点也不考虑路德和他们现世君主的意愿。因而就在指责盲目随从习俗的同一月,路德还写了一篇论文反对煽动民众,即使严格依照真理似乎要求如此。

在这篇题为《论世俗权柄:应当在何种程度上顺服它》(*On Temporal Authority, the Extent to which It Should Be Obeyed*)的文章中,他坚持认为没有人有权利反抗统治者。他说,上帝在这个世界上创造了两个王国。义人属于一个王国,上帝用福音之爱统治这个王国。罪人属于另一个王国。上帝通过世俗之剑的威力来统治这个王国。如果没有这把剑,他宣称,"人就成了野兽"。

爱和剑并行。然而路德毫不作难地声称,基督徒也需要忠于世俗的权威。爱邻舍需要这样的忠诚,"从而不会失去良好的秩序",并且人们不必担心生命受到威胁。皇帝,君主,王侯,市政议会——他们都从上帝直接领受了权柄,基督徒应当服从他们。况且,基督徒本身仍是罪人,需要审判官、监管人和执法官的约束。无论他们的事业多正义,基督徒只能在当局的行为极端不公和敌对福音时才能反抗。甚至在那时,反抗的形式也应当是消极的不服从,是出于对邻舍的爱,并且完全准备好承受坐监和受死的后果。公民个人永远不应当单单为维护他们自认为属于他们的权利而抓起反抗之剑或者反对在上掌权者。任何情况下这样做都是自私的,有悖于爱的律法。

在很多方面,这篇新作的思考和关注点和 18 个月前路德短暂访问维腾堡后写《警诫全体基督徒反对煽动暴乱书》的一样。但是当谴责卡尔施塔特、茨威考的先知和那些他通常称为 *Schwärmgeister*(或者像闹哄哄的一窝蜂似的"四处流荡的邪灵")的人时,路德自己的行为带给他一个问题。他自己曾在原则上鄙视权威,他怎么能同时又指责那些显然是效法他榜样的人呢?

然而他仍然谴责他们。他对卡尔施塔特感到尤为气愤。他本把他看作是维腾堡团队的忠诚的一员。卡尔施塔特现在搬到奥拉明德,并且开始在那里引进曾在维腾堡带来骚乱的相同变革。根据他对路德信徒皆祭司的观点的理解,他废弃所有的圣袍,穿着他教区农民朴素的灰色衣服进行礼拜。并且他还开始发表论文,批评路德对圣餐礼的理解,对传统崇拜的保留,以及他对教会繁文缛节的容忍。他甚至开始提出婴儿受洗的问题。他在他的新书中署名为"新平信徒"。

托马斯·闵采尔

同时,路德开始把卡尔施塔特和一个**真正的**革命者——托马斯·闵采尔(Thomas Müntzer)联系起来。闵采尔曾是路德最早的自称的跟随者,然而他在所到之处无不制造公众暴乱。1521 年 4 月,在对抗市政会和干扰其他牧师们的讲道后,他被迫离开茨威考。茨威考先知们留下继续他的工作。他来到波希米亚,在那里和胡斯派信徒取得了联系。他对他们说,"上帝亲自雇我来收割",在收割中恶者将被毁灭。[11] 作为一个迷恋个人启示的神秘人物,他写信给梅兰希顿和路德告诉他们也当学习预言。1522 年他回到德国,并在阿斯提特镇找到了一份工作。1524 年 3 月他的一群追随者放火烧了附近的一个小教堂。

对路德来说,闵采尔就是 *Schwärmgeister* 的化身。两年前,路德曾说,"我什么都没有做;一切都是上帝的道做的。如果我曾想制造麻烦,我可以给德国带来巨大血腥。事实上,我本可以开始一场甚至使皇帝都面临危险的游戏。"然而,他重申道,"我什么都没做。我让道做它的工。"随后他说,"我仅仅是教导,传道,书写上帝的话……当我睡觉或者和我的朋友菲利普

189

190

和阿姆斯道尔夫喝着维腾堡啤酒时,上帝的道大大地削弱了教权,没有哪位王侯或是皇帝曾使它遭受这样的损失。我什么都没有做。一切都是上帝的道做的。"[12] 相反,卡尔施塔特和闵采尔这类人正努力通过操纵民众来推动事件的进展。

随着时间的流逝,路德和他数目越来越庞大的反罗马敌对者的分歧对他变得越发重要。在这场战争中,言语成为子弹。路德不是寻求建立自己对别人的权威。即使把自己作为榜样,他也会强调他所传讲之信息的权威。他不厌其烦地提醒人们,他并没有寻求成为一名神学博士,而是被施道比茨所迫。"因此,我亲爱的弟兄们,"他说,"请跟随我。我从不是一个破坏者。并且我还是第一个上帝呼召来做这项工作的人。"[13] 在与他反罗马的敌对者的冲突中,路德继续把自己看作是教会的一名教师,一名既在言语上又在行动上领导大家的人。

托马斯·闵采尔,根据一幅 17 世纪的复制图。

闵采尔很快使自己完全丧失名誉。1525 年,他成为农民战争的一名地区领袖。对路德来说,这场战争以及闵采尔在战争中的行为是他巨大的痛苦,因为他们刚好清晰地显示了他曾警告过的情况。

农民战争(1524—1525)首先是对真正压迫的反应。当疾病和饥饿肆虐乡间,人口锐减,这个时候甚至地主们也是受损者。他们失去了能纳税和真正能干活的工人。为了减少他们的损失,他们或者把农民束缚在土地上,或者使他们成为农奴并向他们逼取更多的税款。当鲁特芬伯爵夫人强迫她的农民为一场宴会摘草莓时,他们揭竿而起。附近地区的人们尾随其后。一点一点地,叛乱蔓延开来。闵采尔那个时候在米尔豪森镇,他鼓励人们继续反抗。他宣布上帝的国就要来临,他向农民保证说他从上帝领受了一个特别的启示,根据这个启示,他衣服的袖子会抓住王侯们的子弹。但是闵采尔的袖子没有用。他的农民军在弗兰肯豪森战场上被屠杀。闵采尔被发现藏在一张床里,他受到审判,收回他所有的错误,并被处死。不时发生的暴力和血腥在整个德国持续了好几个月。

路德和农民战争

路德被迫插手此事。他名声太大,威望太高,以至于一份广为流传的有关农民要求的清单《土瓦本农民十二条款》提名他为仲裁者。他通过《和平的劝诫》(*An Admonition to Peace*)做了书面回复。首先,他针对王侯和地主们说话。他谴责他们不公平地对待农民,并且宣称是当权者自己招致反叛。其次,他针对农民说话。他同意他们很多要求是正当的,但是重申他一贯反对叛乱。总之,他谴责他们诉诸基督徒的自由和福音为图谋私利的暴力辩解,说这完全是亵渎。基督带来的是爱,不是自私。双方都应该协商。

这位改教家还竭尽全力切实地改善这种局势。1525 年 4 月底和 5 月初的大部分时间,他穿梭于乡间,劝告农民群众维持和平。尽管他曾被他们看作朋友,但现在他遭到反对、嘲弄,甚至威胁。5 月 5 日,路德可靠的支持者选侯智者腓特烈去世。带着低落情绪和对未来的担忧,路德回到了维腾堡。接着,另一篇文章自他的笔端爆发。《斥亦盗亦凶的农民暴众》(*Against the Murderous and Thieving Hordes of Peasants*)语气较以前的著作不同。路德很尖刻。"现在是奇怪的时刻,"他写

一个农民正被绑在木桩上"焚烧"。
死亡缘于吸入烟气。

道,"这个时候一名王侯可以用血腥赢得天国,比其他人用祷告还更有效!"现在王侯们应该快速行动。作为最后的手段,他们应该"给疯狂的农民们一个妥协的机会,即使他们不配有这样的机会"。如果农民不放下他们的武器,那么王侯们要"秘密或公开地严惩、压制、刺杀他们,要知道没有什么比叛乱更恶毒,更有害,更邪恶的了。就像人必须杀死一条疯狗时一样:如果你不攻击他,他就会攻击你,攻击你所在的整片土地。"[14]就在路德正写这些话时,王侯们已经在做他建议的事情了。

那时路德因着这本书受到强烈的批评,就像今天他为之受到批评一样。

批评声音如此之大，以至于6月他又写了《关于严责农民一书之公开信》（*An Open Letter the Harsh Book against the Peasants*）。但是他一句话也没有收回。他指出他和王侯们的残暴一点关系没有，那些王侯们甚至屠杀了那些已经投降和入狱的人们。他确信这些"冷酷的暴君们"定会遭受"地狱的烈火"。但是对他来说，仍然没有比叛乱更坏的事情——除非有人认为上帝的话语支持叛乱。以闵采尔为首的农民两者都是。路德坚持他一定会维护上帝的道。他补充说，"当我有时间和机会时，我也会攻击王侯和地主们，因为作为教师，王侯和农民在我看是一样的。"[15]

第四部分
真教会

11

"假弟兄"

　　圣餐之争开始于农民战争之前,之后持续了很长时间。事实上,这场纷争是路德一生中最难熬的考验之一。争议的问题既简单,也复杂:耶稣在他被钉十字架的前一天晚上说,"这是我的身体,"又说"这杯是用我的血所立的新约",他用意何在? 这番话是按照字面意思来理解,还是像"我是葡萄树"一样,需要按比喻来理解?

　　虽然有许多问题现在看来或许无足轻重,然而这个问题的答案对基督徒的生活有巨大的切实影响。一方面,正如路德在 1525 年 1 月发表的《反对天上的先知》(*Against the Heavenly Prophets*)所述,他坚持认为破坏圣像和执意迅速变革敬拜形式(这些行为源自一种新的神学理解)和农民战争同属叛乱行为。另一方面,路德本人在神学上对弥撒有疑问。在他生活的年代,人们接受的教导是:神父在诵念祝圣祷文时,饼和杯的本质突然变成基督的身体和血,即所谓的变体说(transubstantiation)。持上述观点的人认为,弥撒是一种献祭,因而是一种对救恩有价值的善功。此外,根据这种解释,神父被赋予特别的权威——因为只有他才能使这种质变发生。更进一步说,饼和杯在圣餐中变成了基督的身体和血,它们是如此神圣,以至于平信徒不能触摸它们。信徒只能向它们献上敬拜,就像圣体节(这个节日仅可追溯到一百多年前)的游行队伍所做的一样。为了使实践和教义和谐一致,进行一些变革是必要的。

象征性理解

在这场运动中,路德遇到了不同的意见,其实分歧的种子早已埋下。一百多年前,英国人约翰·威克里夫(John Wycliffe)就曾断言饼和杯是身体和血的象征,而不是身体和血本身。既然如此,神父对平信徒并不拥有任何特殊权力。波希米亚人胡斯认同这种观点,他与他的跟随者声称平信徒确实可以触摸这些圣物,并且应当饼和杯一同领受。

甚至在路德从瓦特堡回来之前,卡尔施塔特就已持定一些这样的观点。他把饼和杯一同分给平信徒,还决定在举行弥撒时不着传统圣衣,也不举行惯常的敬拜仪式。卡尔施塔特之所以这样做,是因为他根据象征意义来解释祝圣祷文。他已经远远偏离了当时的传统,甚至还坚持平信徒**必须**亲手持饼。

卡尔施塔特制定了另外一套敬拜规则,但却被路德视为对律法的又一个错误应用。然而自己被称为胡斯派信徒的事实促使路德更早地思考这个问题的根源:在纪念主的晚餐中,饼和杯真正是什么,或者变成了什么?早在 1519 年,在他发表的《基督的身体》(*Sermon on the Body of Christ*)的讲章中,路德就讨论过此问题。那时他简单地认为基督的身体和血是实际存在的,强调在圣餐中上帝恩典的赐予。他还引用保罗在《哥林多前书》10:16—17 的话,着重指出在圣餐礼中,所有的基督徒是"一个饼,一个身体,一个杯,一切都是共同的"[1]。基于这段经文而非对祝圣祷文的重新解释,路德认为所有人都可以同领饼和杯。与此同时,路德认为应该按照字面意思来理解耶稣的话,即饼变成了耶稣的身体,杯变成了他的血。

不久之后,路德就不得不更细致地思考这个问题。1522 年(此时距圣餐之争还有两年),他的朋友保罗·施佩拉图斯(Paul Speratus)就饼和杯只是基督身体和血的象征的教导征询他的意见。施佩拉图斯的问题和勃兰登堡—安斯巴赫的乔治侯爵在 1523 年向路德提出的问题类似——是否应当尊崇圣餐中的饼和杯?路德对这两个问题的回答是一样的:在圣餐礼中,饼和杯是基督的身体和血,然而人们是否尊崇它们并不是最重要的事情;没有人被强迫一定要这样做或不这样做。尽管如此,路德认为有些人"把单词'是'扭曲成'代表'"是"草率的行为,没有圣经根据"[2]。由此可见,关于耶稣所说"这是我的身体"和"这是我的血"的含义这个问题出现已久,只是需要某个契机使之公开。这个契机就是卡尔施塔特。

1524 年秋天,路德和卡尔施塔特在耶拿的黑熊酒馆会面,讨论他们在敬拜仪式大变革的步伐和必要性方面的分歧。经过激烈的交锋,路德扔给卡尔施塔特一枚硬币,挑战他进行一场文字决斗。卡尔施塔特接受了路德的挑战,开始发表反对路德的文章。甚至在当局以他是麻烦制造者为由而把他驱逐出教区后,他仍继续撰写此类文章。他流浪到西部和南部,先到斯特拉斯堡,之后到巴塞尔,最后到瑞士的苏黎世。当他到苏黎世时,他已经发表了十三篇与路德争论的文章。卡尔施塔特的这些文章着重阐述了祝圣祷文的含义。

"外在的东西"

卡尔施塔特在他的旅行中浇灌了分歧的种子。其实这些种子早已播下,即将发芽,虽然在地面上还看不到。很多人因他的旅行感到不安,这部分是由于他曾和路德走得非常近。路德和斯特拉斯堡改教家布塞和卡皮托的关系尤其受到危害。他们当然压根不喜欢卡尔施塔特以及他的行为。卡皮托甚至在文章中称他"沽名钓誉"。

马丁·布塞

约翰尼斯·厄科兰帕迪乌斯

事实上，卡皮托和布塞在圣餐礼中饼和杯的问题上和路德早有不同看法，但是他们决定征询别人的意见。1524 年 11 月，就在卡尔施塔特不受欢迎地访问他们城市后，他们俩就祝圣祷文的含义请求路德和茨温利给予指导。

198　两封信的关键内容差不多是一样的。他们给这两位同道讲述了他们听说的卡尔施塔特的教导，接着描述了他们如何理解这件事。他们给茨温利写道：

> 饼和杯是外在的东西（无论它们可能是什么），它们本身不能为拯救成就任何事；但是纪念主的受死既是有益的也是必需的。因此，为着这个目的我们告诫我们的［教民］要吃主的饼，喝主的杯，而不考虑其他事情。

乌尔里希·茨温利

他们给路德的信中写道：

> 饼和杯是外在的东西，无论饼是不是基督的身体，杯是不是他的血，它们于救恩都不能提供任何东西。总之，肉体是没有益处的［约 6:63］。然而恰恰相反，纪念主的受死——为了这个目的——这才是唯一带来救恩的。[3]

199　茨温利很快从苏黎世回复斯特拉斯堡的牧师们，他认为他们三人观点基本上一致。饼和杯是基督身体和血的象征，圣餐礼真正的益处是纪念基督的死和复活。总之，路德的反对者们在圣餐之争中的立场早在纷争开始前就已逐渐显现。

"这是我的身体"

同样，路德的立场也早已成形。他给斯特拉斯堡改教家们的回复和茨温利大不一样。这封回信是路德很多还未到达收信人手中就早已通过某种方式印刷出来的信件之一。这封信——《致斯特拉斯堡基督徒的信——反对狂热精神》(*Letter to the Christians in Strasbourg against the Enthusiasts*)——展示了路德的好辩。路德称卡尔施塔特是所有问题的起因,将其教导称为"一场烟幕"。斯特拉斯堡的神学家们应当保护自己不受这些教导的影响。"对我来说,'这是我的身体'的经文是强有力的。我不能不面对它。"[4] 任何试图把饼和杯变成基督身体和血的象征的人都是撒旦的工具。

细读来自斯特拉斯堡的信件后会发现,卡皮托、布塞和茨温利已经引用《约翰福音》6:63 的经文来支持他们对饼和杯是什么或变成什么的理解。当耶稣说,"这话是叫你们厌弃吗? ⋯⋯叫人活着的乃是灵,肉体是无益的。"他们认为耶稣是在设立一个原则,此原则可以应用于圣餐中的饼和杯。因此饼还是饼,只是作为基督身体有力的象征存在,而酒还是酒,象征着基督的血。物质的事物并不传达属灵的实在。

相反,早在 1520 年(当路德发现自己被指控为胡斯派信徒或者波希米亚人时),路德曾随口评论说整个《约翰福音》6 章根本不能应用到耶稣"这是我的身体","这是我的血"的宣告上,他在《圣礼特定条款解释》(*Explanation of Certain Articles on the Holy Sacrament*)中坚持认为,"主在这段经文中一点也没有讲到关于圣餐的事情。相反,他是在谈论对神子和人子基督的信心。"稍后他又宣称,"我看这些(特殊的)波希米亚人是异端。愿上帝怜悯他们!"[5] 在他后来的对手引用这段经文四年之前,路德就断言说,这段经文不能用来解释祝圣祷文。

路德回复布塞和卡皮托的询问后不久,得知茨温利的教导提到在圣餐礼中吃基督的身体仅仅意味着基督徒应该"相信他的身体为了我们被交付死亡"。1524 年 11 月,一位朋友寄给路德一封信的抄件,在信中茨温利宣称他敬佩卡尔施塔特在圣餐礼问题上的勇敢。次年 3 月,茨温利发表《宗教真伪辨》(*Commentary on True and False Religion*)。在这篇文章中,他宣称基督不是身体临在饼和杯中。路德的同事布根哈根 7 月中旬反驳他的观点,厄科兰帕迪乌斯回复布根哈根的反驳,随后另一位路德的跟随者又驳斥厄科兰帕迪乌斯。

其他人也加入这场论战。但是这场论战事实上和路德与他的罗马反对者的斗争很不一样。首先,路德除了在《反对天上的先知》中总体上反对宗教激进主义,作为个人,他没有太多介入早期的交锋。这一方面是因为其他人在代他争辩,另一方面也是由于其他事情分散了他的精力。

路德与卡尔施塔特的矛盾最早出现在 1524 年。随后,1525 年初,农民战争激烈爆发。同年稍后,路德发现他的注意力再次被引向卡尔施塔特,但是方式大不一样。1525 年初,卡尔施塔特在德国游荡。在法兰克福时,他和妻儿陷入了窘境。他写信给路德请求他与萨克森的王侯们交涉,希冀他们能允许他回到奥拉明德镇。路德真的这样做了,但是却徒劳无功。接着卡尔施塔特派妻子去见路德,改教家最后同意给他的这位反对者在维腾堡提供八周时间的秘密住处。作为路德的客人,卡尔施塔特又写了一本书,收回了很多他曾经发表的言论。路德甚至给这本书撰写了前言和序言,在前言中声明卡尔施塔特与农民战争没有任何瓜葛,并在序言中着重提及卡尔施塔特正在如何改变他对圣餐礼的观点。即便如此,路德清楚地表示,他并不信任卡尔施塔特。

201

结　　婚

另一件意想不到的事情将路德的注意力从与瑞士神学家们不断升温的斗争中转移开来。6 月 13 日他和卡瑟琳·冯·伯拉结婚。凯蒂——他后来这样称呼她——是两年前 4 月的一天来到他门口的修女中的一个。她们藏在啤酒桶或鲱鱼桶中逃离西多会修道院,现在必须为她们做些什么。到 1525 年,路德为其他所有人找到了地方,并且还为大多数人找到了丈夫。只剩下凯蒂这位有着贵族血统的漂亮女子尚无着落。她拒绝了路德为她所做的所有永久性的安排,包括一些可能的追求者。据说她只同意和路德本人,或者可能他的同事尼古拉斯·阿姆斯道尔夫结婚。路德给一位朋友的信中写道,"那时我的心思在其他事情上,突然之间,毫无准备地,主用婚姻之轭俘获了我。"[6]

路德大多数同事也同样惊奇。凯蒂在他们中间已有两年,他们谁都没有想到路德会被她吸引。如果路德有什么计划,他也从未向他们透露。他们同样对这桩婚姻的公共关系方面感到忧心忡忡。事实上,一些人不怎么喜欢凯蒂,因为她有主见,而且毫无保留地让别人知道她的想法。

203

路德称他结婚是为了给老汉斯生孙子,给那些彷徨的人一个榜样。这些是他所能确定的最有可能的真实动机。仅仅几个月前,当他途经农民暴乱地区时,路德曾和他的父亲交谈,汉斯再次表达他能有更多后嗣的愿望。同样,路德的行为也鼓励了很多正在考虑婚姻的人们。现在他宣布,"我要通过实践确认我所教导的,因为我发现很多人尽管有福音大光的照耀,却仍然胆怯。这是上帝的旨意,他也成就了这个旨意,因为我没有堕入爱河,也没有欲火攻心。但是我的确爱我的妻子。"[7]

对路德来说,早上醒来发现枕头边有两条辫子让他很不适应。他结婚时已 42 岁。正如他在给一位朋友的信中写道,"上帝喜欢施行神迹来嘲弄取笑我和这个世界。"在给另一个朋友的信中他写道,"对我来说这太奇怪了,我简直不能相信。然而有如此多的见证人,为了他们的缘故我也不得不相信。"[8]路德的同事们甚至最终也被征

凯蒂的结婚戒指

服了。例如梅兰希顿就说,或许婚姻能够治路德爱好开粗鲁玩笑的毛病。他错了。

这是桩好婚姻。两人培养了真正的感情,他们有六个孩子。一直造成两人矛盾的一个原因是路德认为钱是用来花和送人的。"啊,凯蒂,"他曾说,"当钱没了的时候,就不喝酒了。"[9]然而,凯蒂持家非常严格。为了增加额外收入,或许是在她的敦促下,路德曾拿起木匠活。事实还证明他是个能干的园丁。但是这对夫妻在家庭财政上很幸运。智者腓特烈的继承者约翰选侯送来了一份 100 金币的厚礼,并且提高了路德的工资,从而使他能够应付新的责任。梅因兹的主教本人送来了 10 金币。路德命令把这份礼物退回去。凯蒂没有听从,留下了钱,到柜子里第一次没钱的时候才拿出来用。

与伊拉斯谟辩论

农民战争,应付卡尔施塔特,还有结婚——这些都阻止了路德跳进关于圣餐礼日渐激烈的争议中去。然而,另外一件事出现了:他与伊拉斯谟的争论。路德发现这特别令他痛苦,因为他曾寄望于伊拉斯谟至少会仁慈地保持中立。

与伊拉斯谟的争论是另一个由来已久的争论。1517 年初,路德曾写信给一位朋友,"我正在读伊拉斯谟的著作,而我对他的尊敬与日俱减……虽然我宁愿不论断他,但是我劝告你不要读他全部作品,或者不要不经思考就

接受他的观点。"[10]一年后,当伊拉斯谟得知他的跟随者使用他的出版商来印刷一版拉丁文的路德著作时,他提出反对。然而在起初几年里,这两位巨人友好通信,或者说至少没有积怨。路德给伊拉斯谟写信时自称为"你在基督里的小弟兄",而伊拉斯谟也曾借着向智者腓特烈称赞路德,回击教皇特使亚良德的阴谋。

卡瑟琳·冯·伯拉·路德(克拉纳赫作)

伊拉斯谟和路德共同的朋友和支持者们努力想让两人维持正常关系。但是这两位主角的根本分歧无可消除。对于伊拉斯谟来说,真正的宗教基本上是关于心灵趋向的事情,是充满头脑的智慧,是对邻舍爱的态度。真正的教义在其中没有什么位置。他藐视路德的老师们,既那些经院神学家,不是因为他们教导了错误的教义,而是因为他们教导了太多的教义。对他来说,庄稼汉和织工在劳动中唱赞美诗就是真宗教。而路德在《诗篇》和《罗马书》中正在发现关于上帝的义的全新教义。当伊拉斯谟在推广博学的虔诚时,路德正开始走向引发宗教改革的教义发展之路。伊拉斯谟看到他自己的跟随者一个接着一个转向路德。

因而,伊拉斯谟日益确信路德的运动在破坏良好学问和真正宗教的复兴,这也不足为奇。于是他开始寻找一个问题,使他能和路德拉开距离。他没有自然地想到教义问题。即将成为英格兰亨利八世大法官的托马斯·莫尔提议意志的自由,这成为伊拉斯谟写作的主题——即使他对此不是很感兴趣。1524 年 9 月他在一本题为《论自由意志》的书中攻击路德。

伊拉斯谟一开始就宣称,他在这样的事情上更倾向持怀疑的立场,除非教会或者圣经和古代教父们的见证促使他改变立场。作为一个坚持自己原则的人,他接着论证这个问题不能最终解决。圣经的经文是不清楚的,因此人得诉诸经验和理性。他总结说,因为人类在善和恶、更好与更坏中间做出选择,又因为他们被命令这样做,所以他们必须**能够**这样做。因此他们至少必须有少量的自由意志,能多少促成上帝的恩典以表达自我。

205

意志的捆绑

伊拉斯谟讨厌教义争论。即便如此,他已经染指路德与其天主教反对者的基本神学分歧,而路德为此感谢他。路德在发表的回复中告诉伊拉斯谟,"你是所有人中唯一抓住事情本身及问题核心的人,并且你没有使我陷入关于教皇权威、炼狱、赎罪券的本质或者其他这类不相关的问题中。你,并且唯独你看到了事情的核心,把刀插进了要害处。因此我向你致以衷心的感谢。"[11]

即便如此,路德还是为他所读到的内容感到震惊。伊拉斯谟的书出版于 9 月。11 月,路德写信给那些催促他立刻回复的朋友们,"我无法描述我对这本小小的关于意志自由的书感觉多么糟糕……一位如此有学问的人竟然写出一本如此无知的书,让我回复,这太困难了。"[12]因此路德推迟了回复。直到大约 15 个月后的 1525 年 12 月他才发表他的《论意志的捆绑》(*On the Bondage of the Will*)。

对于这项任务,路德使出了他作为职业神学家和辩论家的所有技能。当代读者很难读懂《论意志的捆绑》,因为路德有力地使用了所有16世纪神学家的武器。这首先需要逐一反驳对手的所有观点。伊拉斯谟使用了二百多处圣经经文来证明这个问题没有最终答案,但是看上去人的意志能够拥有某种程度的自由。路德详细地回复了每处引文。他认为"人被允许有自由选择的权利,但只是对于那些在他之下的,而不是在他之上的。"人的确有尊严。"上帝不是为鹅创造天国。"[13]

但是所有与神性相关的事情又另当别论。人的意志不能选择"接近上帝的义"。真正意志的自由是神圣的属性,"只有上帝能把它公平地赋予人类。"他借用奥古斯丁的话来阐明他的意思:"人的意志就像[上帝和撒旦]之间的一头野兽。如果上帝骑着它,它所愿所去的就是上帝意愿的地方……如果撒旦骑着它,它所愿所去的就是撒旦意愿的地方。它自己并没有能力选择走向或寻找哪位骑手,但是骑手相互争斗决定谁会拥有它或统治它。"[14]即使最虔诚的人在这件事情上也没有选择。然而,这场宇宙争战的结果从来没有疑义。在基督里,上帝得胜。

路德从不是个古板的神学家,他还抓住了伊拉斯谟留给他的机会,利用嘲讽这一古老的战术。伊拉斯谟在他的文章开篇说他不是一位神学家,"我绝不乐于作出'断言',所以,只要在神圣不可侵犯的圣经权威以及教会规条许可之处,我会欣然地在怀疑论者的意见中寻得慰藉……"[15]

这个宣称令路德震惊。他回复说,"想必你仁慈的心肠和对和平的热爱激起了你这样的情怀(也唯有如此看才公道)。但是,如果有其他任何人这么说,我大概会照一贯的作风起来抨击他。"对路德来说,如果没有"坚定地持守、陈述、宣告、捍卫你的立场,坚持不懈地使之永不被征服",便没有基督教。对像意志的自由这样重要的问题说不可能有最终答案,这是撒旦的作为。总之,路德坚持认为,圣经对所有关乎救恩的重要事情都说得很清楚。救恩的创始者是上帝还是拥有"自由意志"的人类正属于此类问题。在这里,路德试图维持礼貌的努力失败了。他问道,"在这种情况下,他还声称渴望获得不坚持任何立场的自由,还有什么声称比这更亵渎上帝呢?"[16]

《论意志的捆绑》沉重打击了伊拉斯谟。他两次做出回复。对路德来说,他自己一个人在这场辩论中的贡献已经够了。他完全在暗示伊拉斯谟不是一个基督徒。伊拉斯谟不仅是错的,而且他把自己放在信徒的教师的位置上。在这种情况下,路德的反驳不遗余力。

圣 餐 之 争

"因此我曾宣布,我写的不是反对肉体和血,就像使徒保罗教导的,而是反对撒旦和他的跟随者。"路德就这样最终把矛头指向茨温利、厄科兰帕迪乌斯、布塞和卡皮托。当他最后和他们角斗时,他相信他们和伊拉斯谟一样错了,并且是在一个对所有基督徒同样重要和具有圣洁意义的问题上错了。如路德所说,"我们有意回避,谴责他们……为他们祷告,劝他们停止。"和伊拉斯谟还有罗马的捍卫者一样,这些敌人也是撒旦的工具。而对于撒旦,就像他曾说过的,人们"必须置之不理"[17]。

他的对手们发现他们在这场斗争中既尴尬又处于劣势。一方面,他们为路德辩论中的激烈言辞感到尴尬,就像很多人现在看到路德这些言论仍然感到尴尬一样。另一方面,他们感到必须承认自己深深得益于这个现在正猛烈攻击他们的人。厄科兰帕迪乌斯是一位举止温和、有学术风度的人,他撰文回复路德的《反对天上的先知》,"这些话是一位愤怒的人说的。"然而他进一步说,"我并不想反对你的观点,我把你看作一位可敬的、宝贵的福音的仆人,通过你,上帝开启了很多人的眼睛,让他们能够认出真正的真理之路。"[18]

这种感激和忠告的言辞对路德来说一点也不重要,对他来说,基督是在身体的意义上还是在属灵的意义上临在于饼和杯中,这一问题的含义远远超出了圣餐。比如说,厄科兰帕迪乌斯和茨温利一样依据《约翰福音》6:63来理解祝圣祷文。但是他补充说,因为基督复活了,坐在父的右边,他不可能身体真实地临在于饼和杯中。对路德来说,这样的论述简直就是"纯粹的物理学"。反之,他回复说,"首先,圣经说基督有一个身体,这我相信。其次,这同一个身体升天且坐在上帝的右边,这我也相信。它又说这同一个身体在圣餐礼中,给我们吃。这我同样相信,因为我主耶稣基督能轻易做他想做的事情,而他自己的话证明他想这样做。"

至少,厄科兰帕迪乌斯使路德相信,任何反对祝圣祷文字面含义的论点都是源自于人的逻辑假设。此外,路德认为,任何这样的假设随后又可能转而反对其他基督教信条,比如道成肉身、三位一体,或者基督本身的属性。就像他说的,"我们认为基督的肉身非常——确切地说是绝对——必需。任何经文、任何解释、任何人的推理都不能将它夺走。"[19]

对路德来说,圣餐之争的核心问题是对人的肉体本身的地位的理解。在他看来,一个大错误来自这个论点:根据《约翰福音》6:63,物质本质上不能承载属灵益处。在一本为 1527 年春天法兰克福书展准备的书中,他坚持认为,"如果我们身体外在实际所做的一切都有上帝的话指引,并且是在信心里做的,那么无论在事实上还是名义上它们都是属灵的。'属灵'仅仅是通过圣灵和信心在我们里面并且通过我们成就的事情,无论我们处理的对象是物质的还是属灵的。"他认为,相反,"我们的狂热信徒……认为在有物质和身体存在的地方,属灵的事物就不会存在,并且他们认为肉体没有益处[约 6:63]。"[20]

因此在路德看来,圣餐之争中他的对手的主张,正如伊拉斯谟在《论自由意志》中的论证一样,是攻击他的神学要害。两者都允许人的理性侵犯圣经明明白白的话语。两者都要求基督徒为了自己的得救做点什么。两者都把上帝的工作局限于那些在某种程度上已经圣洁的人身上。两者都令他想到在修道院经历的挣扎。路德发现没有理由对这些"假弟兄"比对他来自罗马的反对者更加仁慈。

公众人物,公共问题

"假弟兄们"——他们永远不会完全排斥路德——的见证日益增加,部分是因为到 16 世纪 20 年代中期,路德比以前愈益成为一位公众人物。一名主要的反对者——他后来成为一名主教——在报告中对游客说,"那些没有见过马丁·路德和教皇的人算是什么都没见过。"在很多人的旅行表中,维腾堡成了一个停留地,包括政治道路坎坷、丢掉了皇冠的丹麦国王克里斯蒂安二世(Christian Ⅱ)。路德后来评论说,这个人证明了"上帝对国王像孩子们对玩牌一样严肃"。[21]

同时,改教运动正成为一个公众事件,甚至到 1525 年在德国已经无法分开政治和宗教了。地方的反对使得很多统治者甚至不愿去执行反对路德及其跟随者的《沃尔姆斯法令》。1522 年,新任教皇阿德里安六世(Adrian VI)上任,要求正在纽伦堡举行的会议立法颁布法令来执行。这项一年后政治家们终于同意的法令明显说明事情发展得有多快。每个人都在传讲"唯独圣福音"和"避免有争议的话题……正在等待已经被提议的教会公会议的决定"。[22] 现在是政治家们在诉诸教会公会议！

只有查理五世和罗马的代表们认为事情越来越糟。1526年6月底，在施佩耶尔召开了新一次的帝国会议。颁布和实施《沃尔姆斯法令》的呼声再起。王侯们和城市议员们再次诉诸未来的公会议。这次他们挑衅地补充道，他们每个人可以按照自己所理解对上帝和皇帝的责任来处理法令。

表面上看来一切都进展顺利。路德在罗马方面的反对者无法继续反对他和他的大多数跟随者。对于"假弟兄"，他已经明确地澄清了福音的真理涉及市民暴乱、教会仪式和圣餐礼的性质。他已经结婚，并且家庭兴旺。1526年6月7日，他第一个孩子出生。路德给儿子取名为汉斯，以纪念他的父亲。十天后路德写信给他的老朋友斯帕拉丁，"我已经开辟了一个花园，还筑了一道墙，这两项都很成功。请来参观吧，你会有百合和玫瑰为冠冕！"[23]

然而，路德的生活绝没有变得一帆风顺。1523年，宗教改革出现了第一批殉道者。两个新教信徒在荷兰被烧死。与卡尔施塔特、农民、瑞士人以及伊拉斯谟的争战都给路德带来伤害。此外，很多宣称是他跟随者的人被迫为他们的信念付出代价。乔治公爵追捕离开修会的修士和修女，好像他们是罪犯一样（根据法律，他们的确是）。公爵和他的同盟还伺机剥夺路德新的王侯约翰选侯的头衔。"只有你一人有智慧吗？"这个问题不止一次又萦绕在路德心头。

210

身体和灵里的试炼

路德做修士时对身体的摧残亦开始产生后果。在面临压力的时候，比如在奥格斯堡、沃尔姆斯或是瓦特堡时，他常感觉从脖子以下整个的消化系统都不适。1527年，他开始被更多严重疾病折磨，还都是慢性的。4月22日，阵阵头晕目眩曾使他放弃讲道。约在7月6日晚间，他感到异常虚弱，确信自己就要死了，因此把凯蒂和他的朋友们叫到身边。8月，瘟疫蔓延到维腾堡，很多学生和老师都逃走了。选侯催促路德也逃离。但是他选择留下，尽管他的讲堂里几乎空空如也。11月，他的信中说，他和他的家人生活"在提心吊胆之中"[24]。

在 16 世纪,瘟疫的威胁是非常普遍的,因此在 11 月初路德撰写了一本题为《人是否可以逃离死亡》(*Whether One May Flee from Death*)的书,来安慰那些已经这样做的人。他说,逃离明显的危险是自然的,甚至是上帝赐给人的反应。只有牧师和官员不能,因为上帝赋予他们的职责要求他们留下帮助那些患者。(那时普遍发生的事情是当瘟疫来袭时,医生是最先逃走的,因为他们会辨认症状。)在那个时代,最常用的抵御方式就是隔离,路德建议每个教区都应该为患者建立一个家,"这样,不是每个市民都必须把自己的家变成医院"[25]。这是他的经验之谈。他和凯蒂接收了许许多多感染瘟疫的病人,在瘟疫离开他们城市后他们家还得继续被隔离。

这些身体的危险比起他在同一时期经历的沮丧根本不算什么。就像他做修士时一样,这远远不只是精神的抑郁。在他认为自己将死的那晚,他写道,"我绝望了……"在给逃离瘟疫的梅兰希顿的信中,他讲述了另一次疾病的发作:"我有一周多在死亡和地狱中度过。我浑身疼痛,现在还在发抖。我完全被基督抛弃,在摇摆、绝望和亵渎上帝的风暴中挣扎。但是通过圣徒的祷告,上帝开始怜悯我,把我的灵魂从地狱拉出来。"

路德创作的赞美诗《上主是我坚固保障》手稿

根据他信中的描述(他提到虚弱、发抖、地狱的火),他可能患上了一种称为"英国出汗病"的恶疾,他坦白承认这场病甚至动摇了他的信心。和许多遭遇重病折磨的人一样,他感觉到被抛弃。他说,朋友们和妻子的祷告救活了他,然而不是从疾病中,是从绝望中被救活的。因此他告诉梅兰希顿说,"你同样不能停止为我祷告,就像我为你祷告一样。我知道我的痛苦也波及他人。"[26]

在这些试炼中,路德坚持对仁慈上帝的信靠。他的确信并不仰仗他外在的康乐。在这段日子里,他写了一首不朽的赞美诗,名为《上主是我坚固保障》。歌词超越时间的限制,但是至少第三和第四段歌词深深根植于路德那一刻的亲身经验:

212

> 纵然世界充满鬼魔、
> 恐吓要将我毁灭;
> 我不惧怕因神有旨,
> 靠主真理必告捷。
> 幽暗之君虽然凶猛,
> 我心不为之战兢;
> 他刑已定,他怒我忍,
> 主言一出他败奔。

路德同时还谱了曲,他选择了凯旋大调中宏伟庄重的旋律。歌词中的"言"指基督。

> 此言权力伟大非常
> 远胜世上众君王,
> 圣灵恩典为我所有
> 因主耶稣在我方。
> 亲戚货财可舍,
> 渺小浮生可丧。
> 他虽残杀我身,
> 主道依然兴旺,
> 上主国度永久长。[27]

12

牧者和教师

到 1527 年底,路德生命中伟大和英雄般的时刻过去了。他的教导以及它们的实际应用清晰了。一场声势浩大的运动已经开始,这场运动成为推动历史的力量。赎罪券之争、海德堡之辩、与卡耶坦的交锋、莱比锡之辩、沃尔姆斯会议、流亡瓦特堡、翻译圣经、维腾堡和激进分子、农民战争、与伊拉斯谟决裂、婚姻、圣餐之争——所有这些都在短短的十年里发生在他身上,它们在这个男人身上都留下了痕迹。路德用巨大的精力和毅力面对了这些危机。因而他偶尔的疲惫甚或沮丧也不足为奇。

然而此时路德只有 44 岁,他还活了将近二十年。慢性病和年龄的增长比以往更多地影响了他。在那个时候,人均寿命大约是 40 岁,40 岁以后人们就称自己是老人了。即便如此,路德仍写下了许多著作。早年和晚年之间的本质区别在于,外部环境和新教运动的要求开创了他人生一个新的、稍微有些不同的阶段。他仍然具有创造力,但现在他把更多精力放在更实际的教会生活上。与其说他像一名职业的学术神学家,不如说他像一名神职人员、牧师、主教,乃至信仰的捍卫者。

真正的自由

1527 年底,路德新的王侯约翰选侯提出要视察他领地的所有教会。这些视察的目的是确定每个教区的真实状况。路德对这项工作颇感兴趣。8月初,他审读了视察人员执行他们使命的规程(这些是他帮助撰写的)。经过几次修改,他终于同意了这些所谓的"条款"。在这一规程出版的前言中,他敦促每个人和视察人员合作。他还花时间写了一封私人信件,在信中他向这项任务的一位主要评议员保证,"基督会确保每件事正常进行"。

这位评议员是约翰·阿格里科拉(John Agricola)。他曾是路德的得意门生之一,现在是路德家乡艾斯莱本的一所新的新教学校的校长。阿格里科拉认为这些视察侵犯了良心的自由和基督徒的自由。路德自己不是在维腾堡斥责卡尔施塔特和市政会,因为他们强迫人们跟从新教关于圣餐礼、敬拜形式等的做法吗?这个在维腾堡曾经单单凭着榜样和传讲圣言来恢复秩序的人,现在怎么转向世俗权力的强制性力量呢?这不等于是暴政吗?

路德从未按照宗教自由这个词的现代含义来想象它,更不用说倡导它。一个真正的基督徒必须坚持"良心的自由",他写道,"即便暴君们制定了与此相反的计划。"但是路德视保罗为基督徒自由的真正楷模。保罗曾经因为提摩太"要向犹太人传道"而给他施行割礼,但是他"因彼得要使外邦人犹太化而指责他",彼得要求所有男性信徒都受割礼。路德接着提醒阿格里科拉,"暴君们[反对视察],不是为了使弱者得到教导,而是为了让教皇和撒旦的差役看到我们的自由被毁灭。这种自由"由上帝儿子的宝血构成,是基督为我们获取的"。在目前的形势下,路德宣称,"如果你承认一点专制(即罗马)的教导,你就否认了基督的全部。"[1] 这些视察只是为了确保基督在选侯的土地上被传讲。

路德在这封信中声称,他此时做的任何事情都不违背他早先制定的原则。他在这点上是对的。早在 1520 年他的《致基督教贵族书》中,他就曾号召世俗权力来改革教会。他认为,一个拥有世俗职位的基督徒仍然是一名基督徒,因此同样有义务像牧师、主教、红衣主教,或者教皇一样为教会的福祉服务。另一方面,在农民战争期间,他也同样宣告必须允许人们按照自己的意愿相信和教导,即使那是一派胡言。

环境变了,路德的意图也随之改变。在过去的几年里,他在 1522 年所说的成为现实:"改变应该是在福音被完全传讲和承认之后。"[2] 现在福音已经被完全传讲了。此外,那些曾经大力支持路德的王侯们仅仅是保护他,有限地允许他按照自己的方式做事。他们不完全是路德在《致基督教贵族书》中描述的"危急主教"。现在新的一代像约翰选侯和黑塞的菲利普伯爵这样的人当权。他们认为路德的宗教观点是对的，他们已决定采取行动。路德赞赏这个决定，只是补充了一个条件：当他们行动时，不是作为王侯而是作为教会的成员。因此，他们应当用爱而不是用刀剑来行动。结果就会是真正的自由。

视 察 教 区

即使在 1527 年底生病和沮丧的时候，路德仍然继续早期的视察工作，但他越来越失去耐性。8 月 18 日，他收到视察条款仅两天后就写信给茨威考的牧师尼古拉斯·霍斯曼（Nicolaus Hausmann）说，"希望视察不会遇到困难，"因为这工作"对这些教会是必需的"。但是修改后的视察条款直到 10 月初才返回到他那里。12 日他退回它们时发表了一些他和布根哈根的评论，并且说，"几乎所有的内容都令我们高兴，因为为了普通民众，它是用最简单的方式组织起来的。"[3] 即便如此，这些视察条款直到冬末才最终发表，而第一次视察直到 1528 年 7 月才宣布。

216

秋天，路德收到了最早的报告。11 月 8 日他写信给斯帕拉丁，"我们的视察正在快速进行。我们在这里看到的是多么可悲的景况！"三天后他更为详细地报告了情况："在我们对维腾堡附近区域的视察中，我们发现目前所有的牧师都和他们教区的农民和睦相处，但是人民懒于学习上帝的话和守圣礼。为我们祷告。"当他的健康状况和维腾堡的形势终于允许时，他亲自成为一名视察者。1529 年 1 月他写信给约翰选侯，"我们坚持、相信和知道，选侯阁下命令视察是再好不过的事情；因此我们不会在视察事件上有任何保留。"过了些日子，路德生涯的新方向清晰了。他在给布伦瑞克（Braunschweig）一位牧师的信中写道，"我正在忙着为野蛮的异教徒准备一份教义问答。"[4]

这些视察和其他视察的结果震惊了所有欧洲的改革者。那个时候，就像现在，受过教育的人和城市阶层总是取笑那些在地里劳动的人，还有那些他们称为"乡巴佬"和"野蛮人"的人。许多改教家发现，16 世纪这种范本的大部分内容是真实的。这些农民是一群野蛮粗鲁的人，和参加教会礼拜相比，他们更喜欢赶集和酗酒。路德自己曾说，他认识的工人们不是用闹钟或者太阳计时，而是用他们身旁躺着的空酒杯数计时。

路德同样鄙视游手好闲之徒，酒鬼，打妻子的人，滥交的年轻人，以及各类无赖流氓。他鄙视所有恶人，特别是当一个犯事者是出生于显贵之家时。他写信给一个这样的人（在这个事件中是一名女性）说，"属于贵族和高级阶层的你理当虔诚，因为你们是少数。然而你堕落了。难怪作为多数的普通人道德败坏了。"[5]

即便如此，路德对道德堕落，甚至百姓道德的沦丧，并不感到十分吃惊。但是作为一个努力造就 *theodidacti*——被上帝教导的人——的人，他为普通百姓对宗教的无知感到震惊。1529 年 5 月，他的《小教理问答》（*The Small Catechism*）问世，他在序言中讲述了他在这次视察中的发现：

> 良善的上帝啊，我看到了多么糟糕的情形！普通人，特别是那些生活在乡下的人，不知道任何基督教的教导，而不幸的是，很多牧师毫无能力，也不适合教导。尽管那些民众被认为是基督徒，接受洗礼，领受圣餐，但是他们不知道主祷文、信经和十诫。他们像猪和没有理性的牲畜一般活着。现在福音已经被恢复，然后他们却掌握了滥用自由的技巧。

"你们有祸了！"这是路德对那些允许这种情况发生的主教们的审判。

两份教理问答

路德对视察的反应在很多方面是他做的所有事情的高潮。他的抗议以对救赎方式的新理解开始，接着是为了明白真相而寻求辩论或公开听讼。面对拒绝，在把圣经翻译成大众语言时，他继续用文字进行辩论。同时，他曾寻求在实践中进行变革，使软弱的人能够受到教导而不是被冒犯。

现在他出版了他的教理问答，他写道，"因此，为了上帝的缘故我恳求你们，我亲爱的牧师和教师弟兄们，请你们严肃地对待你们的本职工作，怜悯那些被托付给你们照管的人们，帮助我教导人们这份教理问答，特别是向那些年轻人。"[6]

路德从未像此时这样严肃地对人说话。对他来说，对基督教基本教义的无知差不多意味着一个人不是基督徒。当他宣布他正在写一份教理问答时，他本可以说他是为乡下人（*rustici*）写的，然而，他却宣布他是为异教徒

（*pagani*）写的。

路德选择了伊拉斯谟多年前为平信徒写的一本书的书名 *enchiridion*（或者称"小匕首"）作为《小教理问答》的另一个名称。他们两个人都期待自己的书在灵性危险时刻能提供随时帮助。然而，这也是两位作家之间分道扬镳之处。伊拉斯谟寻求教导启蒙的灵性，这种灵性以对上帝和对邻舍的爱为印记。他希望帮助基督徒完成大使命。其他的教理问答对如何恰当地诵念玫瑰经，忏悔自己的罪，或望弥撒做了说明。相反，路德写的这本书简要解释了十诫、使徒信经，以及主祷文的教义内容。他还在附录中对洗礼和圣餐礼，忏悔罪最有用的方式，以及晨祷、晚祷和谢饭祷告进行了同样简要的阐述。他以圣经中描述基督徒如何尽自己本分的简短经文作为结束。

除了这最后一部分内容，路德的《小教理问答》很少论及基督徒当有的行为则准和情感状态。反之，他反复强调上帝在基督里的恩典的教义。在十诫部分的结尾，他甚至宣称，"因此我们应当爱他，信他，欢欢喜喜地做他命令的事情"，因为诫命本身证明上帝的恩典，即使基督徒不能持守它们。

或许路德的新教神学最有力的声明始于他对使徒信经第三条的解释："我相信凭着我自己的理性和力量，我无法相信我主耶稣基督，或来就近他。但是圣灵通过福音召唤我，用他的恩赐光照我，使我成圣，并且保守我在真信仰中……"当他讲述主祷文的第五个祈求时，他再次强调救赎来自恩典而不是行为的教义："我们祷告他借着恩典赐给我们一切，因为我们每天犯罪，唯一当得的就是惩罚。"由于担心人们忘记这点，他在讲述主祷文的结尾时再次强调这个观点："阿们意为'是的，诚心所愿'。我们说阿们是因为我们确知这样的请求是天上的父所悦纳的，也是被他垂听的。因为他亲自命令我们这样祷告，并且应许会聆听我们这样的祷告。"[7]

《小教理问答》是一本关于教义的书。在书中路德试图教导基督徒如何看待并实践他们的信仰生活。对路德来说，祷告本身不断提醒人们上帝在基督里的恩典。他建议这样晚祷：

> 天父，我感谢你，因为透过你的爱子耶稣基督你今日一天保护了我。求你饶恕我一切的罪恶和过犯。求你在今晚施恩保护我。我把我的身体和灵魂，以及我一切所有都交在你的手中，让你的圣天使掌管我，那恶者就不能对我做什么。阿们。

他用一条实际的建议总结："然后赶快躺下，安然睡觉。"[8]

《小教理问答》和《大教理问答》的扉页

为了开展这一教导事工,路德不仅写了这份适合儿童和没有受过教育的人的材料,还写了《大教理问答》。他打算用这本书教导牧者和家长们。在此书中他更加详细地解释了每部分内容。总的来说,这两本书展示了路德天赋的广度及其目标。在同一时期,他不情愿地进行了一场敬拜仪式的改革。他强调会众唱诗,不仅是要鼓励平信徒参与,还要借着给歌词谱上曲,教导普通民众真正的教义。尽管他是乐于做一名博士且在敌人面前夸耀的教授,他仍是一名牧师,最关心的是羊群的属灵生命。他牧养的人比 1517 年多了许多。

在晚年,当路德回顾他所取得的成就时,他尤其对他为平信徒所做的感到自豪:"首先,我催促天主教徒读书,特别是读圣经……其次,我结束了腐败的赎罪券销售的喧闹和狂欢,这玩意从没有任何大公会议能触及。再次,我几乎阻止了朝圣和异教祭坛。"[9] 相比之下,他认为他大多数著作当被烧毁。《小教理问答》是少数的例外。他认为自己属于普通基督徒,而他们的生活吸引着他。

220

复杂的政治

通过他的教理问答、赞美诗和新的圣餐仪式——还有其他的行动——

路德正在承担起未来新教运动的责任。同时,他和改教运动已经成为帝国的政治现实。因而,高深的政治也开始越来越多地消耗路德的精力。起初,这些政治问题中最紧迫的包括圣餐之争。保护路德的王侯们(特别是黑塞的菲利普)在与瑞士人和南部德国人的斗争问题上和路德观点不一致。他们也为教义的分歧感到悲哀。但是他们也看到,这样的后果之一就是在面对一位坚定的皇帝时出现了政治分裂(及其导致的政治软弱)。

他们完全有理由感到担忧。宣布路德和他所有跟随者为反叛者的《沃尔姆斯法令》仍然在帝国具有法律效力。查理五世较之以往更加坚持要求实行这项法令,即使王侯不愿意。在这种压力下,1526 年施佩耶尔帝国会议时仍然存在的路德的维护者和罗马的维护者之间的联盟现在正在瓦解。1526 年巴伐利亚的公爵甚至亲自视察,但其目的是为了铲除同情路德的神父。1529 年 3 月,在查理五世的授权下,费迪南大公在施佩耶尔召集另一个帝国领地会议。由于维也纳此时被土耳其人包围,这次会议拟将土耳其的威胁和宗教争议一并进行讨论。费迪南宣告土耳其人正在向多瑙河挺进,这很大程度上是因为上帝对帝国内存在异端感到愤怒。应当立刻对土耳其人和路德采取行动。

4 月 1 日,黑塞的菲利普伯爵和萨克森的约翰选侯用一篇备忘录回复
221 所有他们认为可以依靠的其他王侯和城市议员。这篇备忘录控诉费迪南的提议威胁福音。路德自己在这月中旬用一本题为《论反对土耳其人的战争》(*Concerning War against the Turks*)的书作为回复。在书中,他否认这样的一场战争可以被称为圣战。如果费迪南希望得到上帝的帮助,那么他应该把教皇的宠臣赶出德国。在这个帝国里有两位重要人物:"一位称作基督徒先生,另一位称为查理大帝。"与所有传统相反,路德随后宣布皇帝"不是基督教王国的头,他也不是福音或者信仰的捍卫者"。无论皇帝用他的剑做了什么,那都是"属肉体的世俗事务"[10]。

尽管费迪南大公代表着他的兄弟查理五世,他在 1529 年第二次施佩耶尔帝国会议上没有完全得逞。但是路德的支持者也没能遂其所愿。绝大多数出席会议的人同意费迪南,至少在原则上。但是六位王侯在一些城市代表的支持下,递交了一份"抗议书",宣布他们同侪们的行为违背了 1526 年他们在施佩耶尔会议上达成的协议,根据这份协议,每个签约者都应为他自己领地的宗教事务负责。作为对前面协议的申诉,这样的一份抗议书具有合法地位,因而也着实使费迪南陷入困境。这些"抗议者"(因此被称为"抗

议宗")进一步坚持认为,"在关于上帝的荣耀和我们灵魂得救的事情上,每个人都必须自己给上帝一个答案。"[11]即使没有读过路德最新的著作——无论如何,对于此次帝国会议似乎已经太晚了——这些政治家们还是像他一样顽强不屈。

在这个时候,他们会失去的甚至比路德自己还要多。黑塞的菲利普和约翰选侯有一些盟友,但是少得可怜。在他们对面站着所有其他的王侯、城市代表和高级教士们。此外,他们痛苦地意识到,查理五世完全可以在他回德国时带着西班牙的军队。菲利普和约翰面对的是任何政治家在这种情势下都要面对的一件要务。他们不得不去寻找更多的朋友,并且使他们的一些敌人保持中立。当务之急是他们要立刻制定计划,组建一个新教阶层的政治、军事联盟。

马尔堡会谈

黑塞的菲利普在这件事情上牵头,他和他的盟友在此事上遇到了最大困难。圣餐之争,一场关于耶稣说的几个小单词"这是我的身体"的争斗,既减少了有用朋友的数目,又树立了实际的敌人。但是当路德第一次听到联盟的计划时,他在一封致选侯约翰的信中提出反对。首先,他写道,这项计划证明对上帝的信心太小。从《以赛亚书》的例子看,这样的联盟应当拒绝。此外,路德认为黑塞的菲利普是个"年轻焦躁的王侯",不可信。总之,南部城市,特别是斯特拉斯堡(在布塞和卡皮托的属灵带领下)不能包含在任何朋友的名单中,因为"他们反对上帝和圣礼"[12]。

黑塞的菲利普,一位矮小、皮肤光滑、肤色黝黑的年轻人,在这位现在稍微有点发福的年长的改教家那里面临一个巨大的阻碍。即便如此,这位年轻的统治者没有放弃。他认为政治聚集意味着一群基本上有同样思想的人开会,总能够达成出某种协议,只要这份协议对每一方都有好处。直到这最后时刻,他精明地隐藏了甚至与路德谓之他们所有人中最大的恶魔——来自瑞士的茨温利——协商的打算。

在路德方面,他终于宣布他愿意参加这样一个会议,但是他清楚地表明,他来只是尊重约翰选侯的意愿,并且因为,"如果上帝愿意的话,我不会容忍我们的反对者吹嘘他们比我更赞同和平和团结。"即便如此,他称这件

222

事情"或许对我们是危险的,"并且补充说,"我不能给撒旦任何好处,不管它把自己装扮得多迷人。"[13]路德甚至不愿意和他所谓的"圣餐象征论者们"有什么来往。

马尔堡是位于法兰克福北部大森林中的一个小镇,它在维腾堡西南很远的地方,从南部进入要容易许多。布塞、赫迪欧(Hedio)、茨温利和厄科兰帕迪乌斯只要沿着莱茵河顺流而下,接着沿美因河向上游行驶,到达法兰克福,然后经由陆地到达马尔堡。而路德和他的同伴一路都是马车。尽管有很多困难和疑问,1529 年 10 月初来自萨克森、南部德国,甚至瑞士最著名的新教神学家还是聚在马尔堡,讨论他们的分歧,并且,在菲利普看来,为一个政治联盟提供神学基础。

²²³ "上帝在统治"

黑塞的菲利普既不是第一个也不是最后一个对有原则的人感到失望的政治家。马尔堡会谈在这个年轻的王侯看来是一个失败。他用尽招数让主要神学家们来参加。但是从一开始,路德和他的支持者就坚决不愿妥协。菲利普的总助理在宣布会议开始时告知"双方每个人应该温和地陈述他的论点"[14]。路德一开始就指责他的对手几处和圣餐礼无关的古老的异端邪说。

路德是一名老练的辩手。当厄科兰帕迪乌斯和茨温利都竭力反对这个开场白时,他马上退下来,说,"那好吧,就这样。"他说他不得不澄清,他不能苟同这样的异端思想,并且他确信他们会

黑塞的菲利普(汉斯·布罗萨姆尔作)

理解。他很快描述出对手们的论证特点:"你试图证明一个身体在同一时间不能在两个地点存在。"接着他又说,"我不会去听建立在几何学基础上的证明。"路德表达的立场占据了后来的讨论:"上帝超越所有的数学,上帝的话应当被尊崇和敬畏。是上帝在命令,'来,吃,这是我的身体。'因此,我要

求有来自圣经令人信服的反对证据。"[15]

　　茨温利、厄科兰帕迪乌斯和南部德国人无法避开路德在这段开场白中设定的措辞。他将证明的责任压在他们身上。他们必须证明《约翰福音》6：63"肉体是没有益处的"，适用于祝圣祷文，"这是我的身体。"为了强调他的观点，路德拿出一支粉笔，在隔开论辩者的桌上写下"*hoc est corpus meun*" 224（这是我的身体）。然后，好像这几个词就是祭坛上的饼和杯本身，他用一块细布盖上它们。

马尔堡的城堡

　　厄科兰帕迪乌斯试图论证这点。圣经中充满暗喻，他回答。如果路德接受其他经文，比如"我是葡萄树"是暗喻的说法，那么没有理由在这里否认它。当然，耶稣不会是说，他是一种植物的一部分！但是路德的回答既精明又到位。"我不否认（圣经中）的比喻修辞，但是你**必须**证明我们今天讨论的是比喻。说这些话可以这样解释是不够的……你必须证明它们必须按照比喻解释。"[16]这点厄科兰帕迪乌斯和茨温利都做不到。

　　随后，茨温利加入了讨论。他看到路德所做的，于是试图扭转局面，挑 225战路德去证明"这是我的身体"适用于《约翰福音》6：63。但是路德没有允许。有一刻，茨温利宣称，

> 你应该证明《约翰福音》6：63 的经文讨论的是实际吃东西。
>
> 路德：此言差矣，你的论证非常蹩脚。
>
> 茨温利：不，不，不！这段经文能折断你的脖子！

路德：别这么自信。脖子在这里没有这样容易折断。记住你是在德国而不是在瑞士。

茨温利为他的话道歉,假称说那是句瑞士口语。菲利普伯爵插话说,"路德博士,请不要为这句话过分生气。"[17]

马尔堡会谈举行的房间

226   他们都休会吃午饭,第一天一半时间结束了。但是接下来的辩论差不多以同样的方式进行。双方都不再进行个人攻击。但是路德无疑控制了辩论,并且态度完全不妥协。就在结束时,斯特拉斯堡最重要的政治家雅各布·斯特尔姆(Jacob Sturm)插进来说,他希望回到路德在会议开始时提出的古老异端问题。这些,他说,"不言而喻对斯特拉斯堡城不利。"他请布塞起来,陈述他们在圣餐之外所有事情上的教导。

布塞这样做了,然后问路德,斯特拉斯堡的神学家是否有错误的教导。路德毫不动摇,"我既不是你的主,也不是你的审判官,"他回答,"你在斯特拉斯堡教导什么我不关心……正如我之前说的,为了这个原因,我们把你交给上帝审判。按照你希望被上帝审判的那样去教导吧。"[18]路德无论如何不让任何人如意。

一 种 协 同

主人在这个时候进来干涉。三天过去了,马尔堡会谈除了不同意见什么也没看到。争论十分激烈，有几次路德因为疲劳请求他的一个同事代他发言。但是现在菲利普伯爵，作为对斯特尔姆请求的回应，要求路德起草信条，其他人可以回复。如果路德不能认同他们的信仰宣言，或许伯爵可以安排让他们确认路德的教导。

路德告诉凯蒂，他恭敬地编写了十五条声明，总结了维腾堡人的教导。它们包含从创造到三位一体、道成肉身、原罪、救赎、教会的本质以及圣礼的所有内容。对路德来说，这是举手之劳。不到两个月前，他在施瓦巴赫镇刚写了一份这样的被称为"约"的信仰声明。他是根据选侯约翰的要求写的，选侯希望在施佩耶尔会议结束后有一份清楚的路德教导的声明。让路德惊奇的是，在马尔堡的所有人除了关于圣餐的那条外，其他的都同意。他写信给凯蒂说，尽管他和他的同事们不能承认对手是"弟兄和［基督的］肢体，但我们由衷地祝福他们"。他对一位牧师朋友说，"我们仍然向他们伸出和平和友爱之手，因此目前我们可以把有争议的著作和言论放到一边。"第二天早上，路德向这些与会的神学家和政治家讲道。他已经接受一种协同。[19]

227

13

该受咒诅的罗马

路德和他圣餐之争中的对手间的诽谤、辱骂和怒斥确实停止了，至少暂时是这样。但是建立政治联盟保护新教运动不受敌人攻击的问题依然存在。或许这样一个联盟不能包含瑞士人和南部德国人。但是会有这样一个联盟吗？路德会在那些王侯们视为谨慎的政治预备的事务上合作吗？

路德此时比以前更是一位公众人物。他不再单单是一个名人和一群松散改革者的领袖。现在他在负责一场清楚界定的公开运动，支持他所理解的福音。但是这个人生新阶段同样是年轻路德整体的一部分。十年前他曾写道，"最重要的事情是区分什么是真的，什么是假的。"[1]这些话以及它们背后的信念现在正加给他新的责任。

路德不愿和王侯们合作。他在给选侯约翰首席顾问布鲁克的回复中写道，任何一个联盟都意味着武力反抗，而这样的反抗，甚至是反抗的威胁都不可避免会以大屠杀终结。在路德看来，王侯即使是为维护他人的信仰也不应该采取行动，因为"我们每个人都必须自己承担信与不信的风险"。三周后一个来自抗议贵族的代表团拜访了皇帝，随后他们住在皮亚琴察，以便商讨援助反对土耳其。查理五世把纽伦堡代表团软禁了。然而路德仍然坚持选侯约翰不能以武力反对皇帝。战争将是一件"完全分裂和不忠的行为"[2]。

然而选侯约翰不愿被拒绝。1530 年 1 月 27 日，他再次就反抗的问题写信给路德。他已经收到两份其他的建议备忘录。纽伦堡市书记拉撒路·斯宾格勒坚持反抗永远是不正当的,即使是为了捍卫福音。殉道更可取。约翰也带着明显的欣慰之情告诉路德他最亲密的同事之一布根哈根的观点。布根哈根比其他人对德国历史更为熟悉,他认为,由于统治者有义务保护他们的子民,因此武力反抗是正当的。约翰选侯要求路德和他的同事布根哈根、梅兰希顿和约拿斯(Jonas)讨论这件事情,慎重地重新考虑,然后在三周内通过正式备忘录的方式给他建议。

消 极 反 抗

选侯既不喜欢路德最初的建议,也不希望看到有人殉道。因此他特地让他的政治顾问们帮助路德认识德国宪法的特征。他希望路德明白,皇帝对王侯而言的地位不同于王侯对其子民而言的地位。尤其是提醒路德,查理在加冕典礼上发誓要尊重每个王侯的自由,不对他们使用武力。

路德明显对重新思考整个事情不太上心,虽然选侯有最后期限,他还是一直拖到 3 月 6 日才回复。他承认“律师们”关于帝国或“世俗”法律的论证确实有力。但是他指出,圣经命令我们对在上掌权者要忠诚,而他把皇帝算在在上掌权者之列。用法律准则“人可以以暴制暴”并不能说服他,因为他认为这只适用于平等的人之间,而不适用于上下级。萨克森选侯没有权利反抗皇帝,就像一个小萨克森城镇的市长没有权利反抗选侯一样。诚然,王侯们应该反对与任何凭借武力压制福音的企图合作,即使这种企图来自皇帝。但是如果他们拿起武器,他们就是把自己放在皇帝的位置上。结果将是内战,不久便会恶化成为“一场所有人反对所有人的战争”。这样的结果将十分可怕,“王侯应该宁可失去三个领地,甚至宁可死三次”,也不能这样做。[3]

当选侯约翰读到路德对武力反抗一事重新思考的结果后,他一定大为懊恼。事实上,路德不了解德国宪法的错综复杂,又固执己见。那个时候在德国,萨克森的一位市长的确是王侯的一个官员,但萨克森选侯绝不是皇帝的一个官员。毕竟,约翰的前任选侯智者腓特烈曾帮助选举查理五世。

然而,路德行事一如既往。正如他对待在马尔堡的“假弟兄”那样,面对他所承认的圣经的清楚陈述,他还是拒绝顺从一个同盟。他或许的确需要关于德国宪法的知识,但由于没有这种知识,他非常信守他在 1525 年《关于严责农民一书之公开信》中的承诺："当我有时间和机会这样做时,我也将攻击王侯和地主们,因为在我作为教师的职分里,王侯和农民对我而言是一样的。"[4]这种拒绝与武力反抗合作不等同于发表著作攻击,尽管路德稍后将发表很多这方面的著作。然而,这正是路德承诺和倡导的那种消极反抗。

此时的政治态势使路德拒绝在反抗问题上屈服更加引人注目。他和他的同事们,选侯和他的顾问们都有充分的理由相信,皇帝会通过武力镇压新教运动。3月11日,大约与收到路德不受欢迎的关于反抗的意见同时,选侯约翰收到一份会议通知,请他去参加另一个帝国会议,这次会议将于1530年4月8日在奥格斯堡举行。查理五世在意大利打败了法国和教皇的联军,已经被加冕为神圣罗马帝国的皇帝,从而使教皇克莱门七世实际上完全听任皇帝的摆布,特别是在1527年臭名昭著的罗马大洗劫之后。他现在正要返回德国。他决心结束帝国的宗教分裂,而他似乎也处于这样一个位置上。

科　　堡

回复查理五世的会议通知不到两天,选侯约翰自己发出了一份通知,是给路德、约拿斯、布根哈根和梅兰希顿的,要求他们撰写一份关于他们信仰的清楚声明,最重要的是要求他们起草一份清单,逐条说明他们在诸如敬拜仪式的性质、教会的组织方式、神职人员的性质、修道主义等实际问题上与罗马的不同。路德和他的同事们遵从此命。快到3月底时,他们给选侯约翰递送了一份完整的信仰告白。接着,4月3日,整个团队收拾行囊,前往托尔高和选侯的府邸。

托尔高只是第一站。第二天选侯约翰和他的随行人员,包括路德和其他三位神学家,启程前往奥格斯堡。十三天后(王侯们比神学家们走得慢),一行人到达选侯位于最南端的城堡——科堡。他们把路德安置在那里,因为根据《沃尔姆斯法令》,他仍是一名罪犯,没有安全通行许可状。路德再次被关起来,除了阅读、思考和写作,什么都做不了。

科堡位于分裂前德国的地理中心附近,图林根森林的西南方向,爱尔福特的正南方,奥格斯堡往北几天的骑马路程。现在路德甚至比他九年前在瓦特堡时离他的朋友们更远。他努力乐观看待他的处境。他又称自己生活在"飞鸟王国",描述他的住所是"为做学问精心设计的"。他将首先研读《诗篇》,然后读旧约的先知书,最后翻译《伊索寓言》。他写信给朋友们讲述那里的鸟:"它们齐声歌唱同样的音乐,然而年老的和年轻的声音之间有悦人的差异……这次会议,我们坐在这里非常快乐,就像闲懒的观众。"[5]

科堡,路德在奥格斯堡会议期间居住在此。

事实上,路德恨恶这种生活。他的确好好开始了他宣布的每项工程,并且发表了其他几本篇幅较短的著作,此外不停笔地写了一系列的信——多数是询问在奥格斯堡发生的事情。到 5 月中旬,他刚在科堡待了不到一个月,而他将在那里待五个月,他就向梅兰希顿抱怨说自己常常虚弱、眩晕和耳鸣。6 月 5 日,他得知他的父亲已于一周前离世。2 月份他就知道汉斯的身体开始衰弱,于是给老人写了一封安慰信,敦促他依靠"那位确实、真正的帮助者,耶稣基督,他为了我们的缘故胜过了死亡和罪恶"。在父亲去世一段时间后,路德表示他自己心里得了安慰,因为汉斯"活到现在,他能够看到真理的亮光"。但是当他接到父亲去世的消息时,他悲恸不已,"抓起他的《诗篇》,进入地下室痛哭,以至于第二天头疼。"[6] 路德第二次待在城堡中的经历大部分都是不堪回首的。

尽管经历这些巨大的个人痛苦,同时在从事他所说的学术研究,路德的注意力还是在奥格斯堡。5 月中旬前,他已经写好了一本册子《致奥格斯堡的神职人员》(*To the Clergy Assembled at Augsburg*)。这可说是他对罗马教会最有力的抨击之一。他在其中写道,出席会议的高级教士们应该谨慎公正地讨论事情,因为现在民众的骚动足以引发比农民战争更糟糕的叛乱。路德警告说,如果这样的事情发生,"让你们的血归到你们自己的头上"。几天后他从选侯约翰收到一份梅兰希顿撰写的信仰告白书的早期草稿。不久之后,路德自己的《施瓦巴赫信条》(这是梅兰希顿所写信仰告白的基础)发表,这让他的罗马对手们发出惊恐的吼叫。路德转而以嘲讽的语气劝所有人同情"虔诚的好皇帝查理,他像一只无辜的小羊坐在这许多野猪和狗,甚至魔鬼中间"[7]。

233　　　奥格斯堡会议拖得越长,路德被迫在科堡等待的时间越长,他的战斗准备做得越充分。6月25日,梅兰希顿的《奥格斯堡信条》被递交给皇帝。抗议的王侯们让人用德语读给查理五世和聚集在那里的神圣罗马帝国的领主们听。然后他们宣布他们会坚持直到最后。

　　所递交的《奥格斯堡信条》包括两部分。在第一部分,梅兰希顿简要且尽可能温和地阐述了他和路德积极认同的教义。他开篇指出,他们和罗马一样坚持三大信经,反对所有三大信经反对的历史上出现的异端。接着他阐述了信仰、善行、恩典、公义和圣礼等关键主题。只是在第二部分他列出了那些有争议的条目。同时他在导言和总结中都宣称,新教徒乐意在圣经的基础上和他们的反对者协商,并且如果可能的话,达成信仰的合一。当路

234　德读到初稿时,他称"它让我非常高兴,我不知道我如何能完善和修改它⋯⋯因为我不能处理得如此柔和轻巧"[8]。

奥格斯堡帝国会议

　　刚刚过了一个月后,路德收到终稿,还有一封来信,梅兰希顿在信中表达了他对未来的恐惧。路德无法容忍这样的胆怯。他写道,"我发自内心地鄙视如此让你苦恼的这些恐惧⋯⋯你如此恐惧,不是因为[我们面临]巨大危险,而是因为我们太缺乏信心。"他们已经宣告了他们的信仰,做了他们能做的一切。"就我自己来说,我对我们的事业没有不安;事实上,我比以前更加充满希望。"[9]

路德对梅兰希顿的附信和奥格斯堡会议之后的一些策略感到担心。但是梅兰希顿写的，王侯们认同的信条令他高兴，使他前所未有地亢奋。当路德听说他的老对头梅因兹的阿尔伯特主教在建议和新教重新开始谈判时，他确实还高兴地想，或许阿尔伯特准备改变信仰。同一天，7 月 6 日，他写下这些话，让人想起他在父亲去世时说过的那些话："我无比高兴自己活到这个时候，基督在这样一个重大的集会中借着这一堪称完美的信条，得到他坚定信仰者的公开赞美！"[10] 科堡城堡终于不再是糟糕透顶的地方了。

试 图 妥 协

但乌云很快出现了。7 月 12 日，艾克呈给皇帝他的《驳奥格斯堡信条》。8 月 3 日，查理五世把艾克的著作介绍给与会的政治家们，要求每个人——包括那些已经在梅兰希顿的《奥格斯堡信条》上签字的人——都遵守它。当路德读到这份反驳书时，他问道，"我们宣告了信仰的根基并提议和平就足够了，如何还能希望让他们转向真理？"[11] 没有希望。8 月 6 日，黑塞的菲利普伯爵离开了奥格斯堡，甚至没有告知皇帝。他预感到将要发生的事情，已经开始商讨一个军事联盟，这个联盟甚至会包括瑞士的苏黎世和伯尔尼各州。

联合反抗的问题已提上议事日程，而它也迅速消耗了路德的精力。一方面，他仍然固执己见。他继续拒绝任何在教义问题上妥协的建议。但是斯特拉斯堡的神学家们，特别是布塞，也态度坚定。基于过去在圣餐礼上的分歧，路德派的王侯们不允许他们在《奥格斯堡信条》上签字。他们联合其他三个更小城市的代表们递交了一份他们自己信仰的声明，即所谓的《四城市信条》。但是即便这四个城市抱成一团，身处一个由王侯和皇帝的轮舰和战船统治的大海之中，他们也很难得到政治上的慰藉。因此，斯特拉斯堡的政治家们命令布塞开始寻找方法尽量缩小他和路德的分歧。他们自己已经开始诱使茨温利送来一份他自己的言辞犀利的信条——《信心与理性》，然后使它们在奥格斯堡流传。当梅兰希顿看到它们时，他声称，"有人会发誓他已经完全失去理智了。"相比较而言，布塞和卡皮托看上去更保守。[12]

而在科堡，路德对布塞新的提议仍然非常怀疑。9 月 11 日，他写信给梅兰希顿，"我压根不会回应马丁·布塞。"路德认为他的倡议是撒旦企图暗中破坏《奥格斯堡信条》的清晰和力量。即使两周后布塞拜访他时,他也不会改变立场。布塞摇着头离开。他写给同事们的信中说,"除非我们非常愿意忍受这个人,否则教会不会有安宁。"[13]

反抗的问题

同时,奥格斯堡会议的结果使得政治和军事准备都更加重要。当查理五世甚至拒绝接受梅兰希顿的《为奥格斯堡信条辩护》时,梅兰希顿和维腾堡代表团离开了。路德对正面冲突式的反抗的持续反对让选侯约翰和菲利普伯爵越来越陷入困境。他们决心把他劝说过来。

黑塞的菲利普带头。10 月 21 日,他再次试图帮助路德明白宪法中王侯和皇帝的地位关系。他的中心是"相比于其他时候的德国王侯们,现在的德国王侯们面临不同的环境。"他特别坚持,新约中基督徒应该对在上掌权者忠诚的命令并不适用于 16 世纪的德国王侯,因为查理五世不是凯撒。"国外的王侯们没有我们德国王侯所拥有的同样的自由。"诚然,他们在皇帝的加冕礼上对他宣誓,但是他们也对帝国宣誓,而皇帝宣誓要保护他们的自由。根据帝国宪法,皇帝不能通过武力剥夺他们"一盾钱"。如果他确实利用军队反对他们,"那么他就把自己变成了一个平民,不再是真的皇帝,而是和平的破坏者。"[14]在这种情况下,王侯们将不得不为了帝国的缘故而有所行动。

路德从托尔高对此予以回复,选侯约翰召集他和约拿斯以及梅兰希顿在那里再次讨论反抗的主题。他写道,他已经在写一本关于奥格斯堡会议记录的书,在书中他将宣告王侯没有义务配合皇帝进行一场非正义的、违法的、反对真信仰的战争。这样的行为将是"亵渎神、谋杀性的,是邪恶的"[15]。书中其余的内容是向菲利普阐述他先前的意见。

对王侯们来说,这些观点不够理想。路德揭露奥格斯堡的实况对他们有帮助,但是主要问题是要积极反抗,而不是拒绝和皇帝合作进行反对新教的战争。因此,约翰选侯安排路德、他的同事们、他自己,还有菲利普伯爵的律师们进行一场严肃的关于德国宪法所规定的王侯们的权利和义务的讨论。当他们结束讨论后,路德、梅兰希顿和约拿斯终于让步了。

根据他们同意签署的书面备忘录,反抗——甚至武力反抗——对一个基督徒王侯而言是合法的,但只是因为德国宪法允许王侯们拿起武器反抗无视法律的皇帝。"因为当我们以前确信不疑地教导永不要反抗在上掌权者的时候,我们不知道这样的权利正是被这个权威赋予的。我们总是勤于教导人们顺服这个权威。"路德和他的同事们清楚地表明,作为神学家,他们不是向菲利普和约翰的律师们做出任何让步,而是——他们宣布说——"因为福音并不破坏世俗法律……我们应该尽可能迅速地做好武力反抗的准备。"[16]

路德在给他纽伦堡的老朋友林克的信中清楚表明,他这样做不是在允许宗教战争。相反,一旦被拖入战争,宪法规定和政治局势使得王侯们谨慎地准备保护自己的行为成为合法的(且不违背基督教精神)。然而路德对他所做的仍然感到不安。他觉察到自己(和他颇高的公众威望)正在被别人利用。

这种不安可以从他几个月后劝慰朋友们的信中看出。这些朋友因路德明显支持不服从感到困扰,他们还清楚记得五年前他反对农民的强硬立场。路德只是回复说,"我们已经把这样的事情交由律师们去处理。当他们发现在这种情况下帝国法律允许反抗……那么我们不能出于支持福音而置世俗的法律于不顾"。[17]所有的权威都是上帝赋予的,包括德国宪法的特征。在计划反抗即将到来的对他们自己的攻击一事上,这些王侯们是作为王侯采取行动,并且首先不是为了捍卫福音的缘故,因为福音不需要捍卫。

同时,路德完成并出版了两本著作,这两本著作在他死后不久战争爆发时被王侯们用作宣传。第一本是《论所谓的帝国〈奥格斯堡法令〉》(*Commentary on the Alleged Imperial Edict Augsburg*)。他真正的目标是艾克的《驳奥格斯堡信条》,他大多数的论证是神学性的而不是政治性的。尽管如此,在路德看来,罗马的捍卫者们已经证明自己是撒旦的工具。"然而,我,马丁·路德博士,被呼召并推上博士的位置……我曾向我所热爱的圣经宣誓并决意要真诚大声地传讲和教导圣经的内容……在这点上,一切对于[教皇统治]而言都将变得越发糟糕,那些和我一起的人甚至再不能为此祷告。"[18]木已成舟,一切已成定局。

在第二本书中,路德照他认为罗马和它的捍卫者们当得的审判来对待他们。《对亲爱的德意志同胞的警告》(*Warning to His Beloved Germans*)是路德所写最严厉的论战著作之一。罗马的信徒是"杀人犯和嗜血的狗",他们"希望发动战争并进行谋杀"。如果他们照他们的意图行事,真正的基督徒应该记住,"反抗他们进行自卫并不是反叛"。结果有可能极其可怕。内战很可能会爆发,随之而来的将是一场大屠杀。路德毫不怀疑他自己将很可能死于这样一场暴乱中。但是他接着说,"那时,我将带着一群主教、神父和修士,人们或许会说,马丁博士走在一支宏伟壮观的队伍中进入坟墓。"这里路德的讽刺变得十分尖锐,毫不妥协。为了避免有人错误理解他的意思,他进一步说罗马的捍卫者"[在奥格斯堡]犯了一个可怕的错误,因为我的生命将是他们的刽子手,我的死亡将是他们的撒旦!"[19]

1530 年将近之时,新教领袖们在施马加登会面。到 1531 年初,他们协议组建一个联盟,在必要的时候将通过武力保护他们的信仰。当战争在路德死后爆发时,他们用他的话来为他们的行为辩护。施马加登战争,此后数不清的地区冲突,以及最后的三十年战争(1618—1648)无论对新教徒还是天主教徒而言都极其艰难。这些可怕的战争结束时,路德已经在坟墓里躺了一个多世纪,德国大部分地区受到来自差不多每个欧洲国家的军队的蹂躏。

即将来临的灾难

无论路德的话被用于何种目的,毋庸置疑的是,他对将要发生的事情的判断是正确的。此外,他在托尔高不情愿地同意允许反抗——甚至武力反抗——之前就对局势有此评估。

早在 1530 年 8 月,即托尔高会议三个月前,路德对他所爱的德意志的未来感到悲观。他称任何向罗马的妥协"等于抵挡圣灵"。大约一个月后,他写信给约拿斯,"我的请求是:终止和他们的谈判,回家吧。他们有我们的信条,也已经[听到]福音。如果他们想遵守,他们会这样做的。如果他们不想这样做,那么他们会去属于他们的地方。如果战争因着所有这些来临,那也只能如此了。我们的祷告和付出已经足够。"[20]

对路德来说,大分裂不是出现在 1530 年 10 月底政治家们在托尔高逼他同意反抗时。之所以产生这个决定,以及他用来描述罗马的语言,是因为他的反对者——从台彻尔到卡耶坦和艾克——甚至拒绝考虑新教的福音信息。奥格斯堡会议,梅兰希顿的《奥格斯堡信条》,以及皇帝和罗马代表们对它的断然拒绝,不过是构成这个悲剧的最后一幕。在路德看来,这些事件证明罗马和它的拥护者是彻底无望地被上帝摈弃。真基督徒们甚至不用再为教皇祈祷。

14

建 立 教 会

在 16 世纪 30 年代,路德已经不仅仅是一个具有巨大影响的公众人物。对于很多人,比如那些开始记下他在餐桌上说的每句话的学生们来说,他有点像一个传神谕的人,一个神圣智慧的宝库,他的每一句话,无论是在什么场合说的,都必须保存。1523 年他突然在一场讲道中间宣布,"为了基督的缘故,我请求下面那些记录或背下我的讲道的人,在他们得到我自己的手稿前或我自己让人在维腾堡印刷之前不要印刷它们。"[1] 可是,到 1531 年,如果听不到记录的声音,他甚至吃不下饭。

尽管受到如此追捧,路德仍然定意继续他自己的工作,只要他的健康状况和其他环境允许。为了达到这个目标,他投入到一项非常枯燥乏味的工作中。他坚定地认为,他必须亲自执行他的教导所要求的教会的实际改革。原来的目标——帮助所有人成为"被上帝教导的人"——仍然不变。但是现在路德改变了他的方法。随着年龄增长和疾病缠身,总体上来看,他把精力越来越多地放在教会事务上,特别是放到他的学生和跟随者身上。他为他们和家长们写了《大教理问答》,帮助教导基督教信仰。他们将成为改革后教会新的领袖,而这个教会在他死后会保存他的信仰。

个 人 状 况

1531 年 3 月,路德写道,"我的体力严重衰退,头脑尤其跟不上。这妨碍我写作、阅读和说话。我现在像病人一样生活。"11月他请求在北部帮助开展改革的布根哈根回来,"因为我被工作压垮了,经常生病。"大约同时,他提到,约翰选侯的一位主要官员曾邀请他去狩猎,"期望体育运动或许能消除我脑袋里的轰鸣和软弱。"狩猎明显没有效果。1532年4月中旬开始,他有八周放弃了对公众讲道,因为每次他一迈上讲台,一阵阵眩晕就使得他几乎无法继续下去。接着在7月,他的一条腿开始持续疼痛。而他的余生一直被腿疼和医生对它的治疗所折磨。

然而路德在这些年间的个人情况不仅仅包括疾病和年龄渐老导致的忧郁。1532年1月他因高血压和心脏虚弱病得非常严重,以至于他把朋友们叫到身边。但他给他们的信息大大出乎他们的意料。他告诉他们,他确信自己不会马上离世。茨温利和厄科兰帕迪乌斯最近已经离世,他说,改教事业折损两员大将已经够了。前一年的11月,他的儿子马丁出生。"主从我的凯蒂给了我一个马丁,"他写道,"我们都很兴盛。"[2]

这个家庭在别的方面也很兴旺。1532年2月4日,约翰选侯把位于维腾堡的奥古斯丁修道院连同它的土地送给路德和他的家人。两个月后,路德自己用900盾重金购置了一个大花园,包括里面的果树和钓鱼的权利。他把它送给凯蒂。因为它叫做"猪市",因此他开始称她为"猪市夫人"。部分得益于这次购买,在这位改教家去世后,凯蒂·路德成为一个非常富有的女人。

重　洗　派

这些个人痛苦和家庭欢乐只是为他一生中最后的阶段提供了背景。路德通过一封信《关于秘密渗透的传道人》(*On Infiltrating and Clandestine Preachers*)定下这些年的基调。这封信于1532年1月初发表。在这封信中他警告虔诚的信徒警惕那些在当时被称为"重洗派"的人。他们中大多数人是平信徒,热心想建立一个由真信徒组成的教会。为了保证教会的纯正,他们只给信徒施洗。基于儿童还不能清楚地承认他们的信仰,因此他们仅限于给成人施洗。他们反对给婴孩施洗,而在他们生活的世界,每个人在婴儿时期都接受洗礼,因此他们经常敦促真信徒再次接受洗礼,作为真教会成员的一个记号。此外,他们坚持认为这个真教会没有地域或政治上的界限。

这个教会最终是纯粹地、单单地由坚信的人组成。

路德在信中号召所有掌权的人警惕这些看上去单纯的人。他们接受了信徒皆祭司的观点，并且由此认为他们有权向人们传讲他们想传讲的内容。现在人人都自称拥有传道者的职分，但是，路德坚持说，没有授权和呼召，无人能拥有这个职分，而那些渗透进来的传道人这两样都没有。他称他们的讲道完全是撒旦的工作。他进一步说，可以凭这些人的工作来辨认他们。他声称，"撒旦悄悄地行动，没有人注意，"并且他们自称得到个人启示，然而圣灵"从天上公开下来"，好使人们能够看到它，就像在耶稣受洗和五旬节时。听这些人讲道的人需要认识到他们是在听"被鬼附的人"说话。另一方面，福音和圣礼，是由按常规被呼召和按立的牧师们传讲和施行的。[3]

就像在其他地方透露出来的一样，路德晚年似乎是在放弃自由传讲福音的原则，而这一原则是他在沃尔姆斯戏剧性的冲突中竭力坚持的。但路德的要点是这些人**不是**在传讲福音，因此他必须反对他们。至少早在他和伊拉斯谟的争辩中他也说过同样的话。因此他对待重洗派和对待站在罗马一边或者来自瑞士和巴塞尔的对手们没有两样。当他听说茨温利在瑞士的战场上牺牲时，他评论说，"我为茨温利感到悲伤，因为我对他在来世不抱什么希望。"当仅仅几个月后厄科兰帕迪乌斯突然去世时，路德说他只可能是中了"恶者的火箭"[4]。作为教师，路德谴责所有那些教导和他理解的福音相反的人。在这点上，谁都不例外。对他来说，他们都是撒旦的工具，包括茨温利、厄科兰帕迪乌斯和重洗派。他尤其认为重洗派是破坏教会的人，正是因为他们不允许教会中有罪人。

243

改 革 教 育

自 16 世纪 30 年代开始直到他去世，路德更加坚持要建立一个教会，以确保他的福音异象得以存留。这个新的重点在他撰写的两本关于教育的论著中尤为明显。第一本是《致所有德国城市议员书》（*To the Councilmen of All Cities of Germany*）。这本书写成于 1524 年他回到维腾堡后不久，刚好是农民战争爆发之前。这篇论文至今仍然被看作所有公共中小学校最初的理论基础。路德提出的支持男孩和女孩共同受教的公众教育的论述，至今仍然是所有税收支持教育讨论的基础。

"即使只有一个男孩能被训练成为真正的基督徒,钱花得也值,"他写道,"我们每为反抗土耳其人花一盾,就应当为这项事业花 100 盾,即便土耳其人虎视眈眈地盯着我们。"与为防御花钱相比,他进一步说,"一个城市最大的福祉、安全和力量在于它拥有很多有能力的、有学问的、有智慧的、受尊敬的和受过良好教育的市民。"他从自己的童年回忆说,"让一个年轻人不受教育比玷污一个处女的罪更大。"[5]公共教育在现今既能提供宗教教育,又能丰富市民生活。

1530 年在科堡时,路德再次围绕这个主题写作。他所发现公共教育的双重价值在他的《论送子女入学之责任的讲章》(*Sermon on Keeping Children in School*)中被重申,但是重点有所改变。现在他是在看到教区视察和奥格斯堡会议的结果后写的。1524 年,他曾认为普及教育的世俗和属灵益处一样多。但是在 1530 年,他着重强调培养一名受过教育的神职人员的必要性。他坚持认为每个男孩都应该去上学,"即使那些能力较弱的……因为我们不仅需要学识渊博的圣经博士和硕士,我们也需要普通的牧师,可以教导年轻和无知的人福音和教理,给信徒施洗和主持圣餐礼。"他还说即使那些在这个过程中没有成为牧师的人也是有用的,因为他们将组成应付紧急事件的潜在的牧师"备用库"。

对组织的需要

两份教理问答和《论送子女入学之责任的讲章》仅仅是路德建造教会使命的开始。从那时起,他加倍地努力。一方面,他和在维腾堡以及其他地方的同道们前所未有地关注正在迅速形成独特教会的结构和管理。另一方面,他个人更多地直接参与新牧师的培训、任命和监督。他们中包括那些曾坐在他饭桌旁记录他所说每句话的人。

早在 1521 年,路德就开始关注如何建造和管理教会的问题,尽管他不愿意努力向前推进。他第一次意识到很多人准备把他的神学信念(根据他们的理解)变成制度。卡尔施塔特的草率,茨威考的外部煽动者,梅兰希顿的优柔寡断和其他因素一起制造了维腾堡的麻烦,最后路德亲自从瓦特堡回去干预。干预的成功完全取决于他自己的超凡魅力和公众道德威望。现在,十多年后,形势改变了。路德知道他的个人威望不会永远长存。"我知道我在世的时日不会太久了，"他曾经在餐桌上说，"我的头就像一把钢已经全被磨掉的刀子，只剩下铁了。铁不会再切东西，我的头也不会了。我希望并祈祷上帝给我一个美好蒙福的最后时刻。"[7] 如果他对福音的理解要长久不衰，他还需要另外做些什么。

那就是组织，而路德不是唯一感觉到这种需要的人。视察是第一步。从视察中路德发现在普通民众中普遍存在对信仰的极度无知。但世俗政权发现的是另一些东西。他们发现许多神父抛弃他们的教区和人民，没有人给他们施洗、主持婚礼和葬礼。他们发现那些曾捐赠财产给教会的家庭在要求归还这些财产，使财产为他们自己所用。他们发现修道院是空的，田野里长满了野草，或者当地的农民把土地据为己有。简而言之，他们发现的是混乱，没有王侯、城市议会或者官员能够长期容忍这种状况。

245

实施改革

王侯们和城镇纷纷决定采取行动。这次他们不仅仅一起行动，像在帝国会议上那样，而且各自在自己的管辖范围内行动。他们通过了他们称为 *kirchenordnungen*（教会条例）或 *Reformationsordnungen*（改革条例）的法令，竭力以他们所理解的路德所教导的方式重建教会事务的秩序。严格说来，这些行为违反了帝国法律，并且直到路德去世将近十年后的 1555 年《奥格斯堡和平协定》颁布之前都是违法的。但是无论如何王侯们和城市议会议员们颁布了它们，因为他们认为有必要这样做。而路德自己建议他们继续这样做。

从很多方面看，德国中部哥廷根市采用的模式是开始展开改革的典型过程。1529 年秋天，哥廷根开始改革运动，哥廷根那时是萨克森南部最重要的城市之一，以经常爆发公众骚乱著称。为了改善局势，布伦瑞克的女公爵和黑塞的菲利普伯爵各派去一名可靠的传道人，他们的任务是恢复秩序，同时推进改革运动。他们这样做了，随后他们起草了一份教会制度，于1530 年的棕枝主日在所有的教区宣读。同时他们协助呼召了一位名叫约翰·祖特尔的牧师常驻哥市。他修改了教会制度的草案，然后把它送给路德征求意见。

路德读了这份文件，做了一些修改，然后返还，并附了一篇前言给祖特尔、市政府和市民。这两份文件随后被翻译成当地方言并送回维腾堡印刷，因为哥廷根还没有自己的印刷厂。

246 从这份前言我们可以清楚地看到，这些年间指导路德行动的关键是什么。一方面，他称赞哥廷根人遵从保罗的诫命，注意维持良好的秩序。路德衷心祝愿这些程序能尽可能地保证合格和忠心的牧师们会被呼召来服侍教会。

同时，路德看得更远。他进一步说，无论教会如何组织，中心问题是福音被传讲，因为它"不仅是上帝的命令，也是上帝的能力"。此外，哥廷根人不应该信靠他们刚刚采用的出色的教会制度。"即使你[在你所做的事情上]全然正确，"他又说，"上帝也不会容忍你自夸和信靠律法；你必须谦卑地祈求上帝的帮助……抵挡魔鬼……它与一切正确、合宜的事为敌。"正是由于哥廷根人采用了这么好的教会制度，他们就不得不预期来自撒旦更猛烈的进攻，"撒旦也想在哥廷根做王"[8]。

尊崇福音

路德的确对开展教会的实际改革表现出浓厚兴趣。尽管如此，他毫不怀疑属人的机构变坏的可能性。唯一的防护措施是传讲福音和祷告，祈求上帝帮助抵挡世界的王。

正是在这个时候，茨威考市让路德更加认识到人为安排的不可靠。这个城市是维腾堡以外最早坚持新教运动的地方之一。但它同样是一个异常难控制的地方。16世纪20年代早期，这里曾产生"茨威考的先知"，而现在政府要员们正解雇一名传道人，他曾是路德在很多次辩论中有力的支持者。1531年3月4日，路德写信给他们说，他们没有权利像对待普通仆人一样对待牧师，因为"你们不是教会的主"。

路德非常气愤，但是这次他毫无办法。路德有一位私人朋友，他刚好是茨威考市的书记。他向这位朋友描述议员们是"野兽"，但是大约同时他收到一封信，在信中约翰选侯叫他不要干涉。路德抱怨他们同样"想成为新教信徒，但却不尊崇福音"。6月，他的态度变温和了，并给茨威考人和他们的牧师们写了一封短信，在信中他劝告所有人"忍耐安静，不要为任何事与人争竞"。但是两个月后他被叫到托尔高，在那里他被迫当着选侯的面倾听茨

247

威考市长的抱怨,说他试图让所有事情都按照他的方式做。路德后来回应说,"我再也不会与茨威考人有任何关系,我会把我对他们的憎恶带进坟墓。"[9]

因此,路德经历了试图创建一个新教会的过程中所有的失望。此外,很可能他对茨威考一名牧师的忠诚和他从卡尔施塔特和闵采尔那时期开始对这个城市不愉快的记忆,影响了他的判断。然而,即使在这场凌乱的地域性纠葛中,他的行为表明,他对良好制度的渴望无论有多重要,都永远不会超过他对传讲福音的忠诚。

正如在他生活的很多其他领域一样,路德在这里也是凭着信心做事。像很多人——包括重洗派——一样,他可能也更喜欢一个真正信徒的教会。在1526年给《德语弥撒》所写的序言中,他描写了一个团契,在那里人们自愿聚集来听道、彼此劝勉、祷告、为穷人筹集救济金,从他们中间摈除不悔改的人。"但是,"他又说,"我既不能也不希望开始这样一个团契或聚会,或者为它制定规章制度。因为我找不到所需要的人——萨克森所有的加起来也不够!"[10](来建立甚至一个这样的教会)。在 16 世纪 30 年代,视察和奥格斯堡事件发生之后,教会制度对路德而言更加重要。但是与向罪人传讲福音相比,教会章程对他真的无所谓。他想强调的仅仅是:教会需要被组织起来。

路 德 教 授

总的来说,路德把实际编写新的教会制度和监督这种制度建立的事务留给了更年轻的同道们,比如梅兰希顿和布根哈根,对他们来说,大量旅行没有那么困难。此外,德国的政治形势表明,路德不能直接参与这项工作的大部分事务,因为他仍是个逃犯。

因此,他对建立新教会的主要贡献在于他作为教授的角色。作为教授,他帮助训练了一整代的牧师,他们先后成为教会的神职领袖。这项工作甚至在 1530 年之前就开始了,那时他推荐志同道合的牧师,并且支持他们开展事工。但只有进入 30 年代后,他和他的同道们才有意识地开始培训新的牧师,并系统地对他们进行考核、按立和安置。

路德从起初就确信,大学在这个尝试上会起到关键作用。1518 年,在他从海德堡辩论回来的路上,他曾宣称除非大学先被改革,否则改革教会是没有希望的。于是他借着在他自己的大学完全恢复学习课程,亲自领导这项工作。亚里士多德的逻辑学实际上从神学课程中被取消了,取而代之的是直接学习圣经、教父和古典语言。1518 年,梅兰希顿本人被叫到维腾堡协助这项改革。改革非常深入,1523 年,甚至连辩论也结束了,理由是它们很容易让人想起路德一直反对的经院神学。

大学很像是路德的家,用它来培训新教会的牧师非常自然。他自己是名非常受欢迎的老师,这不仅仅是由于他声名远播。正如一个学生评论说,"他总是能很好地把握他讲授的内容……因此他讲的东西总是非常尖锐和切中要点。"[11]

然而,路德的大学和普及教育在 16 世纪 20 年代的风暴中遭受损失。从这个意义上说,伊拉斯谟担心路德的运动会危害学术的复兴是完全有道理的。在沃尔姆斯会议之后,维腾堡自己的入学人数骤然下降,闵采尔和茨威考先知这样的人公然否认学习是传讲上帝之道的资格。卡尔施塔特在 1524 年决定放弃他的学术职位从而成为"新平信徒",这是在整个德国所发生事情的一个标志。对于重洗派信徒来说,像路德这样的人,"按照字句"是有学问的,"按照精义"却没有学问。

教 导 真 理

相反,路德相信合宜的教育是不可或缺的。1530 年他评论说,"如果我能够离开传道人的位置和我其他的职责,或者被迫这样做,那么我最希望成为一名校长或者老师。因为我知道除了传道的职分,这是最好、最伟大、最有用的职分。事实上,我并不十分肯定这两样哪样更好。"因此,他再次把注意力转向大学。瘟疫离开维腾堡后,在协商武力反抗问题期间,他开始撰写《加拉太书》的系列讲章。对他来说,这封书信包含了有关称义这个中心问题的最清楚教导。他说:"无论是谁,如果他对基督徒的义理解错误,那么他一定回到这依靠自己行为的义中,即,他一定栽在……相信律法的工作上。"因着这个,"整个基督教的教义完全丢失了。"[12]

这些讲章花了三年时间完成。很快,梅兰希顿和他的学生们对它进行了修订,并作为路德的《大加拉太书注释》(以区别于他作为一名年轻教授时

249

所撰写的关于《加拉太书》的讲章)出版。《加拉太书》是"我的凯蒂·冯·伯拉",路德说,这也证明保罗的教导对他有多么重大的意义。但是这些讲章不仅包含他个人的信仰,而且正如梅兰希顿和他的学生们的工作所揭示的,它们是一种在尽可能短的时间内向尽可能多的人传讲福音真理的有意识的努力。正是本着这种精神,路德曾坚持认为保罗的话语可以直接应用到他的教导上:"如今活着的不再是我,乃是基督在我里面活着。"(加 2:20)

路德拿着圣经面对罗马教会,梅兰希顿举着支笔站着。

教导真理的工作现在是路德最重要的目标。在 1533 年至 1536 年期间大学的一系列新改革中,甚至连辩论也被重新设立。它们首先是一种能够授予博士学位(因此训练新的教授)的方式,其次检测学生对新教信仰的掌握。作为最后一步,在路德的强烈要求下,选侯于 1535 年颁布法令:任何希望成为牧师但是没有主教按立的人,应该自行到维腾堡大学的神学系接受考核和按立。

路德很清楚他希望通过这项工作创造什么:"首先,一名好的传道人应该能出色、正确、有序地教导。第二,他应该有聪慧的头脑。第三,他的口才应该好。第四,他应该有副好嗓子。第五,他应该有好记性。第六,他应该知道何时停止。第七,他应该忠于并勤于他的事务。第八,他应该把身体和生命、财产和名誉都押上。第九,他应该愿意忍受任何人的骚扰和折磨。"[13] 根据 16 世纪教育家的观点,这九项特性中的六项可以被教导。正如他自己的思想曾被他在大学的工作改变一样,路德也正在试图改变他学生们的思想。

首先,路德要他的学生们知道真正的教义。同时,他为他们个人保留了活泼的兴趣。他知道他们将离开维腾堡进到一个不友善的世界度过一生。他曾说,"这个世界需要传道人有六种品质:1. 嗓音好;2. 有学问;3. 口才好;4. 仪表好……5. 不领钱,反而自己拿钱用于传道;6. 说造就人的好话。"论到学生,他说,"很多人听到瘟疫警报很高兴。有些人因为背书包而身体疼痛,一些人从他们的书感染严重的咳嗽,一些人的钢笔在身上留下痂,另一些人从纸张感染痛风。很多人发现他们的墨水生霉。另一些人想着他们妈妈的来信,变得沮丧和思念家乡。"[14]

251

路德知道学生们的软弱,然而他坚持不懈。他教导他们、考核他们、给他们找第一份工作、告诉他们什么时候该换新工作。他甚至偶尔帮助安排婚姻。总之,他们有困难时可以找他。他建议自己的儿子保罗不要作传道人,因为他没有耐力,而建议他谋求一份简单的职业,比如医生。有一个学生常常抑郁,甚至想自杀。路德建议他不要总是独自一人埋在书堆里,而要寻求好友的陪伴,去唱歌跳舞。他忠告说,撒旦乐意基督徒孤身一人。

对比新教和天主教礼拜仪式的讽刺画

如今路德对教会日常生活实践的关切可比他对学生的关心。他坚持认为最重要的是传讲福音和执行圣礼,为的是使普通基督徒成为"被上帝教导的人"。但是路德不是那种坐在宝座上发号施令的人。他亲自投入具体的组织安排中。

第五部分

成熟的路德

15

信仰的谈判者

虽然困难重重，然而为他的大学、他的学生和他的新牧师们工作，路德乐在其中。可是他在改教运动更广泛的事务中承担的责任频频将他抽离这些局部事务。通过一个又一个人的归信，一个又一个牧师得到培训，以及一个又一个教会被建立，新教运动逐渐变成一个新的教会。然而现在它还是一场国际性的运动，促使各行各业的人承认它。而他们反过来迫使路德要在更大的舞台上实践他的信念。

政 治 建 议

16 世纪 30 年代初，新教王侯们和皇帝之间的谈判最消耗路德的精力。在这些谈判中，路德表明自己始终是一名倡导和平者，尽管并不是对此不惜任何代价。至少施马加登联盟的建立迫使查理大帝就他在奥格斯堡的立场，即每个人都必须顺服罗马，做出了一些让步。因此，1532 年 5 月在施韦因福特，开始了以建立宗教和平为条件的谈判。所有人都清楚皇帝的处境。他需要新教徒的帮助以对抗土耳其人，而除非他采取某些行动，否则得不到他们的帮助。

约翰选侯、菲利普伯爵和其他新教领主像在武力反抗问题上一样征求路德对此事的建议。路德再次证明了他不太擅长搞政治。王侯们的立场是,除非皇帝同意在帝国内宽容任何认同《奥格斯堡信条》的人,否则他们不会帮助他。路德建议他们放弃这个条件,因为如果他们不放弃的话,"整个和谈可能不会有结果。"[1] 早先他们在没有任何保护的情况下为福音挺身而出,现在他们也应该这样做。

王侯们根据自己的政治智慧,基本上忽略了路德的建议。6 月下旬,他们的确再次询问他对他们将要签订的和约有什么意见,但是路德的回复和从前大致一样,"如果我们愿意通过我们自己的努力利落稳妥地解决所有事情,而不信靠上帝的能力,那么很清楚它不会有什么益处。"[2] 这些话语使人想起路德在给哥廷根教会制度的序言中所写的内容。但是事实上查理五世已经向王侯们做出让步——这些让步具有坚实的政治价值。如果王侯们为反对土耳其人的战争提供财力帮助,那么他们可以享受完全的宗教自由,直到自由大公会议的召开。此外,所有在帝国法院内针对他们的诉状会被撤销。条约于 1532 年 8 月 3 日签订,因着它,在德国爆发宗教战争的危险消失了,至少暂时消失了。

萨克森的乔治公爵(克拉纳赫作)

路德提供的照世人来看是幼稚的建议证明路德对完全政治化的安排感到十分憎恶。但是他通过其他方式也表现了同样的态度。总之，这点可以在他和特定王侯们的关系中看到。最突出的是他的老对手——萨克森的乔治公爵。从改教运动一开始，乔治公爵对罗马教会信仰的真正信奉是无可置疑的。因此当读到路德的《对亲爱的德意志同胞的警告》时，他愤慨万分。他自己也有点学问，因此发表了一本反对路德的书。

乔治公爵的《驳路德之警告》包含一个简单而直接的论点：路德在煽动人们向现有权威发动暴乱和起义。路德的书无视面临危险的教义问题，"其目的只是想让我们德国人对皇帝不忠，不顺从任何权威"。乔治公爵在这里忽略了，路德坚称他不是煽动战争，而是预言如果皇帝和他的支持者不让步的话，必然会爆发战争。对公爵来说，这个区别微乎其微，正是一个不要善功，说信心就可以使罪人称义的人才会说这种话。因此路德的教导本质上是革命性的，这从他的著作中可以看到，"人很少能在其中发现爱、和平、温柔、忍耐……只有诅咒、指责、辱骂、诽谤、无耻的谎言和猥亵的话……"。[3]最后，乔治公爵希望那些保护路德的人们能看到这位背叛者和异端的本来面目。

回复乔治公爵

《驳路德之警告》于 1531 年 4 月问世，因此路德有时间写份回复在即将到来的法兰克福书展上散发。除了写他没有太多选择。一句古老的圣经教训此时成了问题——"你可以从他们的果子认出他们"——而乔治公爵已有力地阐述了他的观点。这也是所有德国改革者们一再被迫面对的一个问题。他们的反对者一次又一次控告他们扰乱现有的秩序。此外，大家仍然记得农民战争并且知道国内和平可以消失得多么快。

路德所选的回复标题暗示了他的意图——《反对德雷斯顿的行刺者》。正如在农民战争过后一样，他不会撤回任何教导。在针锋相对的反驳中，他宣称不是新教徒而是他们的反对者意欲发动战争。最近奥格斯堡会议的法令足以证明这点。此外，任何了解农民战争的人都知道，他，马丁·路德博士，是明确反对起义的。另一方面，如果天主教王侯们害怕新教的军队，这也没什么不正常的。事实上，他们"应该担心和害怕反抗可能发生"，因为这样的忧虑是抵挡上帝之道的人当受的命运。

乔治公爵的文中还有一个论点。路德的论战著作中满是粗俗的咒骂，他如何还自称是和平之子？路德的回复重申一个主题，他比以往更加大声地宣讲这个主题。他希望人们"从这刻起会说我对天主教徒充满了恶毒的话，辱骂和咒诅"。罗马的捍卫者已经用他们的行为证明"他们不悔改"，并且"他们决意不行善只作恶，甚至到了无可指望的地步"。因为"罗马天主教会的傻瓜们"完全是被上帝弃绝的人，他打算"从这天起直到进坟墓那刻，我要忙于咒诅和训斥这些恶棍"。

路德认定他的天主教反对者不蒙救赎，这一观点影响深远。早先，他曾宣称，他和他的支持者们不能再为他们祷告。现在他补充说真正的祷告伴随着对罗马教廷的咒诅：

> 因为我祷告时不能不因而被迫去咒诅。如果我说，"愿人都尊你的名为圣，"那么我必须加上，"愿天主教徒们的名和那些诋毁你名的人遭诅咒、谴责和羞辱。"如果我说，"愿你的国降临，"那么我必须加上，"愿罗马教廷和地上反对你国的所有国家遭咒诅、谴责和毁灭。"如果我说，"愿你的旨意成全，"那么我必须加上，"愿天主教徒所有的思想以及阴谋和所有违抗你旨意而行的人受咒诅、谴责和消灭。"事实上，我劝告那些相信基督的人，每天不停地这样祷告，不管是开声的还是无声的，我确信我们的祷告会被垂听……[4]

对路德来说，如果圣经如他所读的那样真实，则那些相反的教导就像土耳其人一样邪恶，没有虔诚人会希望他们好。这样的人的确从根本上被咒诅，就像该隐或撒都该人。

这些都是严厉的话语，但绝不是一个疾病缠身的老人的情绪发泄。像路德大多数公开行动一样，它们源于内在信念和外在事态发展的结合。如果路德不是如此确信基督徒单单生活在恩典之中，或者如果罗马和皇帝不是如此强硬，那么他毫不留情的指责或许会让人感到好奇。然而考虑到路德的信念和当时的情形，这些也就不足为奇。

然而，路德最新的著作是否能达成良好的政治目的又是另一回事。他的《警告》对新教的王侯们非常有用，比如说约翰选侯或者菲利普伯爵，他们非常想让皇帝明白他们有多么坚决。但是路德的《反对德雷斯顿的行刺者》出现在和谈期间，它只能使情势恶化。而且，路德的靶子不只是一位王侯，也是他自己的选侯约翰的亲戚。

　　乔治公爵再一次抱怨他受到公然的诽谤。选侯约翰听了乔治公爵的抱怨。他通过他的大臣布鲁克博士让路德"在良心和真理许可的情况下"克制自己,"以使和平与和约不受干扰或阻挠"。路德同意了,前提是乔治公爵也必须克制自己。紧接着他又补充道:"乔治公爵跟我较上劲了,"而且"留下了不小的结"[5]。路德暂停与他的辩论,为之略感遗憾。

约翰·腓特烈选侯

　　不久,形势又起了意外的变化。1532 年 8 月中旬,路德和梅兰希顿被叫到约翰选侯的临终床前。8 月 18 日,路德流着眼泪做了葬礼讲道,"因此,撒旦,"他对送葬的人们宣告说,"把我的公义和我的罪一起带走吧,吞没其中的污秽,这本是属于你的。它们一点都不能困扰我,因为基督(也)已经死了。"[6]

路德一生中萨克森的选侯们:智者腓特烈,坚定的约翰,
和宽宏的约翰·腓特烈(克拉纳赫作)。

　　约翰选侯的继承者约翰·腓特烈(John Frederick)与他父亲不同。首先,他年轻,只有 29 岁。其次,从童年时起,他就是路德的跟随者,他把路德看作是他属灵的父亲。葬礼后第三天,他来到维滕堡,听路德讲道,邀请这位改教家和他的同道们赴宴。他比他的前任们更频繁地造访维滕堡,并且经常叫路德到托尔高商谈。"我们有一位拥有很多美好恩赐的王侯,这是对我们的祝福,"路德在了解他后这样评论说。这位年轻人只有一样毛病,"如

果我喝得和选侯一样多,我会淹死。如果他喝得和我一样多,他会渴死。"[7]

这位新选侯对新教运动的热情导致他倾向于不顾公众争议,鼓励路德,甚至当路德和像乔治公爵这样有影响力的人物发生争执时也一样。1532年秋天,狂热的公爵命令严密监视群众,从而找出所有不愿意忏悔、行补赎礼、参加弥撒和只领受饼的人。这个举动使得路德的跟随者处境艰难,10月他们中一些人向他询问该怎么办。改教家鼓励他们要坚定不屈。

乔治公爵命令莱比锡市政会记录所有不严格持守天主教信仰的臣民的名字,随后迫使他们变卖财产,离开领地。在此之后,酝酿已久的争议于1533年春天爆发了。一名莱比锡人再次询问路德他们该怎么办。在一封牧函中,路德把乔治公爵的行为比作谋杀,并说他们不应当合作。当公爵得知路德信的内容时,他像往常一样向他萨克森选区新执政的亲戚约翰·腓特烈抱怨。然而这次他收到了一封截然不同的回复。通过首席顾问布鲁克,选侯宣布路德绝对有权利,确切说是有义务,安慰那些遭受逼迫的人们。他补充说,他深切地盼望乔治伯爵——现在已经苍老,想必已离坟墓不远——能在为时已晚之前看到真理,放弃扫罗的方式,成为另一个保罗。

托尔高,萨克森选侯们主要的居住地

乔治公爵发现他亲戚的信对他不仅没有益处,而且不怀好意。接着是又一次交涉,然后约翰·腓特烈选侯给路德送去信函的抄件。在附信中他声称,他当然不能容忍路德煽动莱比锡人反叛,但是他确信路德会"知道如何通过你的文章为自己辩解和给出答复……"1533年7月,路德高兴地用一本小书回应,在书中他把乔治公爵比作"彼拉多,希律,犹大,以及和他们一样的人,他们指控耶稣和他的使徒们,并把他们处死,因为他们传讲上帝的道"[8]。

双方的交涉很快变成了一场公开的文字战争。其间选侯写信给乔治公爵说,他决意"至死相信路德是上帝特别拣选的人,来清晰、纯正和忠实地传讲上帝的圣道"[9]。由于得到自己王侯热情的支持,路德不仅仅成为新教会的教师和组织者,而且也是它主要的公开捍卫者。他现在的生活很大程度上被公众和他推动的事情所掌控,以至于他很难保持沉默——无论是什么事情。他甚至可能被利用。他的很多学生和最亲密的同道们把他看作传神谕之人,现在他也成为一个在公共领域为信仰发声的政治家,即使他不甚理解这个世界。

16 世纪 30 年代中期的两件具体事务把路德不可逆转地带到这条路上。每一件都让他卷入与他视为最狡诈敌人的和谈中。1535 年,他发现一位教皇特使向自己请教人们十分期待的全体教会大公会议的确切性质。仅仅一年后,他又和南部德国人——其中著名的有布塞和卡皮托——详细谈判圣餐礼的性质。前一件事情完全失败,而另一件至少还算得上成功。

韦尔杰里奥的使命

举行公会议的问题至少从 1518 年路德会见卡耶坦主教时就在讨论了。那时候,路德曾犹豫是否要向一个公会议上诉,如果是的话,在哪里并且由谁来主办这个会议。在 1519 年与艾克进行的莱比锡辩论会期间,他曾宣布即使公会议也有可能做错并且确实做错过——比如一个世纪前康斯坦茨的胡斯案。在 1521 年沃尔姆斯激动人心的时刻之后,德国的王侯们自己曾呼吁一个自由的基督徒会议——他们指的是一个在德国土地上举行的不被教皇支配的会议。这个问题继续困扰那些制定政策的人,特别是那些试图代表罗马这样做的人。有人总是在提出关于将要到来的公会议的问题,只要能起到拖延的作用。查理五世自己在 1531 年和新教达成暂时和约的时候宣布,他们的协议只在公会议前有效,而他认为第二年公会议将会举行。

然而,在那之后,没什么人再提公会议的事了。但是在 1535 年,公会议突然再度成为热议的问题。一位教皇特使——彼得罗·保罗·韦尔杰里奥在 2 月到达德国。克莱门七世的继承者教皇保罗三世委派他——拜访德国的政要,获取对教会公会议的支持,尽管这个会议不会在德国举行,会议议程也不会仅限于讨论德国人认为紧要的事情。

韦尔杰里奥的差使不值得羡慕。他要告诉接待他的东道主们,他们的愿望不会是即将举行的公会议的首要问题,同时也不提会议将要讨论什么问题。不过,他是一位野心勃勃、圆滑有学识的年轻威尼斯人,很得保罗三世仇恨的前任克莱门七世的宠幸。韦尔杰里奥乐意接受这个甚至看上去不可能的任务,如果它意味着可以继续受教皇宠幸。

1535 年 8 月下旬,乔治公爵告知约翰·腓特烈选侯韦尔杰里奥的使命和公会议的可能性。选侯几乎无法拒绝讨论这个问题。因为他自己和皇帝之间和平与否将取决于未来大公会议召开的状况。因此他向路德征求意见。路德回复说,人们讨论大公会议已经有两年多时间了,特使应当清楚说明计划如何安排。韦尔杰里奥不能给出任何具体说明,因此路德怀疑罗马教廷对会议的态度是否严肃。

约翰·腓特烈甚至不愿意接待韦尔杰里奥。但是他最终被设陷在布拉格会见他,当时他正在前往参加一个新教领主集会的路上。11 月下旬,他听韦尔杰里奥用拉丁文做了一篇很长的演说,声明教皇有至高的意图。当斯帕拉丁最后把它的内容翻译成德语时,选侯命令他回复说,谈论任何不在德国土地上举行的大公会议没有意义。韦尔杰里奥宣布说,目前的计划是在曼图亚的公爵宅邸开会。听到这里,选侯走出了房间。

约翰·腓特烈所不知道的是,路德实际上已经把城堡的钥匙交出去了。同月早些时候,韦尔杰里奥曾唐突地拜访路德本人。[10] 改教家得知这位特使和他随行的二十人即将比预期的提前一天抵达。但是路德足以应付。他叫他的理发师在太阳出来之前准备好,并且按照惯例进行他一周一次的沐浴,剃须,修发——通常在准备讲道时他才做这些事情。随后他让人取来他最好的衣服。作为许多新教王侯们如此喜欢的人,他拥有最好的衣服:一件黑色马甲,双袖上的缎子像波浪荡漾;一件带有狐狸毛边的外衣;贵族穿的紧身长统袜,并且手指上戴着很多戒指,这些给他的意大利拜访者留下了非常深刻的印象。最后,他戴上一条巨大的金链,甚至连他的理发师都认为过于华丽。然后路德叫布根哈根和他一起乘坐一辆大马车前往维腾堡的城门,这段路程走路十分钟就到。

路德准备好应付正事。总之,他希望返回给罗马的报道中说他年轻,身体状况良好。韦尔杰里奥很快就座盛宴,或许只是为了证明即使维腾堡人也知道如何接待重要的来宾。但是突然之间气氛变了。路德暗示,他非常清楚,作为一个年轻人,教皇保罗三世过的是怎样的放荡生活。

交锋在继续,时而愉快,时而尖酸。韦尔杰里奥暗示,路德能够在罗马得到恩惠。路德回复说,基督徒和罗马共存就像白天和黑夜混在一起。但是这两位的确在一个关键事情上意见一致。韦尔杰里奥希望路德祝福大公会议,他也间接得到了路德的祝福。"你,"路德宣布,"是一个可怜的人,被你那亵渎上帝的教导带入歧途,你是那需要大公会议的人。"[11]路德会到那里宣讲他的教导。

韦尔杰里奥在第二次与约翰·腓特烈选侯更为私人的会晤中曾原原本本地使用这些话,选侯现在不得不仔细听他说。但是路德从一开始就是对的。几个月里,计划好的会议再次推迟。但是在接下来的年月里,路德对韦尔杰里奥讲的话继续制造出一些问题,因为新教的王侯们不愿意和一个不是按照他们设立的条款举行的大公会议有任何瓜葛。路德将要就这个问题做更多的协商工作,直到他生命的终了。

寻 求 合 一

和南部德国人的关系更让路德操心。他也能够更加深入地准备这些协商。尽管他仍有猜疑,但是和布塞在科堡不愉快的会面很快被遗忘了。1531年3月下旬,路德能够宣布他已经对布塞这个人有"盼望"[12],这比他在茨温利和厄科兰帕迪乌斯几个月后去世时所能说的好多了。两年过后,一场争论破坏了这些好感,争论的内容是:在法兰克福,关于圣餐礼,什么人对牧师们说了什么?但是最后,甚至这个插曲也仅仅驱使布塞重新努力寻求一致。然而在这些年间,每当路德认为这个或那个牧师群体暴露"茨温利派的"倾向时,他总要介入。

1534年9月,隔离双方的墙终于开始松动。在16日和路德讨论之后,梅兰希顿向黑塞的菲利普伯爵毛遂自荐,提出自己可能充当与布塞谈判的人选。至于他们讨论的基础,他们将使用布塞曾让所有德国南部牧师们过目的信仰告白。当月稍后几天,菲利普敦促路德推动合一的工作,并且声称,不合一对于新教王侯们是一场可怕的瘟疫,他愿意竭尽全力、不惜代价来结束这种不合一的状况。路德说他现在愿意和谈,大家一致同意梅兰希顿应去会见布塞。

　　这次会面于 1534 年 12 月举行，虽然路德还是有些疑虑。他写道，"我越仔细考虑这件事情，就越不赞成这个没有希望的联盟。"然而为了梅兰希顿的益处，他又补充描述了在圣餐礼中发生的事情。"耶稣的身体被分发，吃，用牙齿嚼，"他写道。但是当梅兰希顿和布塞在 12 月 27 日见面时，梅兰希顿同意布塞新的信条，并于 1535 年 1 月 9 日带回一份到维腾堡。当约翰·腓特烈选侯随后询问路德关于此事的建议时，路德声明他对这份信条没有特别的反对之处。但是他又说双方之间发生了太多事情，"在双方平静"之前最好不要继续。[13]

　　路德仍充满怀疑。他尤其想看看，斯特拉斯堡的神学家们是否会让自己卷入另一个像曾经发生在法兰克福那样的事件中，因为当时他们支持一个牧师，此人正在教导茨温利对圣餐礼的理解。但是他同样也满怀希望，不久希望战胜了怀疑。7 月他写信给奥格斯堡的牧师们和市政议员们说，他对合一的努力感到"由衷地高兴"，并且说他将尽其所能"巩固和维持它"。当斯特拉斯堡的神学家们得知这封信时，他们也感到高兴，并且确保他们所有的同事们得知这点。10 月，就在韦尔杰里奥突然来访之前，更好的消息传来。路德给南部德国主要的城市送了一份致大众的信；在信中他声明自己支持举行一个双方神学家都参与的会议，"从而我们双方能够相互熟悉，深入了解。"[14]

267
面对面谈判

　　出人意料的是，路德还表示，至少在目前，自己愿意忽略斯特拉斯堡牧师们的一个错误行动。2 月，布塞和卡皮托参与撰写一份为巴塞尔人准备的信条，在信条中他们淡化了基督在饼和杯中的物质性临在。路德或许不清楚发生了什么事情，因此仍然邀请他们和其他南部德国神学家参加 5 月 14 日在埃森那赫举行的会议。在这次会议中他们能够讨论遗留的所有分歧。

　　在此期间，路德的怀疑又回来了。当南部人到达埃森那赫时，路德不在那里。日子一天天过去，他还是没有到。于是他们继续向东旅行，之后收到路德的信，信中改教家以又生病了为由，请他们在不要远于莱比锡的地方见他。布塞先发制人，以防路德再拖延。他回复说他们一行都会到维腾堡。

他们到达维腾堡后,得到消息说路德不会会见他们,原因不详。但是随后第二天一大早,他们突然被叫到路德住所。同样突然地,会见被推延到下午。布塞终于有机会详细解释他在过去几年为合一的缘故所做的一切。路德看上去仍然疑心满腹。他回复说,布塞和卡皮托应该明确谴责茨温利的教导,宣布他们相信基督在饼和杯中的真实临在,无论领受圣餐的人有无信心。在听了几句回复后,路德说他感到头晕,不得不离开休息。

作为一个经验丰富的辩手,路德揭露了他们之间最棘手的问题。布塞和卡皮托非常谨慎地不提一个没有信心的人在圣餐礼中会得到什么的问题。基督身体和血的真实临在取决于领受者的性情吗?对于一个不信的人,圣餐仅仅是饼和酒吗?如何理解保罗所说任何人"不按理"吃喝是让"他自己被审判"?路德忠于他自己对福音的理解,认为一个相信基督设立圣餐时所说话语的人是真基督徒。因此,在这段经文中,不信的人和不按理吃喝的人是一样的,他们领受基督的身体和血,尽管他们这样做是为自己招致审判。由于同样的原因,对布塞和卡皮托来说,仅仅通过祝圣祷文而无需信心,饼和酒自身就会是基督的身体和血,这仍然不可思议。

路德最后的要求让来自德国南部的代表团痛苦万分。他们可以自由地否认他们曾像茨温利那样教导,或者至少像撰写在奥格斯堡会议中传阅的《信心与理性》的茨温利那样教导。但是承认异教徒可以用牙齿吃基督的身体,用舌头喝他的血是另一回事。这些德国南方人并不知道,路德自己那个晚上一夜未眠。

第二天下午,布塞做出回复。他和他的同道们从没有教导饼和酒仅仅是基督身体和血的象征。茨温利那样教导时,他是错的。至于第二个要求,布塞说所有领受圣餐的人都是不配的,所有人(甚至那些没有永活信心的人)在圣餐中都是被施予基督的身体和血。

路德询问是不是每个南方人都同意布塞的信仰表白。当他们说同意时,他转向他的维腾堡同道们询问他们是否满意。他们讨论了一会儿,但最后还是点头表示同意。路德再次问布塞、卡皮托和其他人是否真的相信布塞所说的。他们说他们真的相信。突然间,路德流露出喜乐和友善。他宣布说他们都是合一的,在基督里是弟兄。

布塞和卡皮托哭了。路德这一步超出了他们的期待,这不是他的作风。他已经忽略了不按理的人在圣餐礼中**领受**什么的问题,以及"信心"和"配得"之间确切关系的问题。为了合一的缘故,他满意于布塞所说的。

信仰的捍卫者

斯特拉斯堡的神学家们欢欢喜喜地回家了。不久布塞和卡皮托通知路德说,他们城市的政治家们和所有的牧师们都一致认同他们达成的共识。不久卡皮托——这个团体的外交官——着手巩固这份重新开始的友谊。他给凯蒂送去热情洋溢的感谢信,甚至还送上一枚金戒指作为礼物。斯特拉斯堡的一个出版社被安排出版一本新的路德著作。卡皮托甚至建议路德送他的一个儿子随从他和布塞一起学习。他们同样将送一位他们年轻的神学家去维腾堡学习。终于,事实证明,维腾堡和谈取得巨大成功。它把萨克森和上莱茵兰的宗教未来绑到了一起。

反 律 之 争

路德和斯特拉斯堡牧师们达成共识并不意味着他在一件信仰的事情上做出让步,甚至于忽略了一个潜在分歧的根源。就在这些年,他试图使用同样的方法来避免另一个争议。他和他从前的学生约翰·阿格里科拉之间发生一场激烈的争辩,阿格里科拉在十年前曾反对视察教区。现在,在 16 世纪 30 年代,阿格里科拉开始主张善功在基督徒的生活中无足轻重,甚至不应该劝诫教民做善功。律法尤其不应当被当作法律来教导给信徒。相反,所有使徒的劝导事实上是福音的一部分。律法本身——定罪的律法——属于法院而不属于圣坛。

在路德看来,阿格里科拉这样做是误解《基督徒的自由》的两部分:"基督徒是全然自由的万人之主,不受任何人管辖"和"基督徒是全然顺服的万人之仆,受所有人管辖"[1]这两个宣告。路德反复提醒他应当向基督徒传讲律法(正如期待他们行善功),即使履行律法不能影响他们在上帝面前的地位。但最重要的是,他一再劝阿格里科拉不要公开他的保留意见和批评。

路德的劝告没有成功。阿格里科拉开始质疑梅兰希顿的教导,当这些攻击公开时,路德忍无可忍。1537 年 7 月和 9 月,他两次在讲道中反对阿格里科拉忽视律法,但是没有指名。12 月,他发表一组学术论文来反对同样的观点,还是没有指名阿格里科拉。终于,1538 年 8 月,他出版了新版的《大加拉太书注释》。他对书做了修订,以期作为批评阿格里科拉教导的工具。最后他发表文章宣布阿格里科拉和他的跟随者——他称他们为"反律主义者"——已经在"等我死,从而他们可以想把我怎样理解就怎样理解"[2]。这位改教家再也没有和阿格里科拉有任何瓜葛,即使他当时是路德出生地学校的校长。

总的来看,维腾堡和谈和反律之争(后来如此得名)为理解老年路德提供了一条线索。尽管不到十年,但是极其尖锐的论战是这段时期显著的特征。土耳其人、犹太人、天主教徒、德国同胞以及怀有敌意的统治者都是路德的靶子,他对他们一律毫不留情。不仅如此,在每种情况中,他都完全明白他在做什么。他甚至这样说,"我生下来就是为了参加战争,与异端和魔鬼战斗。这就是为什么我的书激烈好战的原因。我必须剪除残枝灌木,砍掉荆棘蒺藜。我是伟大的伐木人,必须把地理净整平。"[3]

尽管如此,路德现在并不比 20 年前在导致沃尔姆斯会议的事件中更爱找麻烦。无论那时还是现在,那些路德攻击的人都远非间接或无关宏旨地背离他的教导。相反,他们是以行为和言语直截了当地抵制路德所看到的真理。在他看来,这些人是福音的敌人,因此是撒旦的工具。

271

《施马加登信条》

由于教皇和皇帝拥有政治权利,并且强烈反对改教运动,因此他们自然比其他人占据了路德更多的心思。维腾堡协议签订后不到一年,路德和他的同道们被叫到施马加登，新教王侯们再次在那里开会。路德又一次撰写了一份他的教导的概要，但是这次的目的是为了回应举行教会大公会议的要求。会议如韦尔杰里奥曾宣布的那样将在曼图亚举行。路德的任务是借着特别关注那些他们在任何时候都不能让步的条款和行为，帮助王侯们为会议做好准备。

路德立刻着手开始工作。对他来说，问题的核心是所有普世教会信经中的第二条，相信基督。"这一条包括我们教导和施行的所有反对教皇、撒旦和世界的内容。"[4] 在被称为《施马加登信条》的正文中，他论及具体的问题，比如弥撒、神职人员独身、善功、修道主义，等等，很像《奥格斯堡信条》或者早期的《施瓦巴赫信条》。路德乐于有这样的机会抓住问题的中心而不被引到枝节上。《施马加登信条》是路德最后的遗嘱和信仰声明，一份王侯们可以带着参加大公会议的声明，即使那个时候路德自己已经去世。

改教家差点就真的死在施马加登。事实上，他甚至不能写完《施马加登信条》。1 月的旅行非常悠闲，路德一行人漫步穿越群山进入黑塞。当这群人到达时，乌云甚至消散不见，留下一个清新晴朗的冬日。但是过了些天，一块肾结石掉进路德的膀胱，完全阻塞了它。为了照顾重要王侯们而来的很多医生们都无能为力。首先他们强迫路德饮用大量液体，希望单凭压力或许能使石头出来。接着他们给他喂了一种马粪和大蒜的混合物，明显是希望制造足够的胃部不适，完成液体没能做到的事情。

不久，朋友们和支持者们开始聚集，担心最后的时刻到了。当约翰·腓特烈选侯进到路德的房间时，他说，"我们亲爱的主上帝会为他名的缘故怜悯我们，他会延长你的寿命，亲爱的博士。"路德坚持要回到萨克森。他被安置在一辆马车上，另一辆马车尾随其后。沿路行了十英里后，这群人停了下来。路德在那个晚上排出总共将近一加仑半的尿。"通过这种方式，"他写道，"我欢喜快乐地计算尿液的量，它们对别人来说十分令人作呕，对我而言却弥足珍贵。"[5]

在这些艰难的日子里，路德有很多想法，其中一点是为要把朋友和家人抛在身后感到遗憾。但是正如他告诉布根哈根的——他们两人都把他这番话看作是路德最后的告白——改教家主要的担心远不是他个人的情况。他为那些现在必须持守福音的人祷告。"以我的名义命令他们，"他告诉布根哈根，"信靠上帝，顺从圣灵的带领，为福音的进展而活。"他对约翰·腓特烈选侯或者菲利普伯爵没有特别的行军令，没有什么具体事情希望他们马上去做。他已经给出自己的信仰声明,现在他希望王侯们忠于这份信仰。

福音和捍卫福音对路德而言意味着一切。他说,他为自己一生中一件事感到自豪:"我知道我用上帝之道攻击罗马教权是对的。"[6] 回到维腾堡后,他慢慢恢复了健康。一个月内他发表了两篇反对罗马的论文。一篇是信函《别西卜致圣天主教会》,在其中撒旦指示保罗三世该如何执行大公会议的事务。当月稍后,教皇把会议推迟到 11 月。路德再次发表了这篇文章,并在所附的评论中请求他的读者们质疑教皇改革教会的诚意。紧接着在 6 月,保罗三世又发表了一篇教谕,宣布所有为反抗土耳其人特别捐款和献上弥撒和祷告的人将比以前得到更大的赦罪。路德再版了这篇教谕,但是在边注中毫不客气地指出,保罗教皇的信息来自"那敌基督者"。一个月之后,他发表了另一篇反对罗马的论文。对路德来说,捍卫福音、攻击罗马教权成了同一件事情。

273

"反对犹太人"

在这些养病的月份里,路德突然发现自己卷入另一场争议。这次是关于犹太人。很多人相信他对犹太人的态度永远地玷污了他的名声。和通常一样,这场争议起源于抛给路德的一个问题。1536 年 8 月,约翰·腓特烈选侯颁布一项法令,从他的领地上全面驱逐犹太人,并且禁止犹太人从其领地穿行。

法令本身没有不寻常之处,尽管对于记得第二次世界大战期间纳粹对犹太人大屠杀的一代人来说,它会受到强烈的指责。但是选侯只是随从当时的政治习俗。事实上,相比于更强大和有名的统治者来说,很多德国王侯们已经落后了。除了委派哥伦布第一次航行之外,西班牙的费迪南和伊莎贝拉早在十多年前的 1492 年就从他们的领地上驱逐过犹太人。15 世纪和 16 世纪的欧洲,这种驱逐经常发生,结果导致大批犹太人迁往东部,直到波兰和俄罗斯。学者们至今仍在思索导致这种反犹情绪爆发的态度和信念。然而有一样是明确的:这样的观点很普遍。莎士比亚《威尼斯商人》中的夏洛克和他的一英镑肉是一幅极其普遍的讽刺画。

路德本可以简单地把他关于犹太人的观点限制在 1523 年所写的《耶稣基督生为犹太人》(*That Jesus Christ Was Born a Jew*)中。在这篇文章中他劝人们同情犹太人,并希望现在福音既然已被恢复到它正确的位置,犹太人应当改变信仰。但是一个历史事件插入进来。就像圣餐之争一样,这件事情也源自斯特拉斯堡。1537 年 4 月,卡皮托——作为欧洲最杰出的希伯来文学者之一——得知约翰·腓特烈选侯的法令。他和犹太学者们曾有很多往来,他写信给路德,请求他代表他们的一名领袖约塞尔·罗斯海姆(Josel Rosheim)向选侯说情。正是这个特别的请求让路德注意到整个事情。

274   6 月 11 日,路德直接回复罗斯海姆。他看待此事的方式和他看待与罗马、圣礼象征论者、重洗派或者土耳其人的关系的方式一样。他告诉罗斯海姆他不会出面,"因为你和你的同胞非常可耻地践踏了我所做的一切。"尽管福音已经被清楚传讲将近二十年了,但他们还没有归向基督信仰。基督徒们,他写道,把"这位被指控和被钉十字架的犹太人"看作真神,然而犹太人把他看作"异教徒",甚至"在他死后还祈求一位救主来临"[7]。在路德看来,犹太人显示出他们的硬心,而他不会为他们做任何事情。

路德的回复中没有反犹太主义。此外,路德从未成为一个现代和种族意义上的反犹太主义者。1538 年 3 月,他发表了《驳安息日派书》(*Letter A-gainst the Sabbatarians*)。在这篇文章中,他宣布犹太人不可能是上帝的子民,因为他们仍在等候弥赛亚的到来。路德反对任何教导和他的教义相反的人,从这个意义上来看,路德是反犹太人的。但是,就像对付其他众多的反对者一样,他决不会让事情如此过去。相反,五年后他发表了另一篇论文《驳犹太人及其谎言》,随后写了一份《附录》,最后还写了另一篇关于同一主题的文章。在这个过程中,他从默认选侯的政策变成积极主张驱逐犹太人。至少他们的会堂和书籍当被焚烧,并且他们当被赶出城市,放弃他们的商业活动,像劳工一样在地里干活。和天主教徒、圣礼象征论者和重洗派一样,犹太人被路德看作基督徒饼中可恶的酵。遗憾的是,他简单地重复了他那个时代的偏见,建议以特定的政策对待他们。

路德笔下这些最后的著作刚好写于他听到讹传,说某些犹太人正试图使基督徒改变信仰,甚至给一些基督徒行割礼的时候。那个时候,这样的故事在欧洲非常之多,但它们不足以解释路德为何在这个特殊时刻决定撰文反对犹太人。在他人生的最后十年中,路德猛烈抨击任何反对福音的行为,无论它来自犹太人还是其他人。1538 年 11 月 20 日,他从菲利普伯爵得知布塞曾建议温和对待菲利普在他领地发现的重洗派信徒。路德回复说,他们像犹太人一样,应该得到一次机会来改变信仰,然而如果他们不改变信仰,他们应当被驱逐。他们都属于那同一块野生酵母,如果允许他们生长,肯定会毒害真教会。

275

公会议的问题

同时,各种局势合力将路德置于一个尴尬的境地。查理五世和他指定的继承人费迪南大公越发急需帮助,以阻止节节胜利的土耳其穆斯林沿多瑙河而上。他们认为土耳其人的行动不只使他们自己在奥地利的皇室土地陷入危险,甚至使整个帝国陷入危险。在这点上他们很可能是正确的,因为多瑙河向西一路穿越德国,直到黑林山的东坡。

然而新教王侯们心意同样坚定,在他们的宗教地位在帝国获得安全保证之前不提供任何财政或军事上的帮助。从 1521 年的沃尔姆斯法令到 1530 年的奥格斯堡会议,他们知道查理一直在竭力反对路德和他的跟随者。他们也不相信皇帝。他们完全知道,他可能会将为了反抗土耳其人而集结的军队用来反对他们。在路德死后不久,查理果真这样做了,从而在施马加登战争中取得了首次胜利。因此,约翰·腓特烈选侯和菲利普伯爵等人所采取的立场是慎重的。

276

一位修士漫画像(爱尔哈德·舍恩作)

七头路德

在路德会见韦尔杰里奥之后，另一个问题也变得更紧迫起来。新教徒会参加教会大公会议吗？路德曾保证如果在合适的条件下受邀，他会参加。在他们这方，很多新教王侯至少在最初认为他们拒绝反抗路德和他的跟随者是合理的，因为这场宗教争端还没有由一个自由的教会大公会议做出判决。

由于保罗三世的任职，情况有所改变。尽管耽延许久，教皇保罗三世倒是真的确信有必要召开大公会议。这位教皇绝非大公无私，不以他人为代价来肥自己家人和朋友的利益，然而在对待新教徒上，他既强硬又狡猾。他要接受他们的挑战。1537 年 3 月，他甚至从一个特殊改革委员会收到一份报告，这个委员会由罗马教会一些最杰出的高级教士组成，其中还包括一名未来的教皇。它声称，教会目前所有痛苦的主要原因在于将一个属灵的职分——教皇的职分——颠覆成世俗的，并且号召勇敢采取行动使教会重新团结为一体。这份文件本身被认为是为大公会议准备的，而这个大公会议将完成这项期待已久的工作。如果真的有教会大公会议来最后判定所有问题（现在看上去越来越像会有这样一个会议），那么新教王侯们怎能拒绝联合反对土耳其异教徒呢？

路德曾说他将参加，但是王侯们和他们的神学家们会同意吗？或者他们会就大公会议坚持要求很多条件，这样他们就能够宣布它无效，然后问心无愧地继续向皇帝索要宗教保证，否则不会支持任何反对土耳其人的战争。他们会这样做吗？

形势异常复杂。但是约翰·腓特烈选侯和菲利普伯爵这样的政治家们已经仔细考虑过这件事情。他们相信，谈论大公会议只是一个陷阱。他们不会参加会议，他们也不会允许他们的任何神学家参加。然而，路德和他的保护者们之间关于这个问题可能产生的冲突从未显露，因为当特兰托公会议终于举行时，他们并没有被邀请。特兰托公会议第一次会议在路德去世之前不久举行，没有任何新教王侯或神学家出席。

任何关于公会议的通知和延期都只是让路德更怀疑"巴比伦淫妇"——这是他对罗马教廷的称呼——的诚意。这也正合王侯们的意，证明他们对教皇和皇帝意图的怀疑是对的。

雷根斯堡会谈

罗马的捍卫者,尤其是那些发现自己正在德国战壕里与新教信徒一决胜负的人,为这个忽而兴起忽而消失的公会议感到特别沮丧。最感心烦意乱的当属查理五世和费迪南大公。无论他们做什么都不能得到罗马的帮助来结束宗教不合,而这种不合严重危害他们自己与土耳其人的战争。因此,他们决定自己行动。他们将在德国发起罗马和新教神学家的会谈。这些会谈不会是真正的公会议,但是至少它们不会在意大利举行,受教皇的支配,并且它们或许会产生足够的共识,使他们能从新教王侯们那里获取一些帮助。甚至教皇保罗三世也配合这项努力,他派出一个官方观察团出席每次会谈。这些会谈在 1540 年至 1541 年间首先在斯特拉斯堡附近的哈格瑙举行,之后在沃尔姆斯举行,1541 年帝国会议期间再次在雷根斯堡举行。

路德没有参加这些会谈。或许正是因为这个原因,雷根斯堡的谈判者们非常接近达成一致。在经历几次失败后,布塞尔和卡皮托与他们的罗马谈判者们就一些关键问题——比如亚当堕落前的人性,意志自由,罪的起源以及原罪的性质——达成了共识。他们同意可以在关于权威、逐出教会的权利和圣礼问题上持不同意见。三年前曾主持改革委员会的康塔利尼(Contarini)主教甚至理解梅兰希顿在因信称义这个核心问题上的观点。如果这个问题能得到解决,查理皇帝和费迪南大公或许能挽救局势。

梅兰希顿把文件带回维腾堡,路德断然拒绝关于称义的条款。康塔利尼把文件带回罗马,发现自己因着同一条款被指责为异端。导致所有这些不快的议题后来被称做"双重称义"论。根据这个观点,只有在基督的功德中上帝的恩典才能使罪人称义并通过信心拯救他们。但是另一方面,这个信心必须是活的信心,在爱邻舍的善行中表现出来。实质上,康塔利尼和梅兰希顿发现了一个方案来解决圣保罗和圣雅各之间的不同,而路德曾把圣雅各的书信叫做"稻草书信"。

罗马在这个条款中总体上没有看到对赎罪券和圣礼虔诚之必要性的捍卫。事实上,几年后特兰托公会议的敕令宣称信心和善行对救赎都是必要的,而善行包括路德和他的跟随者们强烈反对的所有传统的敬虔之工。路德不愿很快同意对方巧妙的措词。这样的态度和他在圣餐之争中与布塞尔开始协谈时的态度一样。信心必须通过别人能审判的行为表现出来，这种观点只会使他更加怀疑。基督徒们会再次被鼓励为了得救的确据去依靠他们的行为，而不是单单依靠基督。对路德来说，这样的观点当受咒诅。罗马和维腾堡都再次拦阻查理五世和费迪南大公（现在是国王）的计划。二人付出了巨大努力，然而除了增加各方的怀疑，收效甚微。

路德晚年和他年轻作教授时完全是一致的。他不顾友情深浅，也不管不合的危险后果，在信仰的基本问题上决不妥协。反对者们让他妥协的努力只是使他更加坚定自己的立场。1538 年 9 月，他在给一位朋友的信中写道，"如果没有别的证据证明我们是被上帝呼召，是上帝国度的选民并且拥有上帝的真道，这个事实就足以证明：这么多一直互相争吵的异端都攻击我们……"[8] 路德现在把教皇包括在他们里面。

²⁷⁹ 土耳其人的威胁

事实上，改教家路德对教义的忠诚无论怎么强调都不过分。他坚定地持守他相信的真理，即使在谨慎权衡与公会议有关的事宜，在面临土耳其的威胁和需要皇帝提供宗教保证等情况下也是如此。他如此忠于自己对基督教信仰的理解，为此甚至愿意失去新教王侯们仅有的还价筹码。

和许多人不一样，路德甚至在支援一场反对土耳其人的战争问题上也不会玩政治。"笃信王"法国的法兰西斯一世国王和土耳其人结成联盟，以此来削弱查理皇帝，而约翰·腓特烈选侯、菲利普伯爵以及他们的同盟在他们的要求得到满足之前不会提供支援。路德自己和他追随者们的利益取决于一位皇帝，他为多方面的事情劳神费力，从而无法行动。然而 1538 年 5 月下旬，路德建议新教的王侯们无条件帮助查理，因为"情势紧急时不讲法则。哪里有需要，哪里就不再提法则、联盟或者和约。需要超过一切。"所有人都知道土耳其人在他们的领土对基督徒所犯下的暴行。在这种情况下，"我们必须敢于和我们的弟兄一起面对善恶，并且像亲密的伙伴一样……同甘共苦。上帝能够找到属于他的人，即使是在死亡里。"[9] 1539 年 2 月下旬，他撰写了《对所有牧者的劝诫》（*An Admonition to All Pastors*）。在文中，他声称土耳其人和教皇的威胁都是上帝对新教徒的惩罚，因为他们生活在罪恶之中，忽视圣道和圣礼。路德在捍卫信仰时的确不偏袒任何人。

1541 年，查理和新教王侯们之间谈判的最后结果是，王侯们同意为帮助反对土耳其人征收一项特别税。路德高兴地缴纳了自己那份税。1542年 3 月，他写信给选侯，"如果我不是太老太弱，我宁愿亲自参军。"[10] 仅仅两个月前，他曾写下自己的遗嘱，详细记录他所有的财产，细到五头母牛、九头小牛、三只羊和十头猪。那时，路德事实上相当富有。在前一年 12 月，约翰·腓特烈选侯曾奖励他 1000 盾，每年有 5% 的利息付给路德，他去世后本金分给他的继承人。选侯在收到路德关于土耳其威胁的坚定信仰声明后，宣布他自己将替路德纳税。

众多兴起的异端、土耳其人沿多瑙河的挺进，以及皇帝和教皇的敌意甚至促使路德思考，上帝对他所爱的德国的特殊审判是否还没有最终来临。1541 年 9 月他撰写——作为他给共同防卫的贡献——《对反对土耳其人的祷告的劝诫》(An Admonition to Prayer against the Turks)。在这本书中他宣称土耳其的威胁是德国自己招来的，因为德国人"充满了各样违背上帝的罪"[11]。最重要的是，罗马的捍卫者们需要转离邪恶。而新教牧师们也需要劝告他们的教民承认他们的罪，开始走正路。士兵们自己必须坚持祷告、听道和领受圣餐。为了做好灾难临到的准备，孩子们要特别勤奋学习教理问答，这样即使被掳，纯正的信仰也能得以保存，就像在但以理的时代一样。对路德来说，土耳其人的威胁不只是一件政治和军事大事，更是救赎历史上的一幕。因此，对付它更需要的是悔改而不是政治和军事手段。

17

最后的岁月

　　路德能够保持头脑清醒已经很令人称奇，更不用说他言行时刻一致。当前和将来重要的事情潮水般地不断涌向他。此外，还有日复一日的上课、讲道、执行教会事务和他自己日常生活的负担。他的大部分著作都是以通信的方式完成的。在这些最后的岁月里，他写了他所有现存信函中的整整三分之一，总共四大本。通常在这些信函的开始，他总是为自己拖延回信或者用一封信回复三封信而致歉。并且他还不时地向他的同事抱怨。"够了，"有一次他在桌边说。"我快累死了。我一个人干得够多了。现在我要躺在沙子里睡觉。对我而言一切结束了，除了偶尔稍稍攻击一下教皇。"[1]

　　尽管如此，路德仍保留了他的幽默感和目的感。曾有一次当他为自己回信太晚道歉时，他把原因归结为自己有太多的"事务、工作要做，年纪也大了，而且还有许多属灵的斗争"。随后路德又说，"我，一个筋疲力尽的老人，被这么多工作累垮了，但总是一天比一天变得年轻；也就是说，总有新的异端起来反抗我，而我必须恢复青春来与他们争战。"他非常明白，这种更新的活力很大程度来自一个非常令人不快的性格。"愤怒就是不放过我。为什么，有时候我为一件不值一提的愚蠢小事生气。无论谁妨碍我都得为此付出代价，而我不会对任何人和颜悦色。这不是很羞耻的事吗？我或许还陷入其他的罪，比如说物质享受，但是有些小事就会让我勃然大怒！"[2]这些事中的多数都绝不是小事，但是路德知道经常使他坚持下去的是愤怒。

凯蒂·路德

愤怒、能力以及手头事情的重要性——这些都使路德直到临终仍笔耕不辍。然而如果没有他的妻子凯蒂,成熟的路德将会是难以理解的。

路德对凯蒂的挚爱和深情无可置疑。1540年年中,他被紧急叫到魏玛,因为梅兰希顿在去哈格瑙参加宗教会谈的路上突然患上了致命的恶疾。路德离开大约六周后,他往家里写的第一封信是"致我亲爱的凯蒂,路德博士夫人,等等,致新猪市夫人,亲启"。他告诉妻子梅兰希顿已经康复,并且"我恭敬地希望告诉夫人我在这里很好。我吃饭像一个波希米亚人,喝酒像一个德国人,感谢归于上帝,阿们。"[3]路德给凯蒂写信时,笔端总是流露玩笑。但是凯蒂或许没有领会这封信中的第一个双关语。在德语中,一个"新猪市"——他们刚刚购买的一块地的名称——也可以指一个妓院,这确实会让凯蒂成为一个"老鸨"。

家里的主房间

而事实上凯蒂正在新猪市打理事务。因此,她可能没有收到路德的信。不论如何,她没有回信。两周过去了,他请求她写信给他。差不多又过了两周,他仍未收到只言片语,于是他变得有点烦躁。"我不确定我写这封信时你是在维滕堡还是在猪市;否则我会多写一些事情。"他希望当他回到家中,她将为他准备"很多啤酒"。路德回去时是否有凯蒂和啤酒在不得而知。路德这时可能非常暴躁。大约一年多后,他告诉她不要理睬土耳其人在掳掠的谣言,接着又说,"另外尽管你确实知道我们关心你,你却不给我们写或寄任何东西,这在我看来有些奇怪……"最后他告诉她"卖掉你能卖掉的,安排好后回家来吧"[4]。

283　　凯蒂·路德对她的事务的认真程度可与信仰捍卫者对他的事业的认真程度相提并论。她也善于经营,路德自愿听从她的意见。在这同一次出行时,他给她一些关于修缮布莱克修道院的建议,但是从信中可以清楚看到,具体修什么是她的责任:"我想到你可以怎样在新屋顶上安装窗户,我离开时忘记提了,"他写道,"但是恐怕我说得太晚了。"最清楚不过的是,凯蒂也是这个家的财务总管。在同一封信中他写道,"我寄给你……四十二塔勒,是今年圣米迦勒节的工资,还有四十盾",是别人还给他们的欠款。那片被叫做"新猪市"的土地归她管理,就像他们拥有的另一处地产一样。1542年,当路德准备安排处置他所有的产业时,他没有像大家预想的那样,让他的大儿子成为凯蒂的监护人,或者让一位男性遗嘱执行人成为他所有家人的监护人,而是立遗嘱把所有一切给她,因为"一位母亲将是她自己孩子最好的监护人"[5]。路德把他所有的一切都交托给了他的妻子。

284　　然而凯蒂和路德生活在一起的日子也有冲突。即使在年老的时候,路德也坦率承认其他女人能吸引他注意。对凯蒂而言,当她的丈夫当着别人的面引用圣经证明男人可以有不止一个妻子而不亵渎上帝的律法时,她一点也不觉得有趣。如果路德按照这条真理来做,她回应说,她将回到修道院,让他照顾孩子们。在场所有人,包括这位博学的博士,都相信她是认真的。凯蒂·路德意志坚定。她一直反对他想把他们所拥有的一切给人的愿望,在她看来,这近乎挥霍无度。在几乎所有家庭财务的事情上,她自主行事,这让路德的一些朋友非常生气,他们认为他应该更有男子汉气概些。有一次她违背路德的意思购买了一块地。"我不能坚持自己的观点,而不顾她的请求和眼泪,"路德说。[6]

　　路德给予凯蒂爱和尊敬,甚至大多数时候顺从家中这位女主人。这是她的召命,但这是个巨大的召命,伴随着严酷的试炼。他们的女儿玛德琳娜曾是一个身体健康结实的少女,然而1542年时突然发起高烧。凯蒂失声痛哭了好些天。路德尽力作一个勇敢的父亲和丈夫。他来到"小琳娜"的床边说,"你愿意和你的父亲我在一起,但你是否也愿意到你的天父那里?"她的回答是:她地上父亲的愿望就是她的愿望。当玛德琳娜停止呼吸时,凯蒂崩溃了。当木匠们将棺材抬进来时,路德和他听到父亲去世时一样,躲进了屋里。这次他在紧闭的门内喊道，"用力钉吧！"[7]

牧师路德

在中世纪后期，父亲（或老尊，老爸或爸爸）这个词对人们有好几种含义。当然，他们以此称呼他们自己地上的父亲。但是他们也用它称呼听他们忏悔的神父和教皇本人。但是就如在主祷文的开头称呼的，"我们在天上的父，"这个词总是指拥有慈悲权威的人。一位真正的父亲能够宽恕并且指引人到更好的路上。

作为一名牧师，路德首先试图安慰那些受困扰的良心。他的中世纪前辈们曾辩论一次彻底的忏悔是否值得，因为彻底忏悔会使忏悔者的心灵饱受折磨。最终他们一致认为是值得的。然而，无论是在理论上还是在实践中，路德坚持认为安慰是首要的。

在这些年，他有很多机会去做"灵魂关怀"的工作，通常称为教牧关怀。他所给的建议常常足以冒犯虔诚信众。一次一位年轻人认罪说，他曾经和一位让他神魂颠倒的少女发生性行为，但是因为他只是一名学生，因此不能和她结婚。路德建议他娶她为妻，不仅仅因为这对她来说是体面的事情，而是，他说，"如果你不和她结婚，你将良心不安，受很多折磨。我亲爱的朋友，要当心良心不安。你知道它是多么折磨人。即使你和另一位非常诚实的女孩结婚，它仍然会折磨你。"[8]

首先要保护良心是很有道理的。路德发现良心是撒旦攻击最猛烈的地方。最终，唯一重要的是信或不信，而撒旦想要摧毁的正是信心。他说，"保罗'身上的刺'，指的是我们信心受到的试探。他把它看作可以刺穿我们灵魂和身体的大刺刀。"路德工作繁重，但他承认，"从来没有什么像歉疚那样让我筋疲力尽，特别是在晚上。"根据他自己还有别人的经验，他说，"把一个人的良心从绝望中救拔出来比一百个王国的价值更大。"

对路德来说，没有什么比为信仰而战更重要。基督徒必须做的第一件事是常常定睛在耶稣基督身上，他既是救主，又与我们一同承受苦难。路德曾告诉一个临死的人说，

> 上帝不会遗弃你。他不会像一个暴君一样，拿着你所犯下十足的大错究问你，即使你在痛苦时亵渎他或像彼得和保罗那样曾否认他。

不要被那些视基督为玩笑和笑柄的人所干扰,就像伊拉斯谟和他那类人……他们活着,确信一切,不受魔鬼搅扰。他为什么要打扰他们呢?他们已经属于他了。他想抓住的是你和我这样的人。他现在怎么做呢?他会用小事攻击你,直到他得到你的人。但要抵挡他。那在我们里面的比那在世界上的更大。[9]

286 　　路德直面人生的现象,及其所有的不堪。但是就像他在赞美诗中所宣告的,唯独在基督里,最后必得胜。

常识性建议

　　路德还使用常识——连同严格的神学或宗教策略——来打败撒旦。他反复建议的一个策略是寻求朋友的陪伴。"我,"他说,"曾从这样的人那里得到帮助,他们全身上下的神学还没有我一根手指头上的多。"当他低落时,他会从他所找到的地方寻求同伴。甚至他的猪也可以成为他的同伴。他给一位担心丈夫自杀的妇女写信说,"不管你做什么,不要让屋里过于冷清或让他处在安静的环境中,恐怕他会陷入沉思中。你惹他生气不要紧。表现得好像你为自己所做的感到抱歉和不安,但还是接着照做不误。"他给另一个情绪低落的人写信说,"无论什么时候魔鬼用这些思想烦扰你,立刻找几个男人陪你多喝点酒,开开玩笑,或者搞点其他娱乐。"[10]独自一人待着会给撒旦可乘之机。

　　最后一招,路德建议嘲笑魔鬼。他相信真正的罪后面隐藏着骄傲,而骄傲是撒旦的首要特征。"没有人能够用语言描述那可恨的王是何等会花样翻新地改头换面。我们一旦认出是撒旦,那么说'亲我的屁股',或者'把屎拉在裤子里,然后把裤子挂在你脖子上',就足以粉碎他的骄傲。"[11]

　　在很多方面,路德属灵的建议来自他自己作为修士和改教家的经历。毫无疑问,撒旦对路德而言是真实存在的,而他和魔鬼较量的故事也广为流传。然而,这些传说中的许多故事只是善意的,在有些时候是恶意的欺骗。比如,没有证据(除了每年由热心的看门人提供的)显明路德在瓦特堡的时候曾向魔鬼掷墨水。然而,这个故事可能来源于路德自己的一句话。但是路德的原话是,"我已经向撒旦掷了墨水。"他指的是他诸多的书和他的新约译本。

同样毫无疑问的是,在路德看来,或者在他同时代的人看来,撒旦导致了这地上的个人灾难。同时,当路德听到奇怪事情的怪诞陈述时,他不忘记用常识思考。1536 年,一位牧师写信给他,陈述一个年轻女孩的案子。这个女孩能够使金币从不太可能的地方出来,但是接着很快就吃掉它们。一位神父曾试图驱逐她里面的鬼,但是没有成功。路德回复说,他早些时候曾听说过这个故事。但是既然现在他从一位可靠的人那里听到,他认为它"是上帝允许撒旦模仿的一个神迹,描述了某些正在到处抢掠和吞噬财富却不生产任何东西的王侯们的行为。"他建议为女孩祷告并公开嘲笑附在她身上的恶魔。但是他又补充另一个建议:

> 仔细调查所有的事情,看看其中是否有诈,特别是这个女孩拿的钱或者硬币在别人手里感觉是不是硬的,是否和市场里用的钱币一样。因为我从前曾被许多伪装、圈套、欺骗、谎言、诡计等搅扰,所以不愿什么事、什么人都相信。

路德在信的最后又补充一条建议:"常言道,'吃一堑,长一智。'"[12]

信仰和良心

灾难和奇事的确是撒旦的工作。但与信和不信相比,它们变得无足轻重。面对一场对信心的攻击,路德甚至忽略了普通道德,至少如果它是为了让信徒有罪恶感。他在这个主题上经常直言不讳。

> 有的时候有必要多喝点酒、玩耍、开玩笑,或甚至犯一些罪来藐视和轻视魔鬼,从而不给他机会使我们为一些小事焦虑不安。如果我们因为怕陷入某种罪而过多担忧,我们就会被击垮……你认为我喝浓酒、随便说话、经常多吃是为了什么?不就为了让定意折磨和搅扰我的魔鬼受折磨和搅扰吗?但愿我犯一些象征性的罪,单单为了嘲笑魔鬼,这样他或许能够明白,我不承认有什么罪,也意识不到有什么罪。当魔鬼攻击和折磨我们时,我们必须完全把整个十诫置之一边。[13]

在路德看来,没有什么比信心和自由的良心更重要。

和他很多别的核心信念一样,这种从牧养角度对个人良心单纯的强调也带给路德不少麻烦。1539 年年底,黑塞的菲利普向布塞吐露心事。菲利普的婚姻很不幸福,他和宫廷里一位贵妇有婚外情。对于那个时代的政治家和统治者们,这种情况并不奇怪,因为他们的婚姻通常都是被安排的,双方勉强同意。但是菲利普称他的罪使他非常痛苦,以至于不能领受圣餐。布塞把这个情况告诉路德。在和菲利普讨论这件事情后,路德和梅兰希顿仔细思考此事,建议伯爵应该和另一个女人结婚。就像圣经直白地表明,重婚不违反上帝的律法。这比一场宫廷私通更可取,因为它既会保护菲利普的良心,也会保护那个女人的地位。

然而,重婚却违反了帝国法律和一般道德。部分由于这些原因,路德劝菲利普对事情保密。他也把自己的建议看作是在告解室里给的。因此他的建议也当保密。然而,很快菲利普的重婚和路德的建议成为众所周知的事。伯爵在两件事情上都不能保持沉默。因此,他的态度十分暧昧,甚至不得不再度秘密行事。这次,作为对不干涉他的重婚的交换,他答应查理五世退出帝国的宗教政治舞台。而路德公开拒绝透露他给菲利普伯爵的具体建议。他说,让人们去说,"马丁博士曾因为向伯爵让步而成为傻子",可能会更好。[14]

因为黑塞的菲利普的重婚,新教阵营在帝国里失去了他们最有力的领导之一。仅在一年前,路德在政治上似乎时来运转。1539 年 4 月 17 日,他的老对头萨克森的乔治公爵去世。他的继承人是亨利公爵。他和他的妻子很长时间以来都对路德的事业表示同情,并且在他们的小领地引进了宗教改革。现在,他们在一个更大的舞台上发挥作用,他们把路德和他的三位同事叫回莱比锡,这是 20 年前和艾克辩论的地方。这次路德在公爵居住的这个城市里第一次采用了新教的敬拜仪式。7 月初,路德建议亨利公爵在他的领地里废除弥撒,并且视察所有的教区。

路德和王侯们的关系很少这样融洽。但是他不太相信政治家们能创造比当时更好的环境。关于改善现世,他曾说,"我不会建议做什么改变。我们只能在有生之年尽力做一些修修补补的工作,惩罚过犯,给痛处扎绷带和敷药。"他对王侯们的目的也不怀疑。"没有什么职位小到不能吊死坐在这个职位上的官员,"他写道。职位本身是上帝所设立,是好的,不管是王侯的职位还是他的大臣们的职位。但是那些占据这些职位的人通常是由魔鬼放上去的。"[15]

在多数人那里,这种对世事的态度会导致犬儒主义和社会不作为。但路德不一样。没有什么比明显的不公更让他生气,使他如此快速行动。无论他在哪里看到不公,他同样看到对信仰的攻击。一个最明显的的例子发生在 1541 年布伦瑞克的海因里希公爵身上。

反对公爵和教皇

这位公爵在路德加入这场纷争几年前已与菲利普伯爵和约翰·腓特烈选侯处于争辩中。双方之间的问题一部分是政治性的,一部分是宗教性的,包括指控公爵曾派纵火犯去烧附近领地上的新教教堂。到 1541 年,双方在法律和政治方面的争吵充满了赤裸裸的漫骂。公爵直白地撰文批评菲利普的重婚和约翰·腓特烈的嗜酒,而新教徒则直截了当地抨击公爵臭名远扬的纵欲。

路德在纯粹的抨击上超过他们所有人。他确实谨慎地辩称新教的王侯们是以真福音的名义行事,而海因里希公爵是在捍卫亵渎上帝的罗马教权。但是路德著作的名称揭示了他的真实意图。《反对汉斯·沃斯特》(*Against Hans Wurst*)中的汉斯·沃斯特是一个小丑,他脖子上戴着香肠行走,娱乐众人。此外,公爵不仅仅是一个低等魔鬼,一个纵火犯,和一个宫女群中的太监,还是一个"大淫妇"。路德给那些不同意他的批评的人的建议也同样毫不客气。他告诉他们,他们可以"拉在裤子里,把它挂在脖子上,用它为自己做一串香肠,吃下去,你们这些下流的傻瓜和公猪!"[16] 路德的语言让两边的人都喘不过气。

然而,路德把他最严厉的言辞留给了那些他认为最直接和最危险地攻击信心的人。最后天主教把他里面的一切都引发出来。1545 年,他撰写了他最后一本这类著作。《反魔鬼创建之罗马教廷》(*Against the Papacy at Rome, Founded by the Devil*)是为了回应两个具体的情况。一个是特兰托公会议延迟召开,这又是因为第一次会议出席人员太少。另一个是一封教皇给查理五世的书信,在信中保罗三世尖锐地指责皇帝再次向新教妥协。

教皇执拗地坚持只有他有权利来定义什么是真正的信仰,这让路德无法忍受。这次他书中大部分内容是以缜密的神学和历史论证反对教皇这个声明。满意地论证了这个观点后,他得出明显的结论。教皇在篡夺基督的权威,因此是敌基督的化身。

接下来是路德极尽所能的恶言谩骂。教皇是

> ……地上最坏的恶棍们所在的可恶教会的头;魔鬼的代理人;上帝的敌人;基督的对头;基督教会的破坏者;所有谎言、亵渎和拜偶像的教师;教会的贼首和偷窃钥匙者——所有教会和世俗地主们的物品;国王们的谋杀者和各种流血事件的煽动者;老鸨中的老鸨,婊子中的婊子;敌基督者;罪人和灭亡之子;真正的狼人。[17]

为了防止有人忽视这点,路德还委托卢卡斯·克拉纳赫制作了一系列这些形象的木刻。它们生动地向那些不能阅读的人传递了路德的意思。

291　　在他最后的岁月里,路德尽其所能在各个方面捍卫福音。对他来说,真正的捍卫包括有力的冒犯。正是在这些年里他开始确信他的对手们没有希望。他们的言行表明了他们的心变得更刚硬。因此,当他努力保护跟随他的人的良心时,他终于建议他们甚至停止为皇帝查理五世和费迪南国王祷告。路德心意已决,他的跟随者也是如此。

18

"我们都是乞丐"

众所周知,曼斯菲尔德的伯爵们是一伙喜好搞派系斗争的人。他们之间之所以斗争不断,部分是因为他们能为之斗争的东西太少了。弟兄三人共同统治着一块很小的领地,它曾以一人可以在一天之内骑马绕行一周而得名。如果不是路德的兄弟们、姐妹们和她们的丈夫们以及他们两边的家人都住在曼斯菲尔德郡,伯爵们很可能一生都会在没有意义的争吵中度过。

在 16 世纪 40 年代,最早引起路德注意的是阿尔布雷希特,他是这三兄弟中的老大。他的领地的特点是拥有矿藏、商业以及通常的农庄。这位年长的伯爵决心要最大可能地开发他潜在的财富。他坚持向矿工还有商人们征收重税,以致他们和他自己的兄弟都开始抱怨。与此同时,他非常不愿承担他的兄弟们认为他该承担的学校、婚姻法庭和公共福利的花费,即便每个伯爵都从教会财产中攫取巨额利润,而这些利润本当用作公共事务的开销。他们处于剑拔弩张的氛围中。

一名改教家的警告

路德绝不能忽视这件微小的卑鄙争斗。他那些还居住在那里的亲人们和他父亲汉斯一样是矿工,他们和当地的商人们有错综复杂的利益关系。因此他们是阿尔布雷希特伯爵的目标之一。1540 年 5 月,路德给伯爵写信抗议他听到的征税政策。一年多后,路德从那两位兄弟得知情况没有好转。因此他写信敦促他们提醒阿尔布雷希特伯爵,他必须公正对待他的臣民。

路德可能也恳请当地一名传道人教导统治者们该如何对待他们的臣民。1544 年,阿尔布雷希特指控他自己的宫廷牧师煽动反叛,因为他竟敢宣讲反对他的言论。9 月 19 日,路德警告伯爵,"教会牧师指责掌权者的道德不是煽动反叛,即使他可能对事件了解有误"[1]。他说,每一个传道人都必须抨击上流阶层的罪行。他们如果不这样做便是失职。即便王侯也需要听从和悔改。

调 停 争 端

一点一点地,正是通过这样的抱怨和不经意的遭遇,热心的路德陷入了曼斯菲尔德伯爵们的麻烦事中。到 1545 年 10 月时,情势极大地困扰他,他强迫不情愿的梅兰希顿和他一起(当时他们正在结束另一项任务回家的途中)绕道到这个郡的首府。在那里,艾斯莱本,他出生的地方,路德调查他在远方得知的各种控诉和反诉。只有阿尔布雷希特伯爵和他的近亲们在。另外两个伯爵正在支持约翰·腓特烈选侯反对被路德称为汉斯·沃斯特的布伦瑞克海因里希公爵的战争。既然这次突然的拜访不能解决事端,路德给两位年轻的兄弟留下一封信。他愿意调停这场争端。他特别恳请他们再三思量他们已从他们兄弟那里获得政治控制权的矿。这个矿属于路德的妹夫。

路德在这件事中的行为是他典型的做法,即使是在他年迈的日子。曼斯菲尔德伯爵们之间的争斗确实是他的私事,即便仅仅因为它们涉及他自己的远亲们。他自愿承担一名弟兄和他的亲戚们的事情,因为他们的未来受到这种不稳定的政治形势的威胁。总之,路德现在担心那两位更年轻的伯爵可能没收他妹夫的矿和冶炼厂,就像他们曾攫取向它征税的权力一样。

另一方面,即使在为自己家人调停时,路德也没有要求特殊的偏袒。他也没有像罗马教廷在它的世俗目的受到威胁时所做的那样,向人施加属灵的威胁。相反,他恳请两位较年轻的公爵能够施怜悯,甚至提出实际的建议说,如果伯爵们向他的亲戚们征税使他们没有生计,他们可能得不偿失,因为没有人再给他们交税。同时,他表达他首先希望能在合并的领土中恢复和平。"因为我是曼斯菲尔德的儿子,我不能忍受在我亲爱的家乡有这样不幸和危险的情况,"他写道。[2]

或许出乎路德的意料,曼斯菲尔德的年轻伯爵们接受他的调停。路德欣然答应尽快去曼斯菲尔德。1545 年 12 月 6 日,他写道,"我毫不怀疑阁下们……会乐于看到这场争执被抛诸脑后。"[3]他自己十分期待看到它的结束。12 月 22 日他和他的同事梅兰希顿动身前往曼斯菲尔德。但是梅兰希顿再次病倒,因此他们只好返回维腾堡过圣诞节。这次旅行不得不推迟到新年后。

到这个时候,路德已经 62 岁。他已是一个老人,他也知道这点。他多年的同道——斯帕拉丁于 1 月中旬去世。1545 年 3 月他完成了《拉丁文作品集》(*Latin Works*)的序言。在这篇序言中他认真思考了他早年的经历,讲述了他第一次正确理解上帝的公义时那奇妙的经历。正是在那个时刻,他说他感觉到,因为他作为教授的研究,"天堂的门似乎突然开了"。

路德也知道自己病了。在 6 月和 7 月他因为人们对福音冷漠而感到非常沮丧和愤怒,甚至离开维腾堡,发誓不再回去。只有选侯自己能劝说路德回维腾堡去做他该做的事。11 月,路德在结束大学里关于《创世记》的讲课时说,"这就是我们所爱的《创世记》。愿上帝开恩,帮助那在我以后的做得更好。我不能再做别的,因为我身体太弱。为我向上帝祈求他给我一个美好、蒙福的最后时刻。"[4]当月,他和自己最亲密的朋友们庆祝了他最后一个生日。

路德完全有理由远离曼斯菲尔德的争吵,即使它的确牵扯到他亲戚们和他父亲留给他们的遗产。或许,他本可以简单地写一篇小册子或者一封信,施展他杰出的辩论技巧,责难各方。然而,他成为这场肮脏下流争斗的调停人,这成为他最后的努力。

1 月 23 日,路德终于动身前去处理他和曼斯菲尔德伯爵们之间的事情,他的儿子们在前面带路。在 16 世纪的德国,1 月的时候旅行通常很艰难。而在 1546 年尤其如此。他离开维腾堡两天后从哈雷写信给凯蒂说,萨勒河的洪水已迫使他们停下来。"一位巨大的重洗派夫人(在德语中,*Salle* 这个词是阴性的)拦住我们,她威胁要再次用大浪和巨大的冰块给我们施洗……[为了避开她]我们正在畅饮可口的托尔高啤酒和莱茵葡萄酒,用它们来安慰自己……"[5]当水退去时,他的儿子们打道回府,路德和他的同事约拿斯继续向艾斯莱本进发。

在途中和在艾斯莱本时,路德给凯蒂写了六封这样的信。他身体状况良好。他称她为他"心灵的主妇","博士夫人","酿酒师傅女士","猪市夫人",以及"维腾堡的公猪市场商人夫人",并且在信中署名为"你的老比翼鸟"和"陛下心甘情愿的仆人"。一次路德写道,他们的门口曾起了一次火,他们差点被从拱廊里掉下的一块石头砸到。"我担心,"他说,"如果你不停止为我们担心,地会裂开把我们吞下去……"[6]

路德过火的幽默可能只不过是想把自己的心思从他发现自己所处的情况中转移。就在他到达艾斯莱本之前,他突然身体极度虚弱。他将此归咎于他们路过的一个村子,这个村子里住着许多犹太人。他注意到当他们离开村子后,"一股风从马车后吹到我头上"[7]。路德知道他写的书冒犯了犹太人,他坚信那些严厉神色的作用。

艰难的谈判

和三位伯爵的谈判事实上比这次旅行更加艰难。2 月 6 日,他写信抱
296 怨每个伯爵所带来参加谈判的律师。他说讨论中"怀疑每个音节中都给他们投放了毒药"[8]是律师们的特点。在路德看来,律师们所做的只是建议基督徒们如何自私地保护自己的权力和特权。

直到最后,路德一直从单纯的信仰角度来看待这件事情。他对律师们的怀疑和他对拒绝改变信仰的犹太人的怀疑一样。当涉及原则问题时,他从不认为另一方的观点是正直的。他所写的最后一本书是一本小宣传册子,他题名为《反对巴黎和鲁汶的傻驴》(*Against the Asses at Paris and Louvain*)。那些神学家再次谴责他。路德承认为他们的愚蠢感到惊诧。当然,既然《奥格斯堡信条》、梅兰希顿的著作以及他自己的《教理问答》都是现成的,他们本可以找到不止 32 篇文章来谴责。他们做不到这一点恰恰证明他们的立场多么软弱。

尽管有律师们,尽管旅途艰难,甚至尽管受到鲁汶和巴黎的批评,路德还是能够头脑清晰,使艾斯莱本的谈判最终成功。在历史伟大的长河中,这个小地方简直无足轻重。但是 2 月中旬,伯爵们最终同意彼此和平共处,他们甚至同意为本地区所有的男孩和女孩建立一所学校,并且支付学校的费用。

按照惯例，一旦达成这样的协议，路德会在最后讲道。他的经文是《马太福音》11：25—30，在这段经文中耶稣说，他的道向聪明通达人是隐藏的。路德忠于自己、忠于形势、忠于经文，劝告他所有的听众离弃属世的智慧，他称这种智慧为"谎言"，他鼓励他们转向基督和他的道。

路德突然身体再度虚弱。他抱歉地快速结束了讲道。接下来两天他一直待在自己的房间。到他人生的这个时刻，他几乎从未独自一人待着，而且与他一起的人中也没有谁说他在这些日子写过甚或阅读过任何东西。他的健康看上去没有恶化，至少不明显。没有人意识到，结局近了。

路 德 逝 世

这些天目击者们注意到的唯一不同寻常的事情是，他们在路德口袋中找到的一张纸片。在这张小便条中，他声称，"除非一个人和先知们一同治理教会达一百年，否则他不能认为自己尝透了圣经的滋味。"接着路德又说了一些别的："Hoc est verum. Wir sind alle Pettler."

"这是真的。我们都是乞丐。"[9]

最后时刻来得很快。那天路德在最后的文件上签字后就休息了。晚上他的心跳开始严重加速。他的朋友们试图安慰他，阿尔布雷希特伯爵从他的私人医生那里带来一些药。

晚上迟些时候，路德感觉好些。他上床，睡得很好，而他的朋友们和伯爵在隔壁的房间守候。凌晨一点，他突然醒来。"噢，亲爱的上主！"他喊道，"我如此疼痛！噢，亲爱的约拿斯博士，我确定我会留在这里，我出生和受洗的艾斯莱本！"

所有人都涌到路德床边。每个人都试图安慰他。但是路德不断重复着，"上帝爱世人，甚至将他的独生子赐给……"

约拿斯知道发生什么了。他打断

路德死于此房间

问,"在你死时,你坚持你所信的基督和你传扬的教训吗?"路德的身体动了动,他大声地说"是的!"[10]

现在是将近凌晨三点。路德的心脏停止跳动。这位改教家与世长辞。

那天早上,路德的遗体被运到艾斯莱本最大的教堂圣安德烈教堂。约拿斯在那里讲了一场道,那天晚上十名市民守夜。2月20日,盖着一件很长的白色法衣的灵柩被放到灵车里。由五十名骑兵护送,送葬的人开始他们回家的长途旅行。那天晚上,当他们到达哈雷时,城里所有的钟开始响起。此时,送葬的队伍如此浩大,使得路旁及市场的人们在拥挤的人群中不能挪动。传统的死人面模已准备好,接着雕塑家们比通常更进一步,他们还为他塑了一副手模。现在,尸僵已经出现,双手定格在最终自然的状态。他左手的手指平着向外张开,好像手放在桌子上,手中拿着一本书或者一张纸。右手的大拇指和食指弯曲着,好像拿着一支笔开始写另一本书。

298

路德的死人面模　　　　　　路德的坟墓和讲坛

两天后,大约上午九点,整个队伍接近维腾堡。路德的家人、神职人员和教授们、市议员们,以及一群市民在城门外迎接。送葬的队伍直接前往城堡教堂。布根哈根致葬礼悼词,当时有成千上万的人聚集。梅兰希顿代表大学用拉丁文致悼文。最后路德的身体被埋葬在城堡教堂里。今天,只要站在这个教堂讲坛的正前方,就是站在路德坟墓旁边。

路德和他的遗产

在悼文中,梅兰希顿说他已去世的同事是一位高尚的人,光荣地站在旧 299
约时代开始的、包括教父们的教师和先知们之列。依照梅兰希顿的话,路德
是他们当中的一员,因为和最近世代的其他人相比,"很清楚,当路德开口
时,福音发出了更大的光芒。"[11]

凯蒂·路德的心碎了。在路德去世两个月后,她写信给她姐姐说,任何
人只要有心都会为她死去的丈夫悲伤,她自己也无法进食和入睡,她完全晕
头转向。她甚至不能清楚地写或者口述她的信。对她来说,马丁·路德是
"这样一位亲爱的和宝贵的人"。接下来的岁月对凯蒂极其艰难。在路德去
世当年爆发施马加登战争。她被迫逃离维腾堡,而她所有的财产都被毁掉。
她自己的王侯身陷图圄,她只能投靠丹麦国王克里斯蒂安七世。她后来的
确回到维腾堡,但是接着又逃亡。在1552年夏天,她再次回到维腾堡,然而
却被爆发的瘟疫赶走。她乘坐的马车倒翻,她被甩到一条水渠里。1552年
12月20日,她在托尔高去世。[12]

导致凯蒂这些遭遇的原因是皇帝查理五世在米尔伯格战役中大胜施马
加登联盟的残余部队。接着他第一次也是最后一次进入萨克森选区。在他
胜利的一个月内,有流言说皇帝来到维腾堡,站在城堡教堂的讲坛前,而一
些在场的人怂恿他挖出路德的尸体,焚烧,把骨灰撒到风中。据说查理往下
看了看回答说,"我不和已死的人打仗。"[13]

从言语到行为

路德一生表现出令人称奇的前后一致。他确实在一系列事件的大漩涡
中言行一致,而大多数人在这些事件中都会不知所措。他欢喜地从伊拉斯
谟这位伟大的人文主义者那里借用思想工具,随后遗憾地谴责伊拉斯谟的
宗教。他竭力渴望对罗马忠诚,随后彻底谴责罗马。他试图造就被上帝教
导的人,但是随后甚至反对他最狂热的支持者,如果他们偏离他所理解的上
帝之道。在关于信仰的问题上,他决不妥协。

各种事件也驱使他——同样是忠于他内心最深处的信仰——做出他年老时的行为。梅兰希顿，最理解他的人，感到有义务在葬礼上的演说中说明，"有些人不是无赖，但仍然提出，路德是否过于严厉。我不会讨论这个问题的两面，但是更愿意像伊拉斯谟经常做的那样回复，'上帝给这个末后的时代一位严厉的医生，因为它病得很重。'"梅兰希顿承认人们在激烈中容易犯罪。但是，他想起普鲁塔克和欧里庇得斯以及使徒保罗的话，说一项伟大事业坚毅的倡导者的过分行为不会减少他当受的称赞。[14]

路德年老时的言行反映了他极深的信念，他年轻时的言行也是如此。建造和捍卫一个教会——并且是在"假弟兄"、愚昧的农民、贪婪的政客和怀恨的敌人们的破坏中如此行——与公开反抗教皇和皇帝一样危险。无论方式是对是错，路德坚持住了。因此，我们不可能称赞年轻的他而讨厌年老的他。路德是一个完整的人。

注　释

除前言外，以下参考文献基本上仅限于路德著作的直接引文。有兴趣进一步阅读的读者请参阅参考书目。注释是根据以下缩写和格式编制。

WA　　　*D. Martin Luthers Werke. Kritische Gesamtausgabe.* 61 vols. Weimar，1883-

WABr　　*D. Martin Luthers Werke. Briefwechsel.* 18 vols. Weimar，1930-

WADB　　*D. Martin Luthers Werke. Deutsche Bibel.* 12 vols. Weimar，1906-1961.

WATr　　*D. Martin Luthers Werke. Tischreden.* 6 vols. Weimar，1912-1921.

AE　　　*Luther's Works.* 55 vols. Jaroslav Pelikan and Helmut T. Lehmann，general editors. St. Louis：Concordia；Philadelphia：Fortress Press，1955 1986.

Smith　　*Luther's Correspondence and Other Contemporary Letters.* 2
& Jacobs　vols. Preserved Smith and Charles M. Jacobs，eds. Philadelphia：Lutheran Publication Society，1913-1918.

CR　　　*Corpus Reformatorum.* 99 vols. Halle，Berlin，and Leipzig，1834-

St. L.　　*Dr. Martin Luthers Sämmtliche Schriften.* 23 vols. Ed. Johann Georg Walch. St. Louis：Concordia，1881-1910.

　　如果一个引文出处之后有另一个在括号中的引文出处，那么第一个是引文的直接出处，第二个是同一引文的另一出处。在有很多出处的情况下，不同的出处之间用分号隔开。因此，WA 44，712（AE 8，182）和 AE 8，102（WA 44，72）都包含两个出处。在第一个例子中，引文的直接出处是 WA，而在第二个例子中，引文的直接出处是 AE。

　　对于撰写关于路德的书的作者来说，他们都面临翻译的问题，就像路德自己也会面临这类问题一样。如果引文是引自权威译本（比如 AE），那么在注释中此译本会首先出现，WA（权威关键版本）会出现在其后的括号中。然而，大部分译文都是我自己译的，读者可以分辨出来，因为在注释中引文出处的顺序是反过来的。然而，即使在 AE 是直接出处的情况下，我和 AE 之间的翻译或许也存在差异，因为我努力效法路德的榜样，让他尽可能地用当代的标准美国英语说话。

序

1. John M. Todd，*Luther：A Life*（New York：Crossroad. 1982），xvi.

2. Roland H. Bainton，*Here I Stand：A Life of Martin Luther*（Nashville：Abingdon，1950）.

3. 最新的一般文献论述参看 Mark U. Edwards Jr.，"Martin Luther," *Reformation Europe：A Guide to Research*，ed. Steven Ozment（St. Louis：Center for Reformation Research，1982），59-83. See also Helmar Junghans，"Aus der Ernte des Lutherjubiläums," *Lutherjahrbuch* 53（1986）：55-138。

4. Todd，*Luther*. Daniel Olivier，*The Trial of Martin Luther*（St. Louis：Concordia，1978）and *Luther's Faith*（St. Louis：Concordia，1983）.

5. E. Gordon Rupp，*Luther's Progress to the Diet of Worms*（New York：Harper & Row，1964）. Martin Brecht，*Martin Luther：His Road to Reformation 1483-1521*（Philadelphia：Fortress，1985）. Heinrich Boehmer，*Martin Luther，Road to Reformation*（Cleveland：World，1967）.

6. Heinrich Bornkamm，*Luther in Mid-Career，1521-1530*（Philadelphia：Fortress，1983）. H. G. Haile，*Luther：An Experiment in Biography*（Garden City，N. Y.：Doubleday，1980）. Mark U. Edwards. *Luther's Last Battles*（Ithaca，N. Y.：Cornell，1983）.

7. Gerhard Ebeling，*Luther：An Introduction to His Thought*（Philadelphia：Fortress，1970）. Paul Althaus，*The Theology of Martin Luther*（Philadelphia：Fortress，1966）.

8. Erik H. Erikson，*Young Man Luther*（New York：Norton，1962）．John Osborne，*Luther*（New York：New American Library，1963）．

9. 想要阅读更积极的理解，请参阅 Abraham Friesen，*Reformation and Utopia：The Marxist Interpretation of the Reformation and Its Antecedents*（Wiesbaden：1974），and Thomas A. Brady Jr.，"Social History," in *Reformation Europe：A Guide to Research*，ed. Steven E. Ozment（St. Louis：Center for Reformation Research，1982），162-181。最新的注重细微差别的著作是 Brent O. Peterson，"'Workers of the World Unite-for God's Sake！'：Recent Luther Scholarship in the German Democratic Republic," in James D. Tracy，*Luther and the Modern State in Germany*，16th-Century Studies Essays，no. 7（Kirksville，Mo.：16th century Publishers，1986），pp.77-99。

10. Fernand Braudel，*The Mediterranean and the Mediterranean World in the Age of Phillip II*（New York：Harper & Row，1973），and Philippe Ariès，*Centuries of Childhood*（New York：Knopf，1962）．Jaroslav Pelikan，*The Christian Tradition：A History of Christian Doctrine*．Vol. 4，*Reformation of Church and Dogma*（Chicago：University of Chicago，1984）．

1　农民之子

1. 一些学者质疑路德出生日期的传统说法。参见 Reinhart Staats，"Luthers Geburtsjahr 1484 und das Geburtsjahr der evangelischen Kirche 1519," *Bibliothek und Wissenschaft* 18（1984）：61-84。这位作者很可能是路德广为人知的对讽刺的喜好的受害者。本书记载的路德早年生活的细节大部分来自 Boehmer，*Road to Reformation*。

2. WATr 3，415-416.

3. WA 30^2，576.

4. Cited by E. Jane Dempsey Douglass，*Justification in Late Medieval Preaching：A Study of John Geiler of Keisersberg*（Leiden：Brill，1966），p.142.

5. Cited by Otto Scheel，*Martin Luther*（Leipzig：1921），vol. 1，p.95，n. 65.

6. 以下描述引自 Thomas N. Tentler，*Sin and Confession on the Eve of the Reformation*（Princeton，N.J.：Princeton University，1977），esp. pp.162ff。

2　忧伤之子

1. WATr 4，440，but see also WATr 5，99.

2. WATr 2，660.

3. WA 8，660（AE 44，387）.

4. WA 38，143.

5. WA 44，712（AE 8，182）.

6. WA 1，558.

7. WA 6，444（AE 44，180）.

8. WATr 1，47（AE 54，15）。

9. WA 54，185（AE 34，336）。

10. WATr 3，313。

11. WA 54，179（AE 34，328）。

12. 多明我会士 Johann Nider 的话，Hubert Jedin 在 *A History of the Council of Trent*（St. Louis：Herder，1957），vol. 1，p. 139 引用。

13. AE 46，234（WA 30³，550）。

3　神学生

I. WATr 1，17。

2. WA 18，685（AE 33，139）。

3. Cited by Douglass, *Geiler von Kaysersberg*, p. 142.

4. WA 3，430。

5. Desiderius Erasmus, *The Praise of Folly*, trans, and with an introduction by Clarence H. Miller（New Haven：Yale University，1979），p. 4.

6. Erasmus. *Handbook of the Militant Christian*, trans, and with an introductory essay by John P. Dolan（Notre Dame：Fides，1962），pp. 72-73.

7. WA 45，86。

8. WA 38，143。

4　臻于成熟之教授

1. WATr 2，379；WATr 5，654-655. See also WATr 5，98.

2. WATr 5，98；AE 34，103（WA 30³，386）。

3. WA 44，819（AE 8，326）。

4. WATr 6，106-107；WA 40²，15（AE 27，13）。

5. WABr 1，72（AE 48，27-28）。

6. AE 54，50（WATr 1，146）。

7. AE 34，338（wA 54，186）。

8. WA 54，185（AE 34，336-337）。

9. WA 3，14（AE 10，8）。

10. WA 3，465（AE 10，407）。

11. WA 3，458（AE 10，402）. See also WA 56，279（AE 25，267）。

12. WA 3，208；WA 3，289（AE 10，237）；WA 3，345（AE 10，290）；WA 3，285。

13. WA 3，238（AE 10，197）；WA 3，94（AE 10，99，译者把 *synteresis* 翻译成"良知"）；WA 3，535（AE 11，17）；WA 5，163。

14. WA 56，237（AE 25，222，译文莫名其妙地删去了"不"这个词）。

15. AE 25. 261（WA 56，274）。

16. WA 56，275（AE 25，262）；WA 56，355（AE 25. 345）.

17. WA 56，355（AE 25，344）；WA 56，312（AE 25，299）；AE 25，300（WA 56，313）.

18. AE 25，313（WA 56，325）.

19. AE 25，345（WA 56，356）；WA 56，362（AE 25，351-352）；AE 25，346（WA 56，357）.

20. AE 25，233（WA 56，246）.

21. WA 56，207（AE 26，191-192）.

22. AE 25，236（WA 56，249）；AE 25，153（WA 36，173）；AE 25，438（WA 56，446）.

23. WA 56，198（AE 25，286）.

24. WA 56，204（AE 25，188）.

25. WABr 1，37-38；WABr 1，35（AE 48，12-13）.

26. WA 56，231（AE 25，215）.

27. WA 56，442（AE 25，434）.

28. WA 56，287（AE 25，274-275）.

29. WA 56，281（AE 25，268）.

30. WA 56，350（AE 25，339）；AE 25，267（WA 56，279-280）.

31. AE 25，268（WA 56，280-281）.

32. WA 56，283（AE 25，270）.

33. AE 25，260（WA 56，272）；WA 56，350（AE 25，339）.

34. AE 25，336（WA 56，347）.

35. WA 56，226（AE 25，210-211）；WA 56，219（AE 25，204）.

36. WA 56，400（AE 25，390）；WA 56，387（AE 25，377-378）；WA 56，272（AE 25，260）.

37. WA 56. 3-4（AE 25，3）.

5　大爆炸　　　　　　　　　　　　　　　　　　　　　　　　　　305

1. Waltber Köhler, ed. , *Dokumente zum Ablassenstreit von 1517*, 2nd rev. ed. (Tübingen：1934), pp. 125, 127.

2. WA7，126.

3. WABr 1，94（AE 48，42）.

4. 这些论纲包含在 AE 31，25-33（WA 1，233-238）. 32，26，73，58，37 和 81 条是引用的。32 条是我自己所译. WABr 1，111.

5. WATr 3，656，亦见 1，601.

6. 关于台彻尔的评论引自 WA 54，185（AE 34，336）.

7. WA 1，245. See also Kurt Aland ed. , *Martin Luther's 95 Theses*, trans, by p. J.

Schroeder *et al*. (St. Louis：Concordia，1967)，p. 61.

8. WA 57², 70；102.

9. WA 57², 110；135 (AE 29，119，141).

10. 海德堡论纲可以在 WA 1，353-355 (AE 31，39-42)中找到。

11. Adalbert Horowitz, ed., *Briefwechsel des Beatus Rhenanus* (Leipzig：1886)，p. 108.

12. WABr 1，170.

13. WA 1，525-526 (AE 48，65-68).

14. WA 1，631.

15. WATr 5，34-35；AE 31，250 (WA 1，627). 最后一个子句由我翻译。

16. WA 1，529 (AE 31，83).

6　划清界限

1. WA 1，385.

2. WABr 1，178 (Smith and Jacobs 1，87).

3. WABr 1，185 (partially trans, in Smith and Jacobs 1，97).

4. WABr 1，188 (AE 48，71-72).

5. WABr 1，192；WA 1，656-657.

6. WA 1，662.

7. WA 1，670.

8. WA 4，403 (AE 11，545).

9. WA 1，228 (AE 31，16).

10. WATr 2，595.

11. WABr 1，208.

12. WABr 1，209 (Smith and Jacobs 1，116).

13. WABr 1，209-210 (partly trans, in Smith and Jacobs 1，117).

14. 这段描述是根据 WA 2，16 (AE 31，275)；WABr 1，214 (AE 48，84)；WABr 1，224-225 (AE 48，91)；WABr 1，237；WA 2，16 (AE 31，275)合并而来。

15. WABr 1，217 (Smith and Jacobs 1，120).

16. WABr 1，223 (AE 48，89).

17. WABr 1，224 (AE 48，90).

18. WABr 1，234-235.

19. WABr 1，253 (AE 48，94)；WA 54，18l (AE 34，331).

20. WABr 1，236，238-241，243，245，250.

21. WABr 1，253 (AE 48，94)；WABr 1，260-261 (Smith and Jacobs 1，134)；WABr 1，264 (Smith and Jacobs 1，137)；WABr 1，267.

22. WABr 1，281.

7　公共辩论家

1. WABr 1，268（Smith and Jacobs 1，138）.

2. WABr 1，262.

3. WABr 1 308（AE 48，303）.

4. WA 15，38（AE 45，360）.

5. WA 54，185-186（AE 34，336-338）.

6. WABr 1，270.

7. WABr 1，198；2，71.

8. WABr l，307-308（Smith and Jacobs 1，155）；WA 2，160-161（AE 31，318）.

9. WABr 1，351，348.

10. WA 2，487（AE 27，216）；WABr l，354.

11. WABr 1，359（AE 48，114）.

12. WABr 1，421（AE 31，320-321）；WABr 1，422（AE 31，322）；WABr 1，424（AE 31，325）.

13. WABr 2，42（AE 48，153）.

14. WABr 1. 475，478；WA 2，387；WABr 1，503（Smith and Jacobs 1，215）.

8　逃犯

1. Alfred Hartmann，ed.，*Die Amerbach Korrespondenz*（Basel：1942-1958），vol. 2，p. 217.

2. Karl Kaulfuss-Diesch，ed.，*Das Buch der Reformation*，*Geschrieben von Mitlebenden*，2nd ed.（Leipzig：1917），pp. 168-169.

3. WABr 1，543.

4. WA 2，646；723.

5. St. L. 19. 450；WA 6，79.

6. WABr 1，595.

7. WABr 2，117.

8. WABr 2，138；WA 6，296-297.

9. WABr 2. 137.

10. WA 6，419，417（AE 44，142-145）.

11. WA 6，537，527-529，512，514-515，573（AE 36，72，58-61，39-40，125）.

12. WA 7，42-48（AE 31，334-341）.

13. WA 7，49-52，61，70-73（AE 31，344-347，360-361，373，376）.

14. Paul Kalkoff，ed.，*Die Depeschen des Nuntius Aleander vom Wormer Reichstage 1521*（Leipzig：1886），p. 43.

15. WABr 2，263,249.

16. *Buch der Reformation*，pp. 238-239；WATr 5，69.

17. WABr 2，389，395-396.

18. WABr 2，300.

19. *Buch der Reformation*. pp. 243-246.

307 **9 流亡**

1. *Buch der Reformation*. p. 247.

2. WABr 2，305（AE 48，201-202）.

3. AE 48,257（WABr 2，356-357）.

4. WABr 2,337（AE 48,225）.

5. WA 7，574-575（AE 21,328-329）；WA 7，593-594（AE 21,347-348）.

6. WA 6，181-182（AE 32，135）；WA 8，106-107（AE 32，228）.

7. WA 8，184.

8. WABr 2，377（AE 48，290）. See WABr 2，385（AE 48,303）.

9. WA 8,483（AE 36，134）.

10. WABr 2，415（AE 48,359）；AE 48,286（WABr 2，374）.

11. WA 8,331,317.

12. AE 48,328（WABr 2，403）.

13. WA 8，574（AE 48，332）；WA 8，664（AE 44，393）.

14. WABr 2，431（AE 48，375）.

15. WABr 2，410（AE 48,351）.

16. WA 8,681,685（AE 45，63-64，70）.

17. WABr 2，490（AE 49，4）；WA 10^2，60.

18. WADB 6，2，8（AE 35,357,360）.

19. WADB 7，6（AE 35,368）.

20. WADB 6，8（AE 35,361）；WADB 7，20（AE 35,377）.

21. AE 35,377（WADB 7，20，22）；WADB 7，22（AE 35,377）.

22. WADB 6，10（WA 35,361-362）.

23. AE 35,361（WADB 6，8）；WADB 6，10（AE 35,362）.

10 回到争辩中

1. WABr 2，448（AE 48，387）.

2. WABr 2，452；WABr 3，9.

3. AE 48，391（WABr 2，455-456）.

4. WA 10^3，1，4（AE 51，70-71）.

5. WABr 2,515；WA 10^3，liii. *Archiv für Reformationsgeschichte* 34（1943）：149.

6. WABr 2,435. Capito as cited by James M. Kittelson in *Wolfgang Capito from Humanist to Reformer* (Leiden, 1975), pp. 83-84.

7. Quoted by Daniel Cramer, *Das Grosse Pomerische Kirchen Chronicon* (Stettin: 1628), vol. 3, p. 43; WATr 1, 47 (AE 54, 16).

8. CR 94, 245.

9. WABr 2,523.

10. WA 11,355.

11. Günther Franz, ed., *Thomas Müntzer, Schrittften und Briefe: Kritische Gesamtausgabe* (Gütersloh: 1968), p. 504.

12. WA 10^3, 18-19 (AE 51, 77).

13. AE 51, 72-73 (WA 10^3, 8).

14. AE 46, 54, 52, 50 (WA 18, 361, 359, 358).

15. AE 46, 75 (WA 18, 393).

11 "假弟兄"

308

1. WA 2, 742-743.

2. WABr 2, 530-531,559-562 (Smith and Jacobs 2, 125-129); WA 11, 434 (AE 36 279).

3. CR 95,248; WABr 3, 383.

4. WA 15,394 (AE 40, 68).

5. WA 6, 80 (see also WABr 2,531ff.).

6. WABr 3,537.

7. WABr 3,537 (AE 49, 117).

8. WABr 3,534, 537.

9. WATr 4,701.

10. WABr 1, 90 (AE 38, 40).

11. WA 18,786 (AE 33,294).

12. WABr 3, 368.

13. AE 33, 170 (WA 18, 636); WA 18, 636 (AE 33, 67).

14. AE 33, 68 (WA 18, 636); WA 18,635 (AE 33, 65-66).

15. E. Gordon Rupp and A. N. Marlow, eds. and trans., *Luther and Erasmus: Free Will and Salvation*, vol. 17, The Library of Christian Classics (Philadelphia: Westminster, 1969), p. 37.

16. AE 33, 19 (WA 18, 603); WA 18, 603 (AE 33, 20); AE 33, 22 (WA 18, 604), 黑体是我加的。

17. AE 37,270 (WA 26, 402); AE 37, 27 (WA 23, 85-86).

18. St. L. 20,582.

19. WA 30³, 130 (AE 38, 44).

20. WA 23, 189 (AE 37, 92); WA 23, 193 (AE 37, 95).

21. WATr 2, 222.

22. *Deutsche Reichsmgsakten*, *Jüngere Reihe*, 3 (Göttingen: Vandenhoek & Ruprecht, 1963): 747-748.

23. WABr 4, 89 (Smith and Jacobs 2, 374).

24. WABr 4, 277 (Smith and Jacobs 2,420).

25. AE 43, 126 (WA 23,354).

26. WABr 4, 226-227 (Smith and Jacobs 2, 409).

27. WA 35, 455-457 (AE 53, 284-285). 翻译改编自 Frederick H. Hedge (1805-1890)。

12　牧者和教师

1. WABr 4, 241.

2. See WA 6, 413 (AE 44, 137); WA 18, 298-299 (AE 46, 22); WA 10³, 6-7 (AE 51, 72).

3. WABr 4, 234; WABr 4, 265 (Smith and Jacobs 2,415).

4. WABr 4,603,605; WABr 5, 1, 5.

5. WATr 5,498.

6. Theodore G. Tappert, ed. and trans., *The Book of Concord* (Philadelphia: Fortress, 1959), p. 338，后面引用时作 Tappert。(*Die Bekennmisschriften der evangelisch-lutherischen Kirche*, 6th ed. [Göttingen: 1967], pp. 501-502，后面引用时作 BK。)

7. BK, 510-512,514-515 (Tappert, 344-345,347-348).

8. BK, 522 (Tappert, 353).

9. WA 26, 530.

10. WA 30², 116, 130-131 (AE 46, 170, 185-186).

11. 引自 M. Reu, *The Augsburg Confession: A Collection of Sources with an Historical Introduction* (Chicago: 1930), p. 489。

12. WABr 5, 77 (AE 49, 226).

13. WABr 5, 101-102 (AE 49, 230-231).

14. Donald J. Ziegler, ed., *Great Debates of the Reformation* (New York: Random, 1969), p. 73.

15. WA 30³, 112 (AE 38, 16); WA 30³, 153 (AE 38, 75).

16. See WA 30³, 114 (AE 38, 17) and AE 38, 37.

17. See WA 30³, 123（AE 38, 25-26）and WA 30³, 145（AE 38, 64）.

18. See WA 30³, 149-150（AE 38, 70）and WA 30³, 155（AE 35, 78）.

19. WABr 5, 154（AE 49,236）; WABr 5, 160.

13　该受咒诅的罗马

1. WABr 2, 431（AE 48, 375）.

2. WABr 5, 183（AE 49, 250）.

3. WABr 5,258-260（AE 49,275-280）.

4. AE 46, 75（WA 18,393）.

5. WABr 5,285（AE 49, 288-289）; AE 49,293-294（WABr 5,291）; WABr 5,379.

6. WABr 5,240, 379（AE 49, 269）; WATr 1, 128.

7. AE 34, 60（WA 30², 355）; WA 30², 196.

8. WABr 5,319（AE 49, 297-298）.

9. WABr 5,399-400（Reu, 314）.

10. AE 49, 354（WABr 5,442）.

11. WABr 5, 578.

12. WABr 5,475.

13. WABr 5,617; Bucer cited by Johann Wilhelm Baum, *Capito and Butzer: Strasbourgs Reformatoren*（Elberfeld: 1859）, p.474.

14. WABr 5,653-654.

15. WABr 5,660（AE 49, 435）.

16. WABr 5,662（AE 49, 432-433）.

17. WABr 6, 56.

18. WA 30³, 386-387（AE 34, 103）.

19. WA 30³, 282, 279-280（AE 47, 19, 15-16）. See also WA 30³, 279, n. 4.

20. WABr 5, 593, 629.

14　建立教会

1. WA 10³, 176.

2. WABr 6, 52, 231; WA 31³, 430; WABr 6, 232.

3. AE 40, 384（WA 30³, 518）; WA 30³, 527（AE 40, 394）.

4. WATr 1, 53; WA 38,204（AE 38, 157）.

5. AE 45,350, 353,356（WA 15, 30, 31, 34）.

6. AE 46, 231（WA 30², 545-546）.

7. WATr 6, 301.

8. WA 30³, 251.

9. WABr 6, 46-47, 49, 126; WA 38, 135-136.

10. AE 53，64（WA 19，75）。

11. WA 57，lxxvi．

12. AE 46，253（WA 30^2，579-580）；WA 40^1，48（AE 26，9）。

13. WATr 2，531．

14. WATr 5，121．

15 信仰的谈判者

1. WABr 6，308．

2. WABr 6，326（AE 50，58）。

3. WA 30^3，416，419．

4. WA 30^3，470．

5. WABr 6，154．

6. WA 36，252（AE 51，241）。

7. WATr 4，414．

8. WA 38，99．

9. WA 38，135-136．

10. 描述根据 Haile，*Luther*，pp. 19-20。

11. WATr 5，634．

12. WABr 6，60．

13. WABr 7，130；WA 38，299；WA 15，300．

14. WABr 7，290．

16 信仰的捍卫者

1. AE 31，344（WA 7，49）。

2. AE 47. 109-110（WA 50，470）。

3. WA 30^2，28．

4. Tappert，p. 292（BK，416）。

5. WATr 3，392；WABr 8，49．

6. WABr 8，55-56．

7. WABr 8，89-90．

8. AE 50，183（WABr 8，292）。

9. WABr 8，235．

10. WABr 10，20．

11. WA 51，589（AE 43，221）。

17 最后的岁月

1. WATr 4，325．

2. AE 50，182-183（WABr 8，291-292）；WATr 5，380．

3. AE 50，208（WABr 9，168）。

4. WABr 9，205（AE 50，221-222）；WABr 9，518-519（AE 50，224-225）。

5. WABr 9，171-173（AE 50，215-217）；AE 34，296（WABr 9，573）。

6. WATr 2，290。

7. WATr 5，189（AE 54，430）；WATr 5，194。

8. WATr 4，346。

9. WATr 3，439，341（AE 54，207）；WATr 2，263；WATr 3，507。

10. WATr 3，506；WABr 6，389；WABr 5，519（Theodore Tappert，ed，and trans.   311
    Luther：*Letters of Spiritual Counsel*，vol. 18，The Library of Christian Classics
    ［Philadelphia：Westminster，1955］，p. 86，后面引用时作 *Letters of Spiritual*
    Counsel）。

11. WATr 2，306. 这样的语言是路德和他那个时代很多作者的典型语言。传统上，译
    者们在把这些表达译成英语时格外仁慈。

12. WABr 7，489-490（*Letters of Spiritual Counsel*，pp. 44-45）。

13. WABr 5，519（*Letters of Spiritual Counsel*，p. 86）。

14，WABr 9，149。

15. AE 13，217，212（WA 51，258，254）。

16. WA 51，471（AE 41，187）. See n. 11.

17. WA 54，283-284（AE 41，357-358）。

18 **"我们都是乞丐"**

1. WABr 10，659。

2. WABr 11，189。

3. WABr I1，226（AE 50，284）。

4，WA 44，825（AE 8，333）。

5. WABr 11，269（AE 50，286-287）。

6. WABr 11，291（AE 50，306）。

7. WABr 11，275-276（AE 50，291）。

8. AE 50，299（WABr 11，285）。

9. WATr 5，318（AE 54，476）。

10. St. L. 21/2，3385. 3387.

11. CR 11，728.

12. Cited by Ernst Kroker，*Katharina von Bora*：*Martin Luthers Frau*，2nd ed.
    （Zwickau：Johannes Hermann，1925），p. 224.

13. Cited by Lewis W. Spitz，*The Protestant Reformation*，p. 121.

14. CR 11，729-730.

参 考 书 目

多数学术参考书目试图提供一份完整的相关书目。论及马丁·路德，要列这样一份书目是不可能的。为了至少部分克服这一障碍，我们的书目从参考书目和研究指南开始。其他标题下的书目被囊括，是因为它们是可靠的、新近的著作，而且其中多数都包括进一步阅读的文献。对原著有兴趣的读者请参看注释。

书目中有些书已经断版。所列的版本是最新的版本，多数情况下我只列了北美版本的出版社名。

参考书目和研究指南

Aland，Kurt. *Hilfsbuch zum Lutherstudium*. 3rd rev. ed. Witten：1970.

Archiv für Reformationsgeschichte/Archive for Reformation History. Literaturbericht/ Literature Review (published annually).

Atkinson，James. "Luther Studies." *Journal of Ecclesiastical History* 23（1972）：69-77.

Bainton，Roland，and Gritsch，Eric W.，eds. *Bibliography of the Continental Reformation：Materials Available in English*. 2nd ed. Hamden，Conn.：Shoe String，1973.

Bietenholz，Peter G.，and Deutscher，Thomas B.，eds. *Contemporaries of Erasmus：A Biographical Register of the Renaissance and Reformation*. 2 vols. Toronto：University of Toronto，1985-

Bigane，Jack，and Hagen，Kenneth. *Annotated Bibliography of Luther Studies*，1967-1976. St. Louis：Center for Reformation Research，1977.

Buchwald，Georg. *Luther-Kalendarium*. Leipzig：1929.

Comité internationale des sciences historiques. *Bibliographie de la Réforme 1450-1648*；*Ouvrages parus de 1940 a 1955*. 6 vols. Leiden：1958-1982.

Green，Lowell C. "Luther Research in English-Speaking Countries since 1971." *Lutherjahrbuch* 44 (1977)：105-126.

Junghans，Helmar. "Aus der Ernte des Lutherjubiläums 1983." *Lutherjahrbuch* 53 (1986)：55-138.

Junghans，Helmar. "Lutherbiographien zum 500. Geburtstag des Reformators 1983." *Theologische Literaturzeitung* 110 (1985)：403-442.

Klug，Eugene F. "Word and Scripture in Luther Studies since World War II." *Trinity Journal* 5 (1984)：3-46.

Lienhard，Marc. "Chronique：Quelques Publications Recentes Rélatives à Martin Luther." *Revue d'Histoire et de Philosophie Religieuses* 65 (1985)：461-480).

Lindberg，Carter. "Luther Research in America，1945-1965." *Lutheran World* 13 (1966)：291-302.

Lutherjahrbuch (an annual publication).

Moeller，Bernd. ed. *Luther in der Neuzeit*. Gütersloh：1983.

Ozment，Steven E.，ed. *Reformation Europe：A Guide to Research*. St. Louis：Center for Reformation Research. 1982.

Pesch，Otto H. "Twenty Years of Catholic Luther Research." *Lutheran World* 13 (1966)：302-316.

Peterson，Brent O. "'workers of the World Unite—for God's Sake!'：Recent Luther Scholarship in the German Democratic Republic." In James D. Tracy，*Luther and the Modern State in Germany*. 16th-Century Studies Essays. No. 7. Kirksville，Mo.：16th-Century Publishers，1986.

Robbert，George S. "A Checklist of Luther's Writings in English." *Concordia Theological Monthly* 36 (December 1965)：772-791；*Coneordia Theological Monthly* 41 (April 1970)：214-220；*Concordia Journal* 4 (March 1978)：73-77.

Schottenloher，Karl. *Bibliographie zur deutschen Geschichte im Zeitalter der Glaubensspaltung*，1517-1585. 7 vols. Leipzig：1933-1966.

The Sixteenth-Century Journal (an annual publication).

Spitz，Lewis W. "Current Accents in Luther Study：1960-1967." *Theological Studies* 28 (1966)：302-316.

314

Tjernagel, Neelak S. *The Lutheran Confessions*: *A Harmony and Resource Book*. Mankato, Minn.: Evangelical Lutheran Synod, 1979.

Vajta, Vilmos, ed. *Lutherforschung Heute*. Berlin: 1958.

Van Dulmen, Andrea. *Luther-Chronik*: *Daten zu Leben und Werk*. Munich: 1983.

关于宗教改革的一般著作

Bainton, Roland. *The Reformation of the Sixteenth Century*. Boston: Beacon, 1952, 1985.

Chadwick, Owen. *The Reformation*. Pelican History of the Church series, New York: Penguin, 1964.

Dickens, A. G. *Reformation and Society in Sixteenth-Century Europe*. History of European Civilization Library. New York: Harcourt, Brace Jovanovich, 1966.

Elton, G. R., ed. *The New Cambridge Modern History*. Vol. 2. *The Reformation*. Cambridge: 1958.

Grimm, Harold J. *The Reformation Era*: *1500-1650*. 2nd ed. New York: Macmillan, 1973.

Ozment, Steven. *The Age of Reform*, *1250-1550*: *An Intellectual and Religious History of Late Medieval and Reformation Europe*. New Haven: Yale University, 1980.

Pauck, Wilhelm. *The Heritage of the Reformation*. Glencoe, Ill.: Free Press, 1961.

Pelikan, Jaroslav. *The Christian Tradition*: *A History of the Development of Doctrine*. Vol. 4. *Reformation of Church and Dogma* (*1300-1700*). Chicago: University of Chicago, 1984.

Spitz, Lewis W. *The Protestant Reformation*, *1517-1559*. The Rise of Modern Europe series. New York: Harper and Row, 1985.

Spitz, Lewis W. *Renaissance and Reformation*. 2 vols. St. Louis: Concordia, 1971, 1980.

生平研究

Bainton, Roland H. *Here I Stand*: *A Life of Martin Luther*. Nashville: Abingdon. 1950, 1978.

Boehmer, Heinrich. *Road to Reformation*: *Martin Luther to the Year 1521*. Philadelphia: Muhlenberg, 1946.

Bornkamm, Heinrich. *Luther in Mid-Career*. *1521-1530*. Philadelphia: Fortress, 1983.

Brecht, Martin. *Martin Luther*: *His Road to Reformation*, *1483-1521*. Philadelphia:

Fortress，1985.

Edwards，Mark U. *Luther and the False Brethren*. Stanford：Stanford University，1975.

Edwards，Mark U. *Luther's Last Battles：Politics and Polemics，1531-1546*. Ithaca，N. Y.：Cornell University，1983.

Erikson，Erik H. *Young Man Luther*. New York：Norton，1962.

Gritsch，Eric W. *Martin—God's Court Jester：Luther in Retrospect*. Philadelphia：Fortress，1983.

Haile，H. G. *Luther：An Experiment in Biography* (Garden City，N. Y.：Doubleday，1980).

Junghans，Helmar，ed. *Leben und Werk Martin Luthers von 1526 bis 1546：Festgabe zu seinem 500. Geburtstag*. 2 vols. Berlin：1983.

Lienhard，Marc. *Martin Luther：Un Temps，une Vie，un Message*. Geneva：1983.

Lohse，Bernhard. *Martin Luther：Eine Einführung in sein Leben und sein Werk*. Munich：1983.

Oberman，Heiko A. *Luther：Man Between God and the Devil*. New Haven：Yale University，1986.

Olivier，Daniel. *The Trial of Luther*. St. Louis：Concordia，1979.

Osborne，John. *Luther*. New York：New American Library，1963.

Rogge，Joachim. *Martin Luther：Sein Leben，Seine Zeit*. Berlin，1983.

Rupp，E. Gordon. *Luther's Progress to the Diet of Worms*. Chicago：Wilcox and Follet，1951.

Schwiebert，E. G. *Luther and His Times：The Reformation from a New Perspective*. St. Louis：Concordia，1950.

Siggins，Ian. *Luther and His Mother*. Philadelphia：Fortress，1981.

Todd，John. *Luther：A Life*. New York：Crossroad，1982.

Von Loewenich，Walther. *Martin Luther：The Man and His Work*. Minneapolis：Augsburg，1986.

路德所处时代环境

神学和宗教思想

Aldridge，John William. *The Hermeneutics of Erasmus*. Richmond：John Knox，1966.

Bainton，Roland H. *Erasmus of Christendom*. New York：Scribner，1969.

Bentley，Jerry H. *Humanists and Holy Writ：New Testament Scholarship in the Renaissance*. Princeton：Princeton University，1983.

Douglass，E. Jane Dempsey. *Justification in Late Medieval Preaching：A Study in*

316

John Geiler of Kaysersberg. Leiden: 1966.

Grane, Leif. *Contra Gabrielem: Luthers Auseinandersetzung mit Gabriel Biel in der Disputatio contra Scholasticam Theologiam*. Gyldendal: 1962.

Grossmann, Maria. *Humanism in Wittenberg. 1485-1517*. Nieuwkoop: 1975.

Hägglund, Bengt. *The Background of Luther's Doctrine of Justification in Late Medieval Theology*. Philadelphia: Fortress, 1971.

Hyma, Albert. *The Brethren of the Common Life*. Grand Rapids, Mich.: Eerdmans, 1950.

Janz, Denis R. *Luther and Late Medieval Thomism: A Study in Theological Anthropology*. Atlantic Highlands, N. J.: Humanities, 1984.

Kittelson, James M., and Transue, Pamela J., eds. *Rebirth, Reform and Resilience: Universities in Transition, 1300-1700*. Columbus: Ohio State University, 1984.

Left, Gordon. *Heresy in the Later Middle Ages: The Relation of Heterodoxy to Dissent, c. 1250-c. 1450*. 2 vols. Manchester: 1967.

Nauert, Charles. *Agrippa and the Crisis of Renaissance Thought*. Urbana, Ill: Illinois University, 1965.

Nauert, Charles. "The Clash of Humanists and Scholastics: An Approach to Pre-Reformation Controversies." *The Sixteenth-Century Journal* 4 (1973): 1-18.

Oakley, Francis. *Omnipotence, Covenant, and Order: An Excursion in the History of Ideas from Abelard to Leibnitz*. Ithaca, N. Y.: Cornell University, 1984.

Oberman, Heiko A. *The Harvest of Medieval Theology*. Durham, N. C.: Labyrinth, (1963) 1983.

Oberman, Heiko A., ed. *Forerunners of the Reformation: The Shape of Late Medieval Thought*. Philadelphia: Fortress, (1966) 1981.

Oberman, Heiko A., and Brady, Thomas A. Jr., eds. *Itinerarium Italicum*. Leiden: 1975.

Overfield, James. *Humanism and Scholasticism in Late Medieval Germany*. Princeton: Princeton University, 1984.

Ozment, Steven. *Homo Spiritualis: A Comparative Study of the Anthropology of Tauler, Gerson, and Martin Luther (1509-1516)*. Leiden: 1968.

Payne, John B. *Erasmus: His Theology of the Sacraments*. Richmond, Va.: John Knox, 1970.

Pesch, Otto. *Theologie der Rechtfertigung bei Martin Luther und Thomas von Aquin*. Mainz: 1967.

Philips, Margaret Mann. *Erasmus and the Northern Renaissance*. Rev. ed. Totowa, N.

J.：Rowman. 1981.

Post，R. R. *The Modern Devotion*：*Confrontation with Reformation and Humanism*. Leiden：1968.

Spitz，Lewis W. *The Religious Renaissance of the German Humanists*. Cambridge：Harvard University，1963.

Steinmetz，David C. *Misericordia Dei*：*The Theology of Johannes von Staupitz in Its Late Medieval Setting*. Leiden：1968.

Tavard，George. *Holy Writ or Holy Church*：*The Crisis of the Protestant Reformation*. Westport，Conn.：Greenwood，(1959) 1978.

Tentler，Thomas N. *Sin and Confession on the Eve of the Reformation*. Princeton：
Princeton University，1977.

Tracy，James D. *Erasmus, the Growth of a Mind*. Geneva：1972.

Trinkaus，Charles. *"In Our Image and Likeness"*：*Humanity and Divinity in Italian Humanist Thought*. 2 vols. Chicago：1970.

Trinkaus，Charles. *The Scope of Renaissance Humanism*. Ann Arbor，Mich.：University of Michigan，1983.

Trinkaus，Charles. and Oberman，Heiko A.，eds. *The Pursuit of Holiness in Late Medieval and Renaissance Religion*. Leiden：1974.

流行宗教文化

Ariès，Philippe. *Centuries of Childhood*：*A Social History of Family Life*. New York：Random，1965.

Ariès，Philippe. *L'homme devant la mort*. Paris：1977.

Burke，Peter. *Popular Culture in Early Modern Europe*. New York：Harper and Row，1978.

Chaunu，Pierre. *La mort à Paris*：*XVIe，XVIIe，XVIIIe siécles*. Paris：1978.

Christian，William A. Jr. *Local Religion in Sixteenth-Century Spain*. Princeton：Princeton University，1981.

Davis，Natalie Zemon. *Society and Culture in Early Modern France*：*Eight Essays*. Stanford：Stanford University，1975.

Delumeau，Jean. *La peur en Occident*：*XVIe-XVIIIe siécles*. Paris：1978.

Galpem，A. N. *The Religion of the Peoplein Sixteenth-Century Champagne*. Historical Studies series. No. 92. Cambridge，Mass.：Harvard University，1976.

Ginzburg，Carlo. *The Cheese and the Worms*：*The Cosmos of a Sixteenth-Century Miller*. New York：Penguin，1982.

317

Ladurie, Emmanuel Le Roy. *Montaillou: The Promised Land of Error*. New York: Random, 1979.

Thomas, Keith. *Religion and the Decline of Magic*. New York: Macmillan, 1975.

Toussaert, Jacques. *Le sentiment réligieux en Flandre à la fin du môyen âge*. Paris: 1960.

Trexler, Richard C. *Public Life in Renaissance Florence*. New York: Academic Press, 1980.

教会

Bernstein, Alan E. *Pierre d'Ailly and the Blanchard Affair*. Leiden: 1978.

Black, A. L *Council and Commune: The Conciliar Movement and the 15th-Century Heritage*. Shepherdstown, W. Va.: 1979.

D'Amico, John F. *Renaissance Humanism in Papal Rome: Humanists and Churchmen on the Eve of the Reformation*. Baltimore and London: Johns Hopkins University, 1983.

Favier, Jean. *Les Finances pontificales à l'époque du Grande Schisme d'Occident*. Paris: 1966.

Hay, Denys. *The Church in Italy in the Fifteenth Century*. Cambridge: 1977.

Jacob, E. F. *Essays in the Conciliar Epoch*. 3rd ed. Manchester: 1963.

Jedin, Hubert. *A History of the Council of Trent*. Vol. 1. London: 1957.

Kaminsky, Howard. *A History of the Hussite Revolution*. Berkeley and Los Angeles: University of California, 1967.

318 Oakley, Francis. *The Western Church in the Later Middle Ages*. Ithaca, N. Y.: Cornell University. 1985.

O'Malley, John W. *Giles of Vilerbo on Church and Reform: A Study in Renaissance Thought*. Leiden: 1968.

O'Malley, John W. *Praise and Blame in Renaissance Rome: Rhetoric. Doctrine and Reform in the Sacred Orators of the Papal Court*, *ca. 1450-1521*. Durham, N. C.: Duke University. 1979.

Rapp, Francis. *L'Eglise et la vie religieuse en Occident à la fin du Môyen Âge*. Paris: 1971.

Tierney, Brian. *Foundations of the Conciliar Theory*. Cambridge: 1955.

Tierney, Brian. *Origins of Papal Infallibility: 1150-1350*. Leiden: 1972.

社会和政治

Baron, Hans. "Religion and Politics in the German Imperial Cities during the Reformation." *English Historical Review* 52 (1937): 514-633.

Benecke, Gerhard. *Society and Politics in Germany*, 1500-1750. London: 1974.

Blickle, Peter. *The Revolution of 1525 : The German Peasants' War from a New Perspective*. Baltimore: Johns Hopkins University, 1982.

Brady, Thomas A. Jr. *Turning Swiss: Cities and Empire*. 1450-1550. Cambridge Studies in Early Modern History. Cambridge: 1985.

Brandi, Karl. *The Emperor Charles V: The Growth and Destiny of a Man and of a World Empire*. Atlantic Highlands, N. J.: Humanities. (1939) 1968.

Braudel, Fernand: *The Mediterranean and the Mediterranean World in the Age of Philip II*. 2 vols, 2nd rev. ed. New York: Harper and Row, 1976.

Brendler, G. *Das Täuferreich zu Münster* 1534/35. Berlin: 1966.

Carsten, F. L. *Princes and Parliaments in Germany from the Fifteenth to the Eighteenth Century*. Oxford: 1959.

Cipolla, Carlo M. , ed. *Fontana Economic History of Europe*. Vol. 2. *The Sixteenth and Seventeenth Centuries*, New York: Barnes and Noble, 1977.

Clasen, C. P. *Anabaptism: A Social History*, 1525-1618. Ithaca, N. Y. : Cornell University. 1972.

Cohn, Henry J. *Government in Early Modern Europe*, 1520-1560. London: 1971.

Cohn, Norman, *The Pursuit of the Millennium*. 3rd ed. London: Oxford, 1970.

Fabian, Ekkehart. *Die Entstehung des Schmalkaldischen Bundes und seiner Verfassung* 1524/29-1531/35. 2nd ed. Tübingen: 1962.

Fischer-Galati, Stephen A. *Ottoman Imperialism and German Protestantism*, 1521-1555. New York: Octagon, (1959) 1972.

Franz, Günther. *Der deutsche Bauernkrieg*. 11th ed. Darmstadt: 1977.

Friesen, Abraham. *Reformation and Utopia : The Marxist Interpretation of the Reformation and Its Antecedents*. Wiesbaden: 1974.

Koenigsberger, H. G. *Estates and Revolutions: Essays in Early Modern European History*. Ithaca, N. Y. : Cornell University, 1971.

Koenigsberger, H. G. *The Habsburgs and Europe*, 1516-1660. Ithaca, N. Y. : Cornell University, 1971.

Lau, Franz. "Der Bauernkrieg und das angebliche Ende der lutherischen Reformation als spontane Volksbewegung." *Lutherjahrbuch* 26 (1959): 119-134.

Miskimin, Harry A. *The Economy of Later Renaissance Europe: 1460-1600*. Cambridge: 1977.

Rich, E. E., and Wilson, C. H., eds. *The Cambridge Economic History of Europe*. 3 Vol. 4. *The Economy of Expanding Europe in the Sixteenth and Seventeenth Centuries*. Cambridge: 1967.

Scribner, R. W. "Is There a Social History of the Reformation?" *Social History* 4 (1976): 483-505.

Strauss, Gerald, ed. *Manifestations of Discontent in Germany on the Eve of the Reformation: A Collection of Documents*. Bloomington. Ind.: Indiana University, 1971.

Von Greyerz, Kaspar, ed. *Religion and Society in Early Modern Europe: 1500-1800:* London: Allen Unwin, 1984.

Wallerstein, Immanuel. *The Modern World System: Capitalist Agriculture and the Origins of the European World Economy in the Sixteenth Century* New York: Academic, 1974.

Wohlfeil, Rainer. *Reformation oder frühburgerliche Revolution?* Munich: 1972.

路德的神学
一般著作

Althaus, Paul. *The Theology of Martin Luther*. Philadelphia: Fortress, 1966.

Bornkamm, Heinrich. *Luther's World of Thought*. St. Louis: Concordia, 1958.

Ebeling, Gerhard. *Luther: An Introduction to His Thought*. Philadelphia: Fortress, 1970.

Elert, Werner. *The Structure of Lutheranism: The Theology and Philosophy of Life of Lutheranism*, 16th and 17th Centuries. Vol. 1. St. Louis: Concordia, 1962, 1974.

Forde, Gerhard O. *Where God Meets Man: Luther's Down-to-Earth Approach to the Gospel*. Minneapolis: Augsburg, 1972.

Holl, Karl. *The Cultural Significance of the Reformation*. New York: World, 1959.

Loeschen, John R. *Wrestling with Luther: An Introduction to the Study of His Thought*. St. Louis: Concordia, 1976.

Olivier, Daniel. *Luther's Faith: The Cause of the Gospel in the Church*. St. Louis: Concordia, 1982.

Pesch, Otto Hermann. *Hinführung zu Luther*. Mainz: 1982.

Pinomaa, Lennart. *Faith Victorious*. Philadelphia: Fortress, 1963.

Rupp, E. G. *The Righteousness of God: Luther Studies*. 3rd ed. London: 1968.

Von Loewenich, Walther. *Luther's Theology of the Cross*. Minneapolis: Augsburg, 1976.

Watson, Philip S. *Let God Be God: An Interpretation of the Theology of Martin Luther*. Philadelphia: Fortress, 1966.

专题著作

Aarts, Jan. *Die Lehre Martin Luthers über das Amt in der Kirche: Eine genetisch systematische Untersuchung seiner Schriften von 1512 bis 1525.* Helsinki: 1972.

Althaus, Paul. *The Ethics of Martin Luther.* Philadelphia: Fortress, 1972.

Asendorf, Ulrich. *Eschatologie bei Luther.* Göttingen: 1967.

Aulen, Gustaf. *Christus Victor.* New York: Macmillan, 1969.

Baylor, Michael J. *Action and Person: Conscience in Late Scholasticism and the Young Luther.* Leiden: 1977.

Bizer, Ernst. *Fides ex Auditu: Eine Untersuchung über die Entdeckung der Gerechtigkeit Gottes durch Martin Luther.* Neukirchen: 1961.

Bluhm, Heinz. *Martin Luther: Creative Translator.* St. Louis: Concordia, 1965.

Bornkamm, Heinrich. *Luther and the Old Testament.* Philadelphia: Fortress, 1969.

Bornkamm, Heinrich. *Luther's Doctrine of the Two Kingdoms.* Philadelphia: Fortress, 1966.

Bring, Ragnar. *Luthers Anschauung van der Bibel.* Berlin: 1951.

Brosseder. Johannes. *Luthers Stellung zu den Juden im Spiegel seiner Interpreten: Interpretation und Rezeption von Luthers Schriften und Ausserungen zum Judentum im 19. und 20. Jahrhundert vor allem in deutschsprachigen Raum.* Munich: 1972.

Carlson, Edgar M. *The Reinterpretation of Luther.* Philadelphia: Muhlenberg, 1948.

Cranz, F. Edward. *An Essay on the Development of Luther's Thought on Justice, Law, and Society.* Cambridge: Harvard University. 1959.

Dillenberger, John. *God Hidden and God Revealed: The Interpretation of Luther's Deus Abseondims.* Philadelphia: Muhlenberg, 1953.

Ebeling, Gerhard. *Evangelische Evangelienauslegung: Eine Untersuchung zu Luthers Hermeneutik.* Darmstadt: 1962.

Forell, George Wolfgang. *Faith Active in Love: An Investigation of the Principles Underlying Luther's Social Ethics.* Minneapolis: Augsburg, 1954.

Gerrish, Brian. *Grace and Reason: A Study in the Theology of Martin Luther.* Oxford: 1962.

Grane, Leif. *Modus loquendi Theologicus: Luthers Kampf um die Erneuerung der Theologie.* Leiden: 1975.

Grane, Leif, and Lohse, Bernhard, eds. *Luther und die Theologie der Gegenwart: Referate und Berichte des Fünften Internationalen Kongresses für Lutherforschung.* Göttingen: 1980.

Haendler, Gert. *Luther on Ministerial Office and Congregational Function.* Philadel-

320

phia: Fortress, 1981.

Hagen, Kenneth. *A Theology of Testament in the Young Luther: The Lectures on Hebrews.* Leiden: 1974.

Harran, Marilyn J. *Luther on Conversion: The Early Years.* Ithaca, N. Y.: Cornell University, 1983.

Harran, Marilyn J., ed. *Luther and Learning.* Selinsgrove, Penn.: Susquehanna University, 1985.

Headley, John M. *Luther's View of Church History.* Northford, Conn.: Elliot's Books, 1963.

Hendrix, Scott. *Ecclesia in Via: Ecclesiological Developments in the Medieval Psalms Exegesis and the Dictata super Psalterium (1513-1515) of Martin Luther.* Leiden: 1974.

Hendrix, Scott. *Luther and the Papacy: Stages in a Reformation Conflict.* Philadelphia: Fortress, 1981.

Henning, Gerhard. *Cajetan und Luther: Ein historischer Beitrag zur Begegnung von Thomismus und Reformation.* Stuttgart: 1966,

Hoffman, Bengt R. *Luther and the Mystics.* Minneapolis: Augsburg, 1976.

Hoffmann, Manfred, ed. *Martin Luther and the Modern Mind: Freedom, Conscience, Toleration, Rights.* New York and Toronto: Edwin Wellen, 1985.

Junghans, Helmar. *Der junge Luther und die Humanisten.* Weimar: 1984.

Klug, Eugene F. *From Luther to Chemnitz on Scripture and the Word.* Kampen: 1971; Ft. Wayne, Ind.: Concordia Theological Seminary, 1981.

Kooiman, Willem J. *Luther and the Bible.* Philadelphia: Muhlenberg, 1961.

Lau, Franz. *Luthers Lehre von den beiden Reichen.* Berlin: 1953.

321 Lieberg, Hellmut. *Amt und Ordination bei Luther und Melanchthon.* Göttingen: 1962.

Lienhard, Marc. *Luther: Witness to Jesus Christ: Stages and Themes of the Reformer's Christology.* Minneapolis: Augsburg, 1982.

Lohse, Bernhard. *Mönchtum und Reformation: Luthers Auseinandersetzung mit dem Mönchsideal des Mittelalters.* Göttingen: 1963.

Lohse, Bernhard. *Ratio und Fides: Eine Untersuchung über die Ratio in der Theologie Luthers.* Göttingen: 1958.

Lutherjahrbuch: Martin Luther 1483-1983, Werk und Wirkung: Referate und Berichte des Sechsten Internationalen Kongresses fur Lutherforschung. Göttingen: 1985.

Maurer, Wilhelm. "Die Zeit der Reformation." *Kirche und Synagoge: Handbuch zur Geschichte von Christen und Juden.* Karl Heinrich Rengstorf and Siegfried von Kartzfleiseh, eds. Vol. 1. Stuttgart: 1968. pp. 363-452.

McGrath, Alister E. *Luther's Theology of the Cross: Martin Luther on Justification, 1509-1519*. New York and London: Basil Blackwell, 1985.

Müller, Gerhard. *Die Rechtfertigungslehre: Geschichte und Probleme*. Gütersloh: 1977.

Nettl, Paul. *Luther and Music*. Philadelphia: Muhlenberg, 1948.

Nicol, Martin. *Meditation bei Luther*. Göttingen: 1984.

Oberman, Heiko A. , ed. *Luther and the Dawn of the Modern Era: Papers for the Fourth International Congress for Luther Studies*. Leiden: 1974.

Oberman, Heiko A. *The Roots of Antisemitism: In the Age of the Renaissance and Reformation*. Philadelphia: Fortress, 1983.

Pelikan, Jaroslav. *Obedient Rebels: Catholic Substance and Protestant Principle in Luther's Reformation*. New York: Harper and Row, 1964.

Pelikan, Jaroslav. *Spirit vs. Structure: Luther and the Institutions of the Church*. New York: Harper and Row, 1968.

Peters, Edward. "Luther and the Principle: 'Outside of the Use, There Is No Sacrament.'"*Concordia Theological Monthly 42* (1971): 543-552.

Prenter, Regin. *Spiritus Creator*. Philadelphia: Muhlenberg, 1953.

Preus, James S. *From Shadow to Promise. Old Testament Interpretation from Augustine to the Young Luther*. Cambridge: Harvard University, 1969.

Saarnivara, Uuras. *Luther Discovers the Gospel: New Light on Luther's Way from Medieval Catholicism to Evangelical Faith*. St. Louis: Concordia, 1951.

Schoenberger, Cynthia Grant. "Luther on Resistance to Authority."*Journal of the History of Ideas 40* (1979): 3-20.

Schwarz, Reinhard. *Fides, Spes und Charitas beim jungen Luther*. Berlin: 1962.

Siggins, Ian. *Martin Luther's Doctrine of Christ*. New Haven: Yale University, 1970.

Stein, Wolfgang. *Das kirchliche Amt bei Luther*. Wiesbaden: 1974.

Steinmetz, David C. *Luther and Staupitz: An Essay in the Intellectual Origins of the Protestant Reformation*. Durham, N. C. : Duke, 1980.

Steinmetz, David C. "Luther and Late Medieval Augustinians: Another Look."*Concordia Theological Monthly 44* (1973): 363-452.

Stock, Ursula. *Die Bedeutung der Sakramente in Luthers Sermonen von 1519*. Leiden: 1982.

Thompson, Cargill W. D. J. *Studies in the Reformation: Luther to Hooker*. London: 1980.

Vajta, Vilmos. *Luther and Melanchthon in the History and Theology of the Reforma-*
322

tion. Philadelphia: Muhlenberg, 1961.

Von Loewenich, Walther. *Luther als Ausleger der Synoptiker*. Munich: 1954.

Wingren, Gustav. *Luther on Vocation*. Philadelphia: Muhlenberg, 1959.

Zur Muhlen, Karl-Heinz. *Nos extra Nos: Luthers Theologie zwischen Mystik und Scholastik*. Leiden: 1972.

路德同时代的人

Bainton, Roland H. *David Joris*. Leipzig: 1937.

Baker, J. Wayne. *Heinrich Bullinger and the Covenant: The Other Reformed Tradition*. Athens, Ohio: Ohio University, 1980.

Bender, Harold S. *Conrad Grebel ca. 1498-1526: The Founder of the Swiss Brethren, Sometimes Called Anabaptists*. Studies in Anabaptist and Mennonite History. No. 6. Scottsdale, Pa.: Herald Press, 1950. (= Ann Arbor, Mich.: Books On Demand).

Bergsten, Torsten. *Balthasar Hubmaier: Seine Stellung zur Reformation und Tauferturn*. Kassel: 1961.

Bizer, Ernst. *Theologie der Verheissung: Studien zur theologischen Entwicklung des jungen Melanchthons 1519-1524*. Neukirchen: 1964.

Bornkamm, Heinrich. *Martin Bucers Bedeutung für die europaische Reformations geschichte*. Gütersloh: 1952.

Brunner, Peter. *Nikolaus von Amsdorf als Bischof von Naumburg*. Gütersloh: 1961.

Clebsch, William A. *England's Earliest Protestants, 1520-1535*. Yale Publications in Religion. No. 11. New Haven: Yale University, 1964.

Courvoisier, Jacques. *Zwingli: A Reformed Theologian*. Richmond: John Knox, 1963.

Deppermann, Klaus. *Melchior Hoffman: Soziale Unruhen und Apokalyptischen Visionen im Zeitalter der Reformation*. Güttingen: 1979

Eells, Hastings. *Martin Bucer*. New Haven: Yale University, 1931.

Elliger, Walter. *Thomas Müntzer: Leben und Werk*. Güttingen: 1975.

Fraenkel, Peter *Testimonia Patrum: The Function of the Patristic Argument in the Theology of Melanchthon*. Geneva: 1961.

Gäbler, Ulrich. *Huldrych Zwingli: Eine Einführung in sein Leben und sein Werk*. Munich: 1983.

Garside, Charles Jr. *Zwingli and the Arts*. New York: Da Capo, 1966.

Gerrish, Brian A. *Reformers in Profile*. Philadelphia: Fortress, 1967.

Goertz, Hans-Jürgen. *Profiles of Radical Reformers: Biographical Sketches from Thomas Müntzer to Paracelsus*. Scottsdale, Penn: Herald Press, 1982.

Greschat, Martin. *Melanchthon neben Luther: Studien zur Gestalt der Rechtfertigungslehre zwischen 1528 und 1537*. Witten: 1965.

Grimm, Harold J. *Lazarus Spengler: A Lay Reader of the Reformation*. Columbus: Ohio State University, 1978.

Gritsch, Eric W. *Reformer without a Church: The Life and Thought of Thomas Müntzer, 1488? -1525*. Philadelphia: Fortress, 1967.

Haendler, Klaus. *Wort und Glaube bei Melanchthon*. Gütersloh: 1968.

Holborn, Hajo. *Ulrich von Hutten and the German Reformation*. New Haven: Yale University, 1937.

Holzberg, Niklas. *Willibald Pirckheimer: Griechischer Humanismus in Deutschland*. Munich: 1981.

Kisch, Guido. *Melanchthons Rechts-und Soziallehre*. Berlin: 1967.

Kittelson, James M. *Wolfgang Capito from Humanist to Reformer*. Leiden: 1975.   323

Klassen, Walter. *Michael Gaismair: Revolutionary and Reformer*. Leiden: 1978.

Köhler, Walther. *Zwingli und Luther: Ihr Streit über das Abendmahl nach seinen politischen und religiösen Beziehungen*. 2 vols. Leipzig: 1924-1953.

Kolb, Robert. *Nicholas von Amsdorf*. Nieuwkoop: 1978.

Lehman, Martin. *Justus Jonas, Loyal Reformer*. Minneapolis: Augsburg, 1963.

Mater, Paul L. *Caspar Schwenckfeld on the Person and Work of Christ*. Assen: 1954.

Manschreck, Clyde L. *Melanchthon: the Quiet Reformer*. Westport, Conn. : Greenwood, (1958) 1970.

Maurer, Wilhelm. *Der junge Melanchthon*. 2 vols. Göttingen: 1967-1969.

Meijering, E. P. *Melanchthon and Patristic Thought: The Doctrines of Christ and Grace, the Trinity and the Creation*. Leiden: 1983.

Näf, Werner. *Vadian und seine Stadt St. Gallen*. 2 vols. St. Gallen: 1944-1957.

Neuser, Wilhelm. *Der Ansatz der Theologie Phillip Melanchthons*. Neukirchen: 1957.

Neuser, Wilhelm. *Die Abendmahlslehre Melanchthons in ihrer geschichtlichen Entwicklung (1519-1530)*. Neukirchen: 1968.

Potter, G. R. *Ulrich Zwingli*. London: 1977.

Rich, Arthur. *Die Anfänge der Theologie Huldrych Zwinglis*. Zurich: 1949.

Rilliet, Jean Horace. *Zwingli: Third Man of the Reformation*. Philadelphia: Fortress, 1964.

Rupp, E. Gordon. *Patterns of Reformation*. Philadelphia: Fortress, 1969.

Schutte, Anne Jacobson. *Pier Paolo Vergerio: The Making of an Italian Reformer*. Geneva: 1977.

Seebass，Gottfried. *Das reformatorische Werk des Andreas Osiander*. Nuremberg：1967.

Sick，Hansjorg. *Melanchthon als Ausleger des Alten Testaments*. Tübingen：1954.

Sider，Ronald J. *Andreas Bodenstein von Karlstadt：The Development of His Thought*. Leiden：1974.

Sperl，Adolf. *Melanchthon zwischen Humanismus und Reformation*. Munich：1959.

Spitz，Lewis W. "Humanism in the Reformation," *Renaissance Essays in Honor of Hans Baron*. Ed. Anthony Molho and John A. Tedeschi. Firenze：1971.

Staehelin，Ernst. *Das theologische Lebenswerk des Johannes Oekolampadius*. Leipzig：1939.

Stephens，W. P. *The Holy Spirit in the Theology of Martin Bucer*. Cambridge：Harvard University，1970.

Van der Poll，Jan. *Martin Bucers Liturgical Ideas*. Assen：1954.

Walton，Robert C. *Zwingli's Theocracy*. Toronto：University of Toronto，1967.

改教运动

Abray，Lorna Jane. *The People's Reformation：Magistrates，Clergy，and Commons in Strasbourg，1500-1598*. Ithaca，N. Y：Cornell University，1985.

Andersson，Christiane，and Talbot，Charles，eds. *From a Mighty Fortress：Prints，Drawings，and Books in the Age of Luther*. Detroit：Detroit Institute of Arts，1983.

Batori，Irmgard，ed. *Städtische Gesellschaft und Reformation*. Stuttgart：1980.

Birnbaum，Norman J. "The Zwinglian Reformation in Zurich." *Past and Present* 15 (1959)：27-47.

Bizer，Ernst. *Studien zur Geschichte des Abendmahlsstreits in 16. Jahrhundert*. Gütersloh：1940.

Brady，Thomas A. Jr. *Ruling Class，Regime and Reformation at Strasbourg，1520-1555*. Leiden：1978.

Brecht，Martin. *Südwestdeutsche Reformationsgeschichte：Zur Einführung der Reformation im Herzogtum Württemberg*. Stuttgart：1984.

Brooks，Peter Newman，ed. *Reformation Principles and Practice*. London：1980.

Buck，Lawrence，and Zophy，Jonathan，eds. *The Social History of the Reformation*. Columbus：Ohio State University，1972.

Chrisman，Miriam. *Strasbourg and the Reform*. New Haven，Conn.；Yale University，1967.

Christensen，Carl C. *Art and the Reformation in Germany*. Studies in the Reformation. Vol. 2. Columbus：Ohio State University，1981.

324

Clasen, Claus-Peter. *Anabaptism, a Social History, 1525-1618 : Switzerland, Austria, Moravia, South and Central Germany*. Ithaca, N. Y. : Cornell University, 1972.

Daniel, David P. "Highlights of the Lutheran Reformation in Slovakia. " *Concordia Theological Quarterly* 42 (1978) : 21-34.

Delumeau J. *Naissance et affirmation de la Réforme*. Paris : 1965.

Dickens, A. G. *Martin Luther and the German Nation*. London : 1974.

Hsia, R. Po-chia. *Society and Religion in Münster, 1535-1618*. Yale Historical Publications. No. 131. New Haven : Yale University, 1984.

Kittelson, James M. "Humanism and the Reformation in Germany. " *Central European History* 9 (1976) : 303-322.

Moeller, Bernd. *Imperial Cities and the Reformation : Three Essays*. Durham, N. C. : Labyrinth, (1972) 1982.

Ozment, Steven E. *The Reformation in the Cities : The Appeal of Protestantism to Sixteenth-Century Germany and Switzerland*. New Haven : Yale University, 1975.

Preus, J. S. *Carlstadt's Ordinaciones and Luther's Liberty : A Study of the Wittenberg Movement, 1521-1522*. Cambridge : Harvard University, 1974.

Oyer, John S. *Lutheran Reformers against Anabaptists : Luther, Melanchthon and Menius, and the Anabaptists of Central Germany*. The Hague : 1964.

Rapp, Francis. *Réformes et Réformation à Strasbourg : Église et Societé dans la Diocèse (1450-1525)*. Paris : 1975.

Rublack, Hans-Christoph. *Die Einführung der Reformation in Konstanz*. Gütersloh : 1971.

Rublack, Hans-Christoph. *Eine bürgerliche Reformation : Nördlingen*. Gütersloh : 1982.

Schmidt, Heinrich Richard. *Reichstädte, Reich, und Reformation : Korporative Religionspolitik, 1521-1529/30*. Wiesbaden : 1986.

Schultze, Alfred. *Stadtgemeinde und Reformation*. Tübingen : 1918.

Scribner, R. W. *For the Sake of Simple Folk : Popular Propaganda for the German Reformation*. Cambridge Studies in Oral and Literate Culture. No. 2. Cambridge : 1981.

Sessions, Kyle C. , and Bebb, Philip N. , eds. *Pietas et Societas : New Trends in Reformation Social History*. Kirksville, Mo. : Sixteenth-Century Publishers, 1985.

Stayer, James. *Anabaptists and the Sword*. 2nd rev. ed. Lawrence, Kan. : Coronado, 1976.

Von Greyerz, Kaspar. *The Late City Reformation in Germany : The Case of Colmar, 1522-1628*. Wiesbaden : 1980.

Wettges, Wolfram. *Reformation und Propaganda : Studien zur Kommunikation des Aufruhrs in süddeutschen Reichstädten*. Stuttgart : 1978. 325

Williams, George H. *The Radical Reformation*. Philadelphia : Westminster, 1962.

新教会

Allbeck, Willard Dow. *Studies in the Lutheran Confessions*. Philadelphia: Muhlenberg, 1952.

Bergendoff, Conrad. *The Church of the Lutheran Reformation*. St. Louis: Concordia, 1967.

Brecht, Martin. *Kirchenordnung und Kirchenzucht in Württemberg vom 16. bis 18. Jahrhundert*. Stuttgart: 1967.

Burgess, Joseph, ed. *The Role of the Augsburg Confession: Catholic and Lutheran Views*. Philadelphia: Fortress, 1980.

Estes, James Martin. *Christian Magistrate and State Church: The Reforming Career of Johannes Brenz*. Toronto: University of Toronto, 1982.

Fagerberg, Holsten. *A New Look at the Lutheran Confession*. St. Louis: Concordia, 1972, 1981.

Gerrish, Brian. *The Old Protestantism and the New: Essays on the Reformation Heritage*. Chicago: University of Chicago, 1983.

Grane, Leif. *The Augsburg Confession: A Commentary*. Minneapolis: Augsburg, 1987.

Hareide, Bjarne. *Die Konfirmation in der Reformationszeit: Eine Untersuchung der Lutherischen Konfirmation in Deutschland, 1520-1585*. Göttingen: 1971.

Karant-Nunn, Susan. *Luther's Pastors: The Reformation in the Ernestine Countryside. Transactions of the American Philosophical Society*, 69, 8. Philadelphia: 1979.

Kittelson, James M. "Luther on Education for Ordination." *Lutheran Theological Seminary Bulletin* 65 (1985): 27-40.

Kittelson, James M. "Luther's Impact upon the Universities—and the Reverse." *Concordia Theological Quarterly* 48 (1984): 23-38.

Kittelson, James M. "Successes and Failures in the German Reformation: The Report from Strasbourg." *Archive for Reformation History* 73 (1982): 153-175.

Maurer, Wilhelm. *Historischer Kommentar zur Confessio Augustana*. 2 vols. Gütersloh: 1976-1978.

Ozment, Steven E. *When Fathers Ruled: Family Life in Reformation Europe*. Cambridge: Harvard University, 1983.

Roth, Friedrich. *Augsburgs Reformationsgeschichte*. 4 vols. Munich: 1901-1911.

Safley, Thomas Max. *Let No Man Put Asunder: The Control of Marriage in the German Southwest: 1550-1600*. Studies and Essays. Vol. 2. Kirksville, Mo.: 16th-Century Journal Publishers, 1984.

Sasse, Hermann. *This Is My Body: Luther's Contention for the Real Presence*. Minneapolis: Augsburg, 1959.

Scaer, David P. , and Preus, Robert D. , eds. *Luther's Catechisms—450 Years : Essays Commemorating the Small and Large Catechisms of Dr. Martin Luther*. Ft. Wayne, Ind. : Concordia Theological Seminary, 1979.

Schlink, Edmund. *Theology of the Lutheran Confessions*. Philadelphia: Fortress, 1961.

Strauss, Gerald. *Luther's House of Learning : Indoctrination of the Young in the German Reformation*. Baltimore: Johns Hopkins University, 1978. (= Ann Arbor: Books on Demand.)

Veit, Patrice. *Das Kirchenlied in der Reformation Martin Luthers : Eine Thematische und Semantische Untersuchung*. Wiesbaden: 1986.

Wolgast, Eike. *Die Wittenberger Theologie und die Politik der evangelischen Stände : Studien zu Luthers Gutachten in politischen Fragen*. Gütersloh: 1977.

326

人 名 索 引

（条目后边的数字为英文原书页码，即中译本的边码）

328

主 题 索 引

（条目后边的数字为英文原书页码，即中译本的边码）

引用路德主要著作索引^①

（条目后边的数字为英文原书页码，即中译本的边码）

---

① 不包括引自路德书信和桌边谈的引文。